出口王仁三郎著

天祥地瑞

申の巻

〔霊界物語　第八十一巻〕

扉の朱刷りは　著者の⊙の拇印

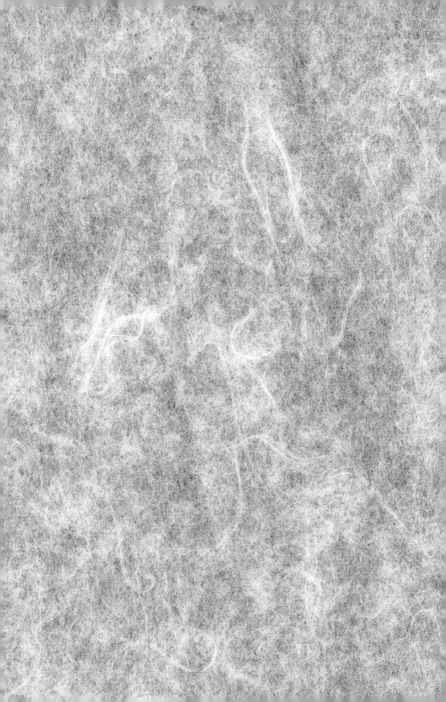

出口聖師　(昭和８年10月22日)

聖師扮装の稚姫君命　（昭和８年10月22日）

聖師扮装の弁才天　（七福神⑦・昭和８年9月28日）

出口聖師筆「神業」（縦一丈・横九尺五寸）

目次

第二篇　イドムの嵐

第三篇　木田山城

第四篇　猛獣思想

○

雪雲《ゆきぐも》の四方《よも》にふさがる陸奥《みちのく》は
昼《ひる》も電燈《でんとう》点《てん》じて書《しよ》を読《よ》む

一足《ひとあし》も戸外《こぐわい》に出《い》でず夕《ゆふ》べまで
身《み》のいたづきを養《やしな》ひにけり

黄昏《たそが》れて大《だい》劇場《げきぢやう》に出席《しゆつせき》し
神聖《しんせい》発会《はつくわい》式《しき》にて獅子吼《ししく》す

（昭和九・一二・五）

天祥地瑞

申の巻

口述著者　出口王仁三郎（瑞月）

総《そう》説《せつ》　天地《てんち》開闢《かいびやく》の極元《きよくげん》

至大浩々漂々恒々《しだいかうかうへうへうこうこう》として撒霧《さんむ》たる⊙《ス》の時《とき》に於《おい》て、その機約《きやく》の両極端《りやうきよくたん》に対照力《タタノチカラ》を起《おこ》して、恒々湛々《こうこうたんたん》たるが故《ゆゑ》に、その至大《しだい》の両極端《りやうきよくたん》に対照力《タタノチカラ》を保《たも》ちて、至大《しだい》ことごとく両々相対照《りやうりやうあひたいせう》してその機威《きゐ》の中間《ちうかん》を極微点《コゴコ》の連珠絲《サヌキ》が掛《か》け繋《つな》ぎ、比々憐々《ならびならびとなりて》ヒシト充実極《じうじつきは》まり居《を》るなり。しかれども気形透明体《きけいとうめいたい》なるが故《ゆゑ》に人《ひと》の眼《まなこ》には見《み》えざるなり。見《み》えねどもこの連珠絲《サヌキ》が霊気《れいき》を保《たも》ちて初《はじ》めて至大天球《たかあまはら》を造《つく》る時《とき》に、対照力《タタノチカラ》を以《もつ》て至大《しだい》の外面《ぐわいめん》を全《まつた》く張《は》り詰《つま》りて球《たま》と成《な》りしなり。けだし極元《きよくげん》の⊙《ス》は至大浩々漠々漂々恒々《しだいかうかうばくばくへうへうこうこう》として、花形《はながた》をなして凹凸《あふとつ》として呼吸《こきふ》を保《たも》てり。然《しか》り而《しか》してその平輪分《へいりんぶん》の所《ところ》に於《おい》て対照力《タタノチカラ》を起《おこ》してその外面《ぐわいめん》を対照力《タタノチカラ》にて氷張《ひは》り、全《まつた》く張《は》り詰《つ》めて至大天球《たかあまはら》となりたるなり。

ゆゑにその凸所《とつしよ》に居《ゐ》て局珠外《たまのそとら》と成《な》りて鰭《ひれ》となりたる極微点《コゴコ》は、張《は》り詰《つ》めたるその珠《たま》を塗《ぬ》りて競《きそ》ひて球内《きうない》に入《い》らむと欲《ほつ》し、東岸部《とうがんぶ》、西岸部《せいがんぶ》に門《もん》を得《え》て局中《きよくちう》に押《お》し入《い》らむと欲《ほつ》し、自然《しぜん》の勢力《せいりよく》を得《え》て押《お》し入《い》る。ここに於《おい》てその初《はじ》めの対照力《タタノチカラ》に氷張《ひは》り詰《つ》められて、既《すで》に球中《きうちう》に固《こ》有《いう》する所《ところ》の極微点《コゴコ》の連珠絲《サヌキ》の気《き》を中央《ちうあう》に押《お》す、その押《お》されたる気《き》は北極《ほくきよく》、南極《なんきよく》に向《むか》ひて走《はし》り去《さ》る。その走《はし》り去《さ》り出《で》たる気《き》は亦復球《またまたたま》の外面《ぐわいめん》を塗《ぬ》りて、東岸部《とうがんぶ》、西岸部《せいがんぶ》に来《き》たりて亦《また》復又球中《またまたきうちう》に入《い》りつつ、端《はし》なく循環運行《じゆんくわんうんかう》しつつ永世無窮《えいせいむきう》に、尾《を》なく果《は》てなく終《をは》りなく本末《ほんまつ》もなくつららぎ居《ゐ》るなり。

けだしこれ以上《いじやう》に説《と》く所《ところ》の条々《でうでう》の真説《しんせつ》のごときは、釈迦《しやか》も孔子《こうし》も敢《あ》へて以《もつ》て知《し》らざる所《ところ》の極典説《きよくてんせつ》なるが故《ゆゑ》に、譬喩《ひゆ》、寓言《ぐうげん》、謎《なぞ》かけ談《だん》のごとき不正曖昧《ふせいあいまい》なる妄談《まうだん》に非《あら》ず。また世間《せけん》並《なみ》なる想像談《さうざうだん》に非《あら》ず。極乎正明《きよくこせいめい》なる極典説《きよくてんせつ》なり。ゆゑに一句一言皆《いつくいちげんみな》ことごとく正真至大天《せいしんたかあま》球《はら》の組織《そしき》、紋理《もんり》、大造化機《だいざうくわき》を捉《つか》みて、明細審密《めいさいしんみつ》に証徴《しようちよう》したる極典《きよくてん》なり。大智慧《だいちゑ》を照《て》らし

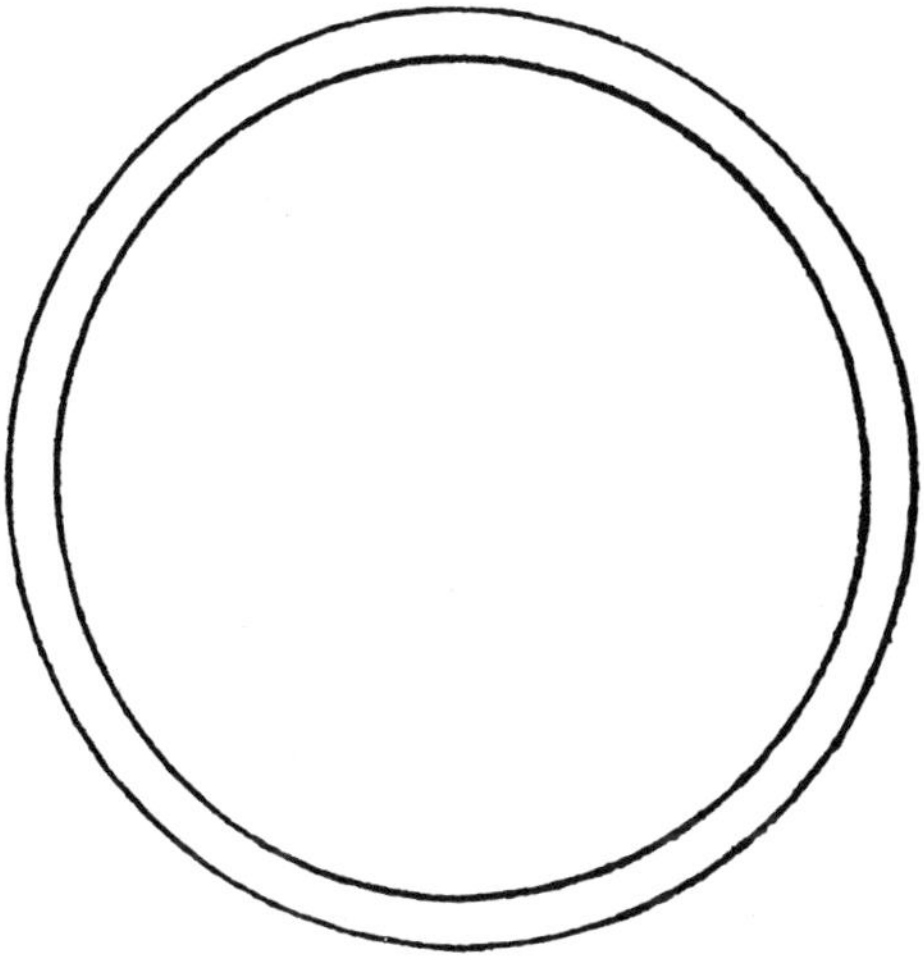

て熟覧《じゆくらん》を遂《と》ぐる時《とき》は、一切世界《いっさいせかい》無比《むひ》類《るい》なる極典《きよくてん》なりと称《たた》ふ事《こと》を感得《かんとく》すべし。ゆゑに謹読《きんどく》の輩《はい》はその目利《めきき》を明《あき》らかにして一切《いっさい》の迷《まよ》ひを一掃《いっさう》すべし。愚《ぐ》蒙《もう》にして目利《めきき》を誤《あやま》る時《とき》は譬喩《ひゆ》、寓言《ぐうげん》、謎《なぞ》かけ想像談《さうざうだん》を以《もつ》て、契経《おきやう》なり、哲学《てつがく》なりなどと思《おも》ひ、愚案説《ぐあんせつ》、比例説《ひれいせつ》、愚《ぐ》考説《かうせつ》を陳述《ちんじゆつ》して哲学《てつがく》なりと信《しん》じ居《ゐ》るなり。乞《こ》ふ、目利《めきき》を正明《せいめい》に極《きは》むる事《こと》を冀望《きばう》するなり。

けだし老子《らうし》はこの至《た》大《か》天球《あまはら》の真《しん》を明《めい》

言《げん》する事不能《ことあたはず》、玄之復玄《げんのまたげん》衆妙《しうめう》の門《もん》と言《い》ふなり。門《もん》といふ者《もの》は表半球《おもてはんきう》の形《かたち》を謎《なぞ》にかけたるなり。もし明言《めいげん》して天球云々《てんきううんぬん》と言《い》ふ時《とき》は、種々《しゆじゆ》の質問起《しつもんおこ》るなり。諸《もろもろ》に答《こた》ふる事不能也故《ことあたはざるがゆゑ》に克《よく》克思《よくおも》ひやるべし。釈迦《しやか》は無《む》辺法界《へんほふかい》といふ、不思議界《ふしぎかい》といふ。実《じつ》に思《おも》ひ議《はか》る事不能者《ことあたはざるもの》なり。孔子《こうし》は容《トルル》と言《い》ひまた一《ひと》ツと言《い》ふ、皆謎談《みななぞだん》のみなり。誠《まこと》に以《もつ》て不届千万《ふとどきせんばん》なれども、明言《めいげん》すれば種々《しゆじゆ》の質問起《しつもんおこ》るを恐《おそ》れて、譬喩《ひゆ》、寓言《ぐうげん》、謎談等《なぞだんとう》を以《もつ》て世《よ》を籠絡《ろうらく》し、神器《しんき》（）を持《も》ちたる弥勒《みろく》の出《い》づるを相待《あひま》ち居《を》るなり。惘《あは》れと言《い》ふも愚《おろ》かなり。

されば最第一《さいだいいち》なる霊魂精神《れいこんせいしん》は、至大天球一名《たかあまはらいちめい》は至大霊魂球《おほみたま》にして、一個人《いつこじん》の神経《しんけい》はこの霊《み》魂球中《たまちう》の一条脉《いちでうみやく》なる即《すなは》ち玉《たま》の緒《を》と言《い》ふ物《もの》なりと明言《めいげん》して、その明細《めいさい》を説明《せつめい》する事不能《ことあたはざる》なり。頑々《ぐわんぐわん》たる謎談《なぞだん》を作《つく》りて愚拝《ぐはい》し居《を》るなり。ゆゑに六識七識八識九識十識《ろくしきしちしきはつしきくしきじつしき》の事《こと》は、目録《もくろく》にも足《た》らぬ譬喩談《ひゆだん》を演説《えんぜつ》したるのみ。実明《じつめい》したる契経《おきやう》とては唯《ただ》の一巻《いつくわん》も無《な》きなり。天親菩薩《てんじんぼさつ》が七《しち》識以上《しきいじやう》はとても叶《かな》はぬ、よつて唯六識《ただろくしき》を説《と》くと言《い》ひて唯識論《ゆいしきろん》を置《お》きたれども、妄々《まうまう》たる譬喩《ひゆ》談《だん》にて目録《もくろく》にも足《た》らぬなり。古《こ》今無《こんむ》双《さう》の大学明信《だいがくめいしん》なる天親《てんじん》にして既《すで》に妄々《まうまう》なる事如此《ことかくのごとく》なり。況《いは》んやその他《た》の派下《はか》の愚僧《ぐそう》をや。

あゝ霊魂心性《れいこんしんせい》の事《こと》を最大一《さいだいいち》に説《と》く僧侶《そうりよ》にして、その心性《しんせい》は至大《たか》天球中《あまはらちう》の真霊即《しんれいすなは》ち是《これ》なりと明言《めいげん》して、その明細造化《めいさいざうくわ》を行《おこな》ひ居《ゐ》る始末柄《しまつがら》を始《はじ》め、億万劫々間《おくまんごふごふかん》の年度《ねんど》を生死往来《せいしわうらい》して居《ゐ》る一切《いっさい》の事《こと》を、明細《めいさい》に教示《けうじ》する事不能《ことあたはず》、妄々《まうまう》たる謎《なぞ》をかけて迷《まよ》ひ居《ゐ》る達磨《だるま》は、実《じつ》に憫然極《びんぜんきは》まる者《もの》なり。

ゆゑに現今行《げんこんおこな》はれゐる所《ところ》の道統《だうとう》の本元《ほんげん》は何《なん》なりと詰問《きつもん》すれば、敢《あ》へて一言《ひとこと》も答《こた》ふる者無《ものな》し。況《いは》んやその本元《ほんげん》が寄《よ》りて来《き》たる極元《きよくげん》の事《こと》は、夢《ゆめ》にも思《おも》ひ居《を》らざる浅《あさ》ましき餓鬼僧《がきそう》のみなり。

ササ有《あ》リと知《し》る人《ひと》あらば、道統の本元寄而来《ほんげんよりてき》たるの極元《きよくげん》は是《これ》なりと一句《いっく》たりとも説明《せつめい》して見《み》よ。釈迦《しやか》も達磨《だるま》もその道統《だうとう》の本元因《ほんげんより》て来《き》たるの極元《きよくげん》を不知故《しらざるがゆゑ》に、直接明言《ちよくせつめいげん》に道法《だうほふ》を説明《せつめい》する事不能《ことあたはざる》なり。ゆゑに譬喩《ひゆ》、寓言《ぐうげん》、謎談《なぞだん》のみにして、弥勒如来《みろくにょらい》の当来《たうらい》を待《ま》ちて教《をしへ》を楽《よろこ》び奉《たてまつ》るなり。ゆゑに六識《ろくしき》七識《しちしき》八識《はつしき》九識《くしき》十識《じっしき》の柄《がら》を少《すく》なくも説《と》く事不能《ことあたはざる》なり。ゆゑに識《しき》の事《こと》を記《しる》したる経《きやう》は一巻《いっくわん》だも無《な》し。天親菩薩《てんじんぼさつ》の唯識論《ゆいしきろん》の妄々《まうまう》たる者《もの》が極々珍書《ごくごくちんしょ》の位《くらゐ》を占《し》め居《ゐ》る実《じつ》に憫然《びんぜん》の至《いた》りなり。速《すみ》やかに弥勒《みろく》の出現《しゆつげん》を乞《こ》ひ奉《たてまつ》れ、否《いな》弥勒《みろく》を請《しやう》ぜよ。

○

鉄瓶《てつびん》の湯《ゆ》のたぎる音《おと》を聴《き》きながら
　心安《こころやす》けく窓《まど》の雪《ゆき》見《み》つ

（昭和九・一二・五）

第一篇　伊佐子《いさご》の島《しま》

第一章　イドム戦《せん》（二〇二八）

　高照山《たかてるやま》の西南《せいなん》に当《あた》る万里《まで》の海上《かいじやう》に、相当面積《さうたうめんせき》を有《いう》する島国《しまぐに》あり、これを伊佐子《いさご》の島《しま》といふ。この島《しま》の中央《ちうあう》に大山脈《だいさんみやく》東西《とうざい》に横《よこ》たはり、これを大栄山脈《おほさかさんみやく》といふ。大栄山脈《おほさかさんみやく》以南《いなん》をイドムの国《くに》といひ、以北《いほく》をサールの国《くに》といふ。この島《しま》は万里《まで》ケ《が》海《うみ》の島々《しまじま》の中《なか》にも、最《もつと》も古《ふる》く成《な》り出《い》でし島《しま》にして、国津神《くにつかみ》等《たち》はあまた棲息《せいそく》し、イドム、サールの両国《りやうごく》は互《たが》ひにその領域《りやうゐき》を占領《せんりやう》せむと、数十年《すうじふねん》にわたつて戦争《せんさう》止《や》む時《とき》なく、あまたの国津神《くにつかみ》等《たち》は塗炭《とたん》の苦《く》を嘗《な》め、救《きう》世神《せいしん》の降臨《かうりん》を待《ま》つこと恰《あたか》も大旱《たいかん》の雲霓《うんげい》を待《ま》つの感《かん》ありける。

　大栄山《おほさかやま》の中腹《ちうふく》に大《だい》なる湖水《こすい》ありて、これを真珠湖《しんじゆこ》といふ。真珠湖《しんじゆこ》は約《やく》二十《にじふ》メートルの山腹《さんぷく》に展開《てんかい》したる南北十里《なんぼくじふり》、東西二十里《とうざいにじふり》の大湖水《だいこすい》なるが、不思議《ふしぎ》にも海底《かいてい》より涌出《ようしゆつ》せるもののごとく、湖水皆濃厚《こすいみなのうこう》なる塩味《えんみ》を含《ふく》み、水上《すいじやう》を徒渉《とせふ》するも僅《わづ》かに膝《ひざ》を没《ぼつ》するに過《す》ぎざる湖水《こすい》なりけり。この真珠湖《しんじゆこ》には人面魚身《にんめんぎよしん》の人魚《にんぎよ》あまた住居《ぢうきよ》し、湖辺《こへん》の汀辺《みぎはべ》に国津神同様《くにつかみどうやう》茅《かや》を以《もつ》て屋根《やね》を葺《ふ》きたる家居《かきよ》を構《かま》へ、その生活《せいくわつ》の様《さま》もほとんど国津神《くにつかみ》に酷似《こくじ》せり。

この湖《みづうみ》は大栄山《おほさかやま》の南側《なんそく》にあるを以《もつ》て無論《むろん》イドムの国《くに》の領域《りやうゐき》なりけるが、イドムの国津《くにつ》神《かみ》は人魚《にんぎよ》を捕《とら》へ来《き》たりて、いろいろと苦《くる》しめ泣《な》かしめる時《とき》、人魚《にんぎよ》は悲《かな》しみて涙《なみだ》を滝《たき》のごとく流《なが》しけるに、不思議《ふしぎ》やその涙《なみだ》はことごとく真珠《しんじゆ》の玉《たま》となりて、その美《うるは》しさ言《い》はむ方《かた》なし。ゆゑにイドムの国津神等《くにつかみたち》はこれを唯一《ゆいつ》の宝《たから》として頭《かしら》に飾《かざ》り、胸《むね》に飾《かざ》り、その美《び》を誇《ほこ》る。またこれを内服《ないふく》する時《とき》は身体《しんたい》たちまち光《ひかり》を放《はな》ち、且《か》つ美《うるは》しき子《こ》の生《う》まるるを以《もつ》て、国津神《くにつかみ》は競《きそ》ひてこれを得《え》む事《こと》を欲《ほつ》し、いろいろの計略《けいりやく》を以《もつ》て人魚《にんぎよ》を奪《うば》ひ、涙《なみだ》を採《と》る事《こと》を唯一《ゆいつ》の業務《げふむ》となしける。ゆゑにイドムの国津神《くにつかみ》はいづれも美男美女《びなんびぢよ》のみにして、醜男醜女《しうなんしうぢよ》は終《つひ》に跡《あと》を断《た》つに至《いた》れるなり。これに反《はん》して大栄山以北《おほさかやまいほく》のサールの国津神《くにつかみ》はいづれも肌黒《はだくろ》く、髪《かみ》はちぢれ、背《せ》は低《ひく》く、かつ醜男醜女《しうなんしうぢよ》のみなりける。

ここにサールの国王《こくわう》エールスは、いかにもしてこの真珠湖《しんじゆこ》を占領《せんりやう》し種族《しゆぞく》の改良《かいりやう》を図《はか》らむとし、大軍隊《だいぐんたい》を率《ひき》ゐて大栄山《おほさかやま》を南《みなみ》に越《こ》え、真珠湖《しんじゆこ》に向《むか》つて進軍《しんぐん》を始《はじ》めける。これを聞《き》くよりイドムの王《わう》アヅミは、左守《さもり》、右守《うもり》を始《はじ》めとし、軍師《ぐんし》の神々《かみがみ》を大広間《おほひろま》に呼《よ》び集《あつ》め、サール国《こく》の軍隊《ぐんたい》を殲滅《せんめつ》すべく軍議《ぐんぎ》を凝《こ》らす事《こと》となりける。

イドム王《わう》の名《な》はアヅミといふ。王妃《わうひ》の名《な》はムラジといふ。左守《さもり》をナーマン、右守《うもり》をターマンといふ。軍師《ぐんし》をシウランといひ、アヅミ、ムラジの間《あひだ》に生《う》まれたる娘《むすめ》をチンリウといひ、侍女《じぢよ》をアララギといふ。イドム王《わう》のアヅミは軍神《ぐんしん》を集《あつ》め、サール国征伐《こくせいばつ》の軍議《ぐんぎ》を凝《こ》らさむとして歌《うた》ふ。

『イドムの国《くに》は昔《むかし》より
主《ス》の大神《おほかみ》の御水火《みいき》にて

現《あら》はれ出《い》でし美《うま》し国《くに》
春夏《しゆんか》秋《しう》冬《とう》順序《じゆんじよ》よく
五《ご》風《ふう》十《じふ》雨《う》は永久《とこしへ》に
国《くに》のことごと霑《うるほ》して
至《し》治《ち》太《たい》平《へい》を楽《たの》しみし
世《よ》にもめでたきイドム国《こく》
真《しん》珠《じゆ》の湖《うみ》の幸《さちは》ひに
国《くに》津《つ》神《かみ》等《ら》はことごとく
優《すぐ》れて清《きよ》く美《うるは》しく
霊《み》魂《たま》身《から》体《たま》もろともに
長寿《ちやうじゆ》を保《たも》ち神《しん》徳《とく》を

忝《かたじけ》なみて来《き》たりしが
日《ひ》は行《ゆ》き月《つき》は流《なが》れつつ
星《ほし》の光《ひかり》も移《うつ》ろひて
年《とし》月《つき》経《へ》にしその間《うち》に
大《おほ》栄《さか》山《やま》の真《ま》北《きた》なる
サールの国《くに》の国王《こくわう》は
この善《よ》き国《くに》を怨《うら》みつつ
真《しん》珠《じゆ》の湖《うみ》を占領《せんりやう》し
人《にん》魚《ぎよ》の宝《たから》を奪《うば》はむと
あまたの軍《ぐん》勢《ぜい》引《ひ》き具《ぐ》して
襲《おそ》ひ来《き》たるぞ忌《ゆ》々《ゆ》しけれ

吾《われ》等《ら》は元《もと》より戦《たたか》ひを
好《この》むにあらねどかくならば
この神《かみ》国《くに》を守《まも》るため
軍《いくさ》の神《かみ》を呼《よ》び集《あつ》め
敵《てき》の悪《あく》事《じ》を打《う》ち懲《こ》らし
千《せん》里《り》の外《そと》に追《お》ひやりて
昔《むかし》のままの安《やす》国《くに》と
治《をさ》め守《まも》らむ吾《わ》が心《こころ》
左《さ》守《もり》右《う》守《もり》を始《はじ》めとし
軍《ぐん》師《し》も諸《もろ》々《もろ》国《くに》津《つ》神《かみ》も
吾《わ》が宣《の》り言《ごと》をよく守《まも》り

一日《ひとひ》も早《はや》く敵陣《てきちん》に
向《むか》つて軍《いくさ》を進《すす》むべし
それについてはいろいろの
手段《てだて》もあれば国津神《くにつかみ》
互《たが》ひに力《ちから》を協《あは》せつつ
心《こころ》を一《ひと》つに相《あひ》固《かた》め
サールに向《むか》つて戦《たたか》へよ
サールの国《くに》の国王《こくわう》を
始《はじ》め諸々《もろもろ》軍等《いくさたち》
残《のこ》らず征伐《きた》め平《たひ》らげて
国《くに》の災《わざは》ひ除《のぞ》けよや

国《くに》の災《わざは》ひ除《のぞ》くべし
あゝ惟神《かむながら》惟神《かむながら》
吾《わ》が言霊《ことたま》に力《ちから》あれ
吾《わ》が言霊《ことたま》に光《ひかり》あれよ』

軍師《ぐんし》シウランは答《こた》へて歌《うた》ふ。

『吾《わ》が王《きみ》の仰《おほ》せ畏《かしこ》し曲津神《まがかみ》を
　雲《くも》の彼方《かなた》に退《しりぞ》けやらむ
エールスは真珠《しんじゆ》の湖《うみ》を奪《うば》はむと
　年《とし》ごろ心《こころ》を砕《くだ》き居《ゐ》にけり
一度《ひとたび》は戦《いくさ》の仰《おほ》せあるものと
　腕《うで》を鍛《きた》へて待《ま》ち居《ゐ》たりけり

我《わ》が国《くに》は優《いう》等《とう》人《じん》種《しゅ》サール国《こく》は
　劣《れつ》等《とう》人《じん》種《しゅ》怖《お》ぢるに足《た》らず
吾《わ》が王《きみ》よ心安《こころやす》かれ今日《けふ》よりは
　軍《いくさ》を集《あつ》めて敵《てき》を払《はら》はむ』

アヅミ王《わう》は歌《うた》ふ。

『シウランの言《こと》葉《ば》に吾《われ》は力《ちから》得《え》て
　早《はや》くも勝《か》ちたる心地《ここち》するなり
エールスが軍《いくさ》はあまたあるとても
　撓《たゆ》まず屈《くっ》せず進《すす》んで滅《ほろ》ぼさむ
エールスの率《ひき》ゐる軍《いくさ》を打破《うちやぶ》り
　イドムの国《くに》の平《へい》和《わ》を来《き》たさむ

シウランの吾《われ》は武勇《ぶゆう》を頼《たの》みとし
勝利《しょうり》の便《たよ》りを楽《たの》しみ待《ま》たむ』

王妃《わうひ》のムラジ姫《ひめ》は歌《うた》ふ。

『エールスは道《みち》弁《わきま》へぬ代物《しろもの》よ
心《こころ》を配《くば》り進《すす》めシウラン
我《わ》が国《くに》を奪《うば》はむとして攻《せ》め寄《よ》する
エールス王《わう》は獣《けもの》に似《に》たり
エールスの獣《けもの》の輩《やから》ことごとく
言向《ことむ》け和《やは》せ生命《いのち》取《と》らずに
玉《たま》の緒《を》の生命《いのち》は神《かみ》の御賜《みたま》もの
むざむざ殺《ころ》すべきにあらずや』

アヅミ王《わう》は歌《うた》ふ。

『道《みち》知《し》らぬ輩言《やからこと》霊宣《たまの》るとても
　何《なん》の要《えう》なし滅《ほろ》ぼすに如《し》かず
弱《よわ》き心持《こころも》ちてはこれの戦《たたか》ひに
　いかで勝《か》ち得《え》む飽《あ》くまで戦《たたか》へ
ためらひの心起《こころおこ》らば曲《ま》津《が》神《かみ》に
　たちまち生《いの》命《ち》と国《くに》を奪《と》られむ』

左守《さもり》のナーマンは歌《うた》ふ。

『昔《むかし》よりわが領域《りやうゐき》に忍《しの》び入《い》り
　人《にん》魚《ぎよ》を奪《うば》ふサールの醜《しこ》国《くに》
サール国《こく》王《わう》滅《ほろ》ぼさざれば我《わ》が国《くに》は

終《つひ》に滅《ほろ》びむ戦《たたか》ふべき時《とき》
さりながら敵《てき》は猛《たけ》しき獅《し》子《し》王《わう》の
性《さが》もち居《を》れば容《よう》易《い》に滅《ほろ》びず
計画《けいくわく》を完全《くわんぜん》にして進《すす》まずば
敵《てき》の謀《たく》計《み》の罠《わな》に陥《おちい》らむ
真《しん》珠《じゆ》湖《こ》の人《にん》魚《ぎよ》の宝《たから》奪《うば》はむと
永《なが》き年《とし》月《つき》窺《うかが》へる曲《ま》津《が》よ
あくまでも心《こころ》を配《くば》り武《ぶ》を練《ね》りて
寄《よ》せ来《く》る敵《てき》を討《う》ち滅《ほろ》ぼさむ』

右守《うもり》のターマンは歌《うた》ふ。

『この時《とき》をはづせばいつの日《ひ》戦《たたか》はむ

1　イドム戦

敵《てき》は大《おほ》栄《さか》山《やま》を越《こ》えたり
第《だい》一《いち》の吾《われ》の弱《よわ》味《み》は敵《てき》軍《ぐん》に
　大《おほ》栄《さか》山《やま》を越《こ》えられしにあり
かくならば短《たん》兵《べい》急《きふ》に攻《せ》め寄《よ》せて
　雌《し》雄《ゆう》を決《けつ》せむためらふ事《こと》なく
日《ひ》頃《ごろ》武《ぶ》を練《ね》り鍛《きた》へしも今《け》日《ふ》の日《ひ》の
　備《そな》へなりけりいざや進《すす》まむ
後《おく》れなば敵《てき》に敗《やぶ》れをとるならむ
　真《しん》珠《じゆ》の湖《うみ》は敵《てき》の影《かげ》のみ
強敵《きやうてき》は高《かう》地《ち》に陣《ぢん》取《ど》りわが軍《ぐん》は
　下《した》より攻《せ》むる不《ふ》利《り》の地《ち》にあり

27 – 81

かくならば生命《いのち》を捨《す》てて戦《たたか》はむ
イドムの国《くに》の一《いち》大《だい》事《じ》なり』

アヅミ王《わう》は歌《うた》ふ。

『司《つかさ》等《ら》の心《こころ》一《ひと》つに定《さだ》まりぬ
いざや進《すす》まむ敵《てき》の在《あり》処《か》へ』

娘《むすめ》チンリウは歌《うた》ふ。

『父《ちち》母《はは》を始《はじ》め司《つかさ》の魂《たましひ》の
固《かた》まる上《うへ》は何《なに》をか恐《おそ》れむ
吾《われ》もまた女《をんな》なれども国《くに》のため
敵《てき》滅《ほろ》ぶまで戦《たたか》はむかな』

アヅミ王《わう》は歌《うた》ふ。

『勇《いさ》ましきチンリウ姫《ひめ》の心《こころ》かな
　吾《わ》が勇気《ゆうき》また次第《しだい》に加《くは》はる』

チンリウの侍女《じぢよ》アララギは歌《うた》ふ。

『吾《わ》が王《きみ》に願《ねが》ひ奉《まつ》るも姫君《ひめぎみ》の
　軍《いくさ》の御供《みとも》許《ゆる》させ給《たま》へ
姫君《ひめぎみ》の御身《おんみ》を守《まも》り敵軍《てきぐん》に
　向《むか》つて吾《われ》は死《し》すまで戦《たたか》はむ』

かく評議一決《ひやうぎいつけつ》し、国内《こくない》に急使《きふし》を派《は》しあまたの軍神《ぐんしん》を城内《じやうない》に集《あつ》め、一斉《いつせい》に敵軍《てきぐん》に向《むか》つて進《すす》み戦《たたか》ふ事《こと》とはなりぬ。この時遅《ときおそ》くかの時早《ときはや》く、エールス王《わう》はあまたの軍《いくさ》を指揮《しき》し、連銭葦《れんせんあし》毛《げ》の馬《こま》に跨《また》がり、五色《ごしき》の采配《さいはい》を打振《うちふ》り打振《うちふ》り城下近《じやうかちか》く攻《せ》め寄《よ》せ来《き》たる。アヅミ王《わう》は烈火《れつくわ》のごとく憤《いきどほ》り、軍師《ぐんし》シウランと共《とも》に弓《ゆみ》を満月《まんげつ》のごとく引《ひ》き絞《しぼ》り射向《いむか》ひけれども、敵《てき》は名《な》に負《お》ふ剽悍決死《へうかんけつし》の士《し》のみにて、一日一夜《いちにちいちや》の戦《たたか》ひにて脆《もろ》くもアヅミ王《わう》の軍隊《ぐんたい》は敗戦《はいせん》し、南方《なんぱう》の月光山《つきみつやま》を指《さ》して逃走《たうそう》せり。この戦《たたか》ひに娘《むすめ》のチンリウ、アララギを始《はじ》めあまたの軍士《つはもの》は、あるいは討《う》たれあるいは捕虜《ほりよ》となり、縄目《なはめ》の恥辱《ちじよく》を受《う》ける事《こと》とはなりぬ。ここにエールス王《わう》はイドムの城《しろ》を占領《せんりやう》し、あまたの軍隊《ぐんたい》を止《とど》めて天下《てんか》を睥睨《へいげい》する事《こと》とはなりぬ。アヅミ王《わう》は百里南方《ひやくりなんぱう》の月光山《つきみつやま》に立《た》て籠《こも》りここに城壁《じやうへき》を構《かま》へ、イドム国《こく》の再興《さいこう》を策《さく》しける。

エールス王《わう》は戦勝《せんしよう》の祝賀《しゆくが》の宴《えん》をイドム城内《じやうない》に開《ひら》き、あまたの従神《じうしん》を集《あつ》めて心地《ここち》よげに歌《うた》ふ。

『大栄山《おほさかやま》を乗《の》り越《こ》えて
宝《たから》の国《くに》と聞《きこ》えたる
イドムの国《くに》に押《お》し渡《わた》り
アヅミの王《わう》の軍勢《ぐんぜい》を

木《こつ》端《ぱ》微《み》塵《ぢん》と踏《ふ》み砕《くだ》き
イドムの城《しろ》を占領《せんりやう》し
いよいよサールの我《わ》が国《くに》は
面《めん》積《せき》以《い》前《ぜん》に倍《ばい》加《か》して
国《くに》の栄《さか》えは豊《とよ》栄《さか》昇《のぼ》る
天《あま》津《つ》日《ひ》のごと進《すす》むべし
この凱《がい》旋《せん》の賑《にぎは》ひは
神《かみ》の賜《たま》ひし酒《さか》盛《もり》ぞ
あゝ惟神《かむながら》惟神《かむながら》
吾《わ》が言《こと》霊《たま》に力《ちから》あれ
吾《わ》が言《こと》霊《たま》に幸《さち》あれや』

エールス王《わう》の左守《さもり》チクターは歌《うた》ふ。

『吾《わ》が王《きみ》の御稜威《みいづ》の御光《みひかり》現《あら》はれて
　イドムの国《くに》を握《にぎ》らせ給《たま》ひぬ

この国《くに》はサールの国《くに》に比《くら》ぶれば
　美《うま》し御国《みくに》ぞ瑞穂《みづほ》の国《くに》ぞ

これよりはイドムの国《くに》の国津神《くにつかみ》を
　サールの国《くに》に移《うつ》し住《す》ませむ

みのり悪《あ》しきサールの国《くに》の国津神《くにつかみ》は
　イドムの国《くに》に安《やす》く住《す》ませむ

真珠湖《しんじゆこ》は全《まつた》く吾《わ》が手《て》に入《い》りにけり
　今日《けふ》より善《よ》き子《こ》生《う》まれ来《き》たらむ

天《あめ》地《つち》の神《かみ》の恵《めぐ》みと吾《わ》が王《きみ》の
厳《いづ》の力《ちから》に国《くに》広《ひろ》まれり
吾《わ》が王《きみ》の賜《たま》ひし貴《うづ》の盃《さかづき》を
歓《よろこ》び受《う》けむ国《くに》津《つ》神《かみ》等《ら》と』

右守《うもり》のナーリスは歌《うた》ふ。

『漸《やうや》くに王《きみ》の望《のぞ》みは届《とど》きけり
イドムの城《しろ》の手《て》に入《い》りし今日《けふ》
苦《くる》しみし我《わ》が国《くに》津《つ》神《かみ》も今日《けふ》よりは
歓《ゑら》ぎ栄《さか》えむイドムに移《うつ》りて
果《は》てしなきこの広《ひろ》き国《くに》を手《て》に入《い》れて
臨《のぞ》ませ給《たま》ふ王《きみ》はいさまし

今日《けふ》の日《ひ》の勝利《しようり》は軍師《ぐんし》エーマンの
計画《けいくわく》全《まつた》く宜《よろ》しきを得《え》て
エーマンの軍師《ぐんし》の謀《はから》ひ無《な》かりせば
かく容易《たやす》くは勝《か》ち得《え》ざるなむ』
エールス王《わう》は歌《うた》ふ。
『ナーリスの言葉《ことば》のごとくエーマンの
力《ちから》に吾等《われら》の軍《いくさ》は勝《か》てり』
エーマンは歌《うた》ふ。
『天地《あめつち》の恵《めぐ》みに戦《いくさ》は勝《か》ちにけり
吾《われ》の力《ちから》の預《あづ》かり知《し》るべき
この上《うへ》は兜《かぶと》の緒《を》をば締《し》め直《なほ》し

敵《てき》の再《さい》来《らい》に備《そな》へ奉《まつ》らむ』

ここにエールスは完全《くわんぜん》にイドム城《じやう》を占領《せんりやう》し、凱歌《がいか》を挙《あ》げて暫《しば》しここに住《す》む事《こと》とはなりける。しかしてサールの王城《わうじやう》を北城《ほくじやう》と称《とな》へ、イドム城《じやう》を南城《なんじやう》と称《しよう》しける。

（昭和九・八・四　旧六・二四　於伊豆別院　森良仁謹録）

○

みちのくの雪《ゆき》に埋《うづ》もれ獅子《しし》吼《く》するも
非《ひ》常《じやう》時《じ》日《にっ》本《ぽん》を思《おも》へばなりけり

（昭和九・一二・五）

第二章　月《つき》光《みつ》山《やま》（二〇二九）

イドム城《じやう》は敵《てき》の襲来《しふらい》に破《やぶ》れて、敗走《はいそう》したるアヅミ王《わう》始《はじ》め妃《きさき》ムラジ、左守《さもり》ナーマン、右守《うもり》ターマンおよび軍師《ぐんし》シウランその他討《たう》ち洩《も》らされし軍人《いくさびと》等は遠《とほ》く南《みなみ》に逃《のが》れ、月光山《つきみつやま》の嶮所《けんしよ》を扼《やく》し、ここに城壁《じやうへき》を造《つく》り、南端《なんたん》の国原《くにはら》を治《をさ》めつつ再挙《さいきよ》の時《とき》を待《ま》つ事《こと》とせり。

王《わう》の一人娘《ひとりむすめ》チンリウおよび侍女《じぢよ》のアララギの両人《りやうにん》を始《はじ》めあまたの勇士《ゆうし》は、敵《てき》の捕虜《ほりよ》となりて遠《とほ》く大栄山《おほさかやま》を北《きた》に越《こ》え、サールの都《みやこ》の城中《じやうちう》の牢獄《らうごく》に繋《つな》がれ、悲《かな》しき月日《つきひ》を送《おく》る事《こと》とはなりぬ。

アヅミ王《わう》は最愛《さいあい》の娘《むすめ》チンリウの姿《すがた》なきに歎《なげ》きの余《あま》り述懐《じゆつくわい》を歌《うた》ふ。

『遠《とほ》き神代《かみよ》の昔《むかし》より

2　月　光　山

平《へい》和《わ》の風《かぜ》に包《つつ》まれて
安《やす》く楽《たの》しく暮《くら》したる
イドムの国《くに》は果《はか》なくも
サールの国《くに》のエールスが
軍《いくさ》のために奪《うば》はれて
今《いま》は果《はか》なき南《なん》方《ぱう》の
月《つき》光《みつ》山《やま》に退《しりぞ》きて
再《さい》挙《きょ》を図《はか》るくるしさよ
あまたの味《み》方《かた》は敵《てき》軍《ぐん》に
討《う》ち滅《ほろ》ぼされわが軍《ぐん》は
もろくも敗《やぶ》れを取《と》りにけり

かかる歎《なげ》きのその中《なか》に
我《わ》が世《よ》を継《つ》ぐべき愛娘《まなむすめ》
チンリウ姫《ひめ》の姿《すがた》なく
たづぬる由《よし》も泣《な》くばかり
あるいは敵《てき》に討《う》たれしか
思《おも》へば思《おも》へば悲《かな》しもよ
天《てん》地《ち》の神《かみ》の御《み》恵《めぐ》みに
姫《ひめ》の行《ゆく》方《へ》を夢《ゆめ》になと
知《し》らせ給《たま》へと祈《いの》れども
何《なん》のしるしも荒《あら》風《かぜ》の
山《やま》野《の》を吹《ふ》きゆく音《おと》ばかり

2 月光山

あゝ惟神《かむながら》惟神《かむながら》
再《ふたた》び軍《いくさ》を調《ととの》へて
祖《そ》先《せん》の賜《たま》ひしイドム城《じやう》
再《ふたた》びわが手《て》に取《と》りもどし
姫《ひめ》の在《あり》処《か》を探《さぐ》らむと
千《ち》々《ぢ》に心《こころ》を砕《くだ》くなり
思《おも》へば思《おも》へば味《あぢ》気《き》なや
月《つき》光《みつ》山《やま》は清《きよ》くとも
川《かは》の流《なが》れは清《すが》しとも
何《なん》の楽《たの》しみなきままに
月《つき》日《ひ》を暮《くら》す果《はか》なさよ

月《つき》は御《み》空《そら》に輝《かがや》けど
星《ほし》は黄《こ》金《がね》とまたたけど
吾《わ》が目《め》はくもりて涙《なみだ》のみ
救《すく》はせ給《たま》へ天《あま》津《つ》神《かみ》
国《くに》津《つ》御《み》神《かみ》の御《おん》前《まへ》に
果《はか》なき我《わ》が世《よ》に再《さい》生《せい》を
偏《ひとへ》に祈《いの》り奉《たてまつ》る。

月《つき》光《みつ》の山《やま》に漸《やうや》く逃《のが》れ来《き》て
　再《さい》挙《きよ》を図《はか》る吾《われ》は苦《くる》しも
いとこやのチンリウ姫《ひめ》は今《いま》いづこ
　生《いの》命《ち》失《う》せしか心《こころ》もとなや

2　月光山

時《とき》を得《え》てイドムの城《しろ》を取《と》り返《かへ》し
　祖《そ》先《せん》の功《いさを》を輝《かがや》かしみむ

エールスの猛《たけ》き軍《いくさ》に破《やぶ》られて
　もろくも吾《われ》は逃《に》げ来《き》つるかも

わが軍《いくさ》そなへ破《やぶ》れて敵軍《てきぐん》に
　イドムの城《しろ》は奪《うば》はれにける

いかにしてもイドムの城《しろ》を取《と》り返《かへ》し
　国《くに》津《つ》神《かみ》等《ら》を安《やす》く住《す》ませむ

エールスの悪逆《あくぎやく》無《ぶ》道《だう》に国《くに》津《つ》神《かみ》は
　朝《あさ》な夕《ゆふ》なを歎《なげ》くなるべし

国《くに》津《つ》神《かみ》は親《おや》を奪《うば》はれ子《こ》をとられ

珍《うづ》の宝《たから》も奪《うば》はれにけむ
もろもろの果実《このみ》ゆたかに実《みの》るなる
　イドムの国《くに》はあらされにける
国《くに》津《つ》神《かみ》の祖《おや》と生《あ》れにし吾《われ》にして
　朝《あさ》夕《ゆふ》歎《なげ》く浅《あさ》ましさかな』

ムラジ姫《ひめ》は歌《うた》ふ。

『安《やす》らけきイドムの国《くに》は上《うへ》も下《した》も
　驕《おご》りし罪《つみ》にかくは滅《ほろ》びしか
天《あめ》地《つち》の恵《めぐ》みになれて昼《ひる》夜《よる》の
　恵《めぐ》み忘《わす》れし報《むく》いなるらむ
今《け》日《ふ》よりは天《てん》地《ち》の神《かみ》をおそれみて

2　月光山

厚《あつ》く敬《うやま》ひ仕《つか》へ奉《まつ》らな

神《かみ》々《がみ》の厚《あつ》き恵《めぐ》みを忘《わす》れたる
イドムの国《くに》はかくも滅《ほろ》びぬ

月《つき》光《みつ》の山《やま》に天地《てんち》の神《かみ》々《がみ》を
斎《いつ》き奉《まつ》りて世《よ》を開《ひら》くべし

上《うへ》も下《した》も曇《くも》り果《は》てたる国《くに》ゆゑに
神《かみ》の譴《きた》責《め》に滅《ほろ》びしならむ

主《ス》の神《かみ》の守《まも》りなければ国《くに》津《つ》神《かみ》の
力《ちから》に国《くに》の治《をさ》まるべしやは

上《うへ》も下《した》も神《かみ》の恵《めぐ》みを悟《さと》りつつ
心清《こころきよ》めて務《つと》めはげまな

43 - 81

シウランの軍《いくさ》のきみも心《こころ》せよ
　人《ひと》の力《ちから》に戦《いくさ》は勝《か》てず
国《くに》津《つ》神《かみ》の名《な》は称《たた》ふれど人《ひと》の身《み》よ
　人《ひと》の力《ちから》は限《かぎ》りあるなり
限《かぎ》りなき神《かみ》の力《ちから》を身《み》に受《う》けて
　のぞまむ道《みち》に仇《あだ》神《がみ》はなし
仇《あだ》神《がみ》は隙《すき》を窺《うかが》ひ攻《せ》め来《き》たり
　イドムの国《くに》を乱《みだ》しけるかな』

シウランは歌《うた》ふ。

『畏《かしこ》しやムラジの姫《ひめ》の御《み》言《こと》宣《のり》
　吾《われ》は宜《うべ》よとをののくのみなる

今《いま》となりて王《きみ》の御《み》国《くに》をあやまりし
吾《われ》は世《よ》に立《た》つ顔《かんばせ》もなし
吾《わ》が王《きみ》に不《ふ》明《めい》の罪《つみ》を詫《わ》び奉《まつ》り
軍《ぐん》師《し》の司《つかさ》を返《かへ》し申《まを》さむ
今《け》日《ふ》よりは凡《ただ》人《びと》となりて国《くに》の為《ため》
王《きみ》の御《み》為《ため》に誠《まこと》を捧《ささ》げむ
大《たい》軍《ぐん》を抱《かか》へながらも敵《てき》軍《ぐん》に
敗《やぶ》れし思《おも》へば吾《わ》が顔《かほ》立《た》たじ
願《ねが》はくば軍《ぐん》師《し》の司《つかさ》を召《め》し上《あ》げて
凡《ただ》人《びと》の群《む》れにおとさせ給《たま》へ』

アヅミ王《わう》は歌《うた》ふ。

『勝敗《しようはい》は時《とき》の運《うん》なり汝《なれ》のみか
吾《われ》の罪《つみ》なり心安《こころやす》かれ
君《きみ》なくばこれの御《み》国《くに》は治《をさ》まらじ
心《こころ》の駒《こま》を立《た》て直《なほ》すべし
エールスは戦《いくさ》の備《そな》へを足《た》らはして
再《ふたた》びここに押《お》し寄《よ》するらむ
押《お》し寄《よ》する敵《てき》の鉾《ほこ》先《さき》くじきつつ
月《つき》光《みつ》山《やま》を永《と》久《は》にささへむ
歎《なげ》くとも及《およ》ばざりけり天《あめ》地《つち》の
神《かみ》を祈《いの》りて敵《てき》に備《そな》へむ』

シウランは歌《うた》ふ。

『吾《わ》が王《きみ》の御《み》言《こと》畏《かしこ》み吾《われ》は只《ただ》
嬉《うれ》し涙《なみだ》にくるるのみなり
今日《けふ》よりは神《かみ》の力《ちから》を力《ちから》とし
王《きみ》の恵《めぐ》みにむくい奉《まつ》らむ
吾《わ》が王《きみ》よ御《み》心《こころ》安《やす》くおはしませ
敵《てき》を千《せん》里《り》に吾《われ》退《しりぞ》けむ
この広《ひろ》き伊《い》佐《さ》子《ご》の島《しま》の隅《すみ》々《ずみ》まで
王《きみ》の領《うし》有《は》ぐ御《み》国《くに》となさむ』

ムラジ姫《ひめ》は歌《うた》ふ。

『蘇《よみがへ》る心《ここ》地《ち》するかもシウランの
軍《ぐん》師《し》の言《こと》葉《ば》力《ちから》と頼《たの》みて

千《せん》載《ざい》の恨《うら》みはらすとイドム城《じやう》に
　軍《いくさ》を向《む》けて奪《うば》ひ返《かへ》さむ
さりながら二年《ふたとせ》三年《みとせ》の備《そな》へして
　エールス王《わう》を征《き》討《た》め奉《まつ》れよ』

シウランは歌《うた》ふ。

『ありがたしムラジの姫《ひめ》の御《おん》言《こと》葉《ば》
　吾《われ》は必《かなら》ず報《むく》い奉《まつ》らむ
さりながらチンリウ姫《ひめ》の御《おん》行《ゆく》方《へ》
　ためらはずして探《さが》し求《もと》めむ
軍人《いくさびと》の中《なか》にも雄《を》々《を》しき武《もの》士《のふ》を
　選《えら》びてサールに遣《つか》はさむかな』

アヅミ王《わう》は歌《うた》ふ。

『チンリウ姫《ひめ》の在処《ありか》を吾《われ》はさぐりたし
　一日《ひとひ》も早く軍《いくさ》を遣《つか》はせ
三柱《みはしら》の武士《ぶし》を遣《つか》はしひそやかに
　姫《ひめ》の在処《ありか》を求《もと》め来《き》たれよ
チンリウの姫《ひめ》の行方《ゆくへ》の判《わか》るまで
　吾《われ》戦《たたか》ひを起《おこ》さじと思《おも》ふ
チンリウの侍女《じぢよ》のアララギもろともに
　生命《いのち》保《たも》つか心《こころ》もとなし
アララギは賢女《さかしめ》なればチンリウ姫《ひめ》を
　かばひていづくにか潜《ひそ》み居《ゐ》るらむ

アララギの誠《まこと》を一《ひと》つのたよりとし
吾《われ》は日《にち》夜《や》をなぐさめて居《を》り』

左守《さもり》のナーマンは歌《うた》ふ。

『吾《わ》が王《きみ》の心思《こころおも》へばかなしもよ
吾《わ》が身《み》の力《ちから》足《た》らはなくして
王《きみ》いますイドムの城《しろ》を奪《うば》はれて
吾《われ》は生《い》きたる心地《ここち》せざるも
歎《なげ》くともせむすべなければ村肝《むらきも》の
心《こころ》を堅《かた》めて再《さい》挙《きょ》を図《はか》らむ
月《つき》光《みつ》の山《やま》に仕《つか》へて夜《よ》もすがら
涙《なみだ》にくるるは姫《ひめ》の御《おん》事《こと》

滅《ほろ》びたる国《くに》を再《ふたた》び生《い》かさむと
心《こころ》は闇《やみ》にさまよひにける』

右守《うもり》のターマンは歌《うた》ふ。

『恥《は》づかしや吾《われ》は右《う》守《もり》を務《つと》めつつ
イドムの国《くに》を奪《うば》はれしとは

いかにしても元《もと》津《つ》御《み》国《くに》を取《と》り返《かへ》し
王《きみ》の御《み》稜《い》威《づ》を照《て》らさでおくべき

国《くに》津《つ》神《かみ》の驕《おご》りの罪《つみ》の報《むく》い来《き》て
かくもかなしき憂《う》き目《め》にあひしか

火《ひ》と水《みづ》と土《つち》を尊《たふと》み畏《かしこ》みて
神《かみ》を敬《うやま》ひ世《よ》に生《い》きむかも

水《ひ》と水《みづ》をおろそかにせし報《むく》いにて
吾《われ》住《す》む地《つち》も奪《うば》はれにけり
かくならばせむすべもなし村《むら》肝《きも》の
心堅《こころかた》めて再《さい》挙《きょ》せむのみ』

アヅミ王《わう》は歌《うた》ふ。

『今《け》日《ふ》よりは月《つき》光《みつ》山《やま》の頂《いただき》に
主《ス》の大《おほ》神《かみ》の宮《みや》居《ゐ》造《つく》らむ
主《ス》の神《かみ》の恵《めぐ》みになれて今《いま》までは
朝夕《あしたゆふ》べを務《つと》めせざりき
朝《あさ》夕《ゆふ》を神《かみ》の御《み》前《まへ》に額《ぬか》づきて
国《くに》の栄《さか》えを祈《いの》り奉《まつ》らむ

国《くに》津神《つかみ》を呼《よ》び集《つど》へ来《こ》よ主《ス》の神《かみ》の
　御舎《みあらか》急《いそ》ぎ造《つく》り奉《まつ》ると』

左守《さもり》の神《かみ》は歌《うた》ふ。

『吾《わ》が王《きみ》の教《をしへ》畏《かしこ》み今日《けふ》よりは
　主《ス》の大神《おほかみ》の御舎《みあらか》仕《つか》へむ』

これより左守《さもり》の神《かみ》は付近《ふきん》の国津神《くにつかみ》に命令《めいれい》を降《くだ》しけるにぞ、国津神《くにつかみ》は大《おほ》いに喜《よろこ》び、老《お》いも若《わか》きも男《をのこ》も女《をみな》も月光山《つきみつやま》に集《あつ》まり来《き》たり、大峡小峡《おほがひをがひ》の良材《りやうざい》を本打《もとう》ち伐《き》り末打《すゑう》ち断《た》ちて柱梁等《はしらはりなど》集《あつ》め、ここにいよいよ主《ス》の大神《おほかみ》の宮殿《みやしろ》を造営《ざうえい》の運《はこ》びとはなりける。

左守《さもり》の神《かみ》は先《ま》づ地鎮祭《ちちんさい》を行《おこな》ひ、石搗《いしづ》きの歌《うた》をうたふ。

『月光山《つきみつやま》の聖場《せいぢやう》に
アヅミの王《きみ》の御《み》言《こと》もて

主《ス》の大《おほ》神《かみ》の御《み》舎《あらか》を
大《おほ》宮柱《みやばしら》太《ふと》知《し》りて
高《たか》天《あま》原《はら》に千《ち》木《ぎ》高《たか》く
仕《つか》へ奉《まつ》ると今《いま》ここに
国《くに》津《つ》神《かみ》等《たち》集《あつ》まりて
いと勇《いさ》ましく地《ぢ》かための
珍《うづ》の祭《まつ》りを務《つと》むなり
彼《あ》方《なた》此《こ》方《なた》の岩《いは》座《くら》を
この聖場《せいぢやう》に持《も》ち運《はこ》び
槻《つき》の大《おほ》木《き》を伐《き》り採《と》りて
石《いし》搗柱《つきばしら》と定《さだ》めつつ

2　月　光　山

大地《だいち》の底《そこ》のわるるまで
力《ちから》を籠《こ》めて打《う》つ石《いし》の
千《ち》代《よ》に八《や》千《ち》代《よ》に動《ゆる》ぎなく
イドムの国《くに》の礎《いしずゑ》と
御《み》代《よ》に輝《かがや》けよこの石《いし》は
月《つき》光《みつ》山《やま》の渓《たに》間《ま》より
国《くに》津《つ》神《かみ》等《ら》の誠《まこと》もて
集《あつ》まり来《き》たりし御《み》魂《たま》石《いし》
あゝ面《おも》白《しろ》や面《おも》白《しろ》や
打《う》てよ打《う》て打《う》て石《いし》の面《おも》
大《だい》地《ち》の底《そこ》へととほるまで

打《う》てよ打《う》て打《う》て天地《あめつち》の
一度《いちど》にどよむところまで
よーいとなあ　よーいとなあ』
右守《うもり》のターマンは歌《うた》ふ。
『あゝ有難《ありがた》や有難《ありがた》や
今日《けふ》の吉《よ》き日《ひ》の吉《よ》き辰《とき》に
アヅミの王《きみ》の御《み》言《こと》もて
月光山《つきみつやま》の頂上《いただき》に
いと美《うるは》しき主《ス》の神《かみ》の
御舎《みあらか》建《た》つるいさましさ
この大宮《おほみや》の建《た》つ上《うへ》は

2　月光山

朝《あさ》な夕《ゆふ》なに謹《つつし》みて
吾《われ》等《ら》は仕《つか》へ奉《まつ》るべし
いかに雄《を》々《を》しき吾《わ》が王《きみ》の
いますと言《い》へど神《かみ》なくば
永《と》久《は》の御《み》国《くに》は治《をさ》まらじ
イドムの城《しろ》を取《と》り返《かへ》し
エールス王《わう》を平《たひ》らげて
神《かみ》代《よ》のままのイドム城《じやう》
王《きみ》の御《み》稜《い》威《づ》は四《よ》方《も》八《や》方《も》に
輝《かがや》き渡《わた》らむ礎《いしずゑ》と
思《おも》へば今《け》日《ふ》の足《た》れる日《ひ》の

57－81

この石《いし》搗《づ》きの音《おと》のよき
御《み》空《そら》に天《あま》津《つ》日《ひ》照《て》り渡《わた》り
吹《ふ》き来《く》る風《かぜ》の清《すが》しさに
汗《あせ》さへ出《い》でぬ石《いし》搗《づ》きの
この働《はたら》きの勇《いさ》ましさ
あゝ惟《かむなが》神《ら》惟《かむなが》神《ら》
神《かみ》の恵《めぐ》みぞ畏《かしこ》けれ』

漸《やうや》くに石搗《いしづ》きの儀式《ぎしき》は終了《しうれう》し、一同《いちどう》は月光山《つきみつやま》の聖場《せいぢやう》に果実《このみ》の酒等《さけなど》を酌《く》み交《かは》し、あらゆる馳《ち》走《そう》を作《つく》りて、祝宴《しゆくえん》は小夜更《さよふ》くるまで開《ひら》かれにける。

アヅミ王《わう》はこの場《ば》に静々《しづしづ》と現《あら》はれ来《き》たり、この光景《くわうけい》を眺《なが》めて歌《うた》ふ。

『月《つき》光《みつ》の山《やま》は八《や》千《ち》代《よ》に栄《さか》ゆべし

国《くに》の礎固《いしずゑかた》めし今日《けふ》はも
天地《あめつち》をゆるがせ歌《うた》ふ神《かみ》々《がみ》の
声《こゑ》いさましくめでたかりけり
左《さ》守《もり》右《う》守《もり》その他《た》の司《つかさ》の神《かみ》々《がみ》も
今日《けふ》の務《つと》めをよろしみ思《おも》ふ
いと早《はや》く貴《うづ》の御《み》舎《あらか》仕《つか》へ奉《まつ》れ
主《ス》の大《おほ》神《かみ》を斎《いつ》き奉《まつ》ると』

ムラジ姫《ひめ》は歌《うた》ふ。

『よみがへりよみがへりたり月《つき》光《みつ》山《やま》
今日《けふ》の歓《よろこ》び天《てん》に響《ひび》きて
奪《うば》はれしイドムの国《くに》の礎《いしずゑ》を

月光山《つきみつやま》に搗《つ》き固《かた》めたり
かくならば主《ス》の大神《おほかみ》の御稜威《みいづ》もて
イドムの国《くに》を再《ふたた》び治《をさ》めむ
エールスの悪魔《あくま》の司《つかさ》を言向《ことむ》けて
サールの国《くに》に追《お》ひ返《かへ》さなむ』

シウランは歌《うた》ふ。

『ありがたし今日《けふ》の吉《よ》き日《ひ》のよろこびは
神《かみ》もいさむか天地《あめつち》晴《は》れたり
一片《いっぺん》の雲《くも》さへもなき大空《おほぞら》の
蒼《あを》きは神《かみ》の心《こころ》なるらむ
吾《わ》が心《こころ》勇《いさ》み勇《いさ》みて大空《おほぞら》の

雲《くも》井《ゐ》の蒼《あを》にとけ入《い》りにけり
わが国《くに》は神《かみ》を斎《いつ》きて朝《あさ》夕《ゆふ》の
御《み》祭《まつ》りせずば治《をさ》まらざるべし
とにもあれかくにもあれや吾《わ》が王《きみ》の
神《かみ》を祭《まつ》らす御《み》心《こころ》嬉《うれ》しも』

左守《さもり》のナーマンは歌《うた》ふ。

『風《かぜ》清《きよ》く空《そら》晴《は》れ渡《わた》る今《け》日《ふ》の日《ひ》の
石《いし》搗《づ》き祭《まつ》り清《すが》しかりけり
月《つき》光《みつ》の山《やま》は今《け》日《ふ》よりかがやかむ
主《ス》の大《おほ》神《かみ》の光《ひかり》添《そ》ふれば
常《とこ》闇《やみ》の世《よ》を照《て》らさむと主《ス》の神《かみ》の

御《み》光《ひかり》仰《あふ》ぐ月《つき》光《みつ》の山《やま》』

右守《うもり》のターマンは歌《うた》ふ。

『うるはしき月《つき》光《みつ》山《やま》の頂《いた》上《だき》に
　神《かみ》天《あ》降《も》らすと思《おも》へば嬉《うれ》し
天地《あめつち》の神《かみ》を祭《まつ》りて国《くに》の政《のり》
　はげむは王《きみ》の務《つと》めなるらむ
吾《わ》が王《きみ》は真《まこと》の務《つと》め悟《さと》りましぬ
　これの御《み》国《くに》は今《け》日《ふ》より栄《さか》えむ
南《みんなみ》のはてなる月《つき》光《みつ》山《やま》の上《へ》に
　神《かみ》を祭《まつ》りて再《さい》挙《きよ》図《はか》らすも
吾《わ》が心《こころ》とみにいさめり月《つき》光《みつ》の

山《やま》に天降《あも》らす神《かみ》を思《おも》ひて』

その他国津神等《たくにつかみたち》の祝歌《しゆくか》はあまたあれども、省略《しやうりやく》する事《こと》とせり。

（昭和九・八・四　旧六・二四　於伊豆別院　（谷前清子謹録）

○

トタン屋根《やね》に雪《ゆき》のなだるる音《おと》すなり
陸奥路《むつぢ》を渡《わた》る風《かぜ》もゆるみて

みちのくの風《かぜ》は寒《さむ》しも地《ち》の上《うへ》を
ましろに包《つつ》む雪《ゆき》の風景《ふうけい》

（昭和九・一二・五）

第三章　月《つき》見《み》の池《いけ》（二〇三〇）

月光山《つきみつやま》の聖場《せいぢやう》は、アヅミ王《わう》の発起《ほつき》により、百日《ひやくにち》の工程《こうてい》を急《いそ》ぎ、漸《やうや》く美《うつく》しき神殿《しんでん》の建築《けんちく》を終《をは》りければ、ここにアヅミ王《わう》を始《はじ》め左守《さもり》、右守《うもり》、軍師《ぐんし》その他《た》の司等《つかさたち》は、斎殿《いみどの》に集《あつ》まり、七《なぬ》日《か》七夜《ななよ》の修祓《しうばつ》を終《をは》り、主《ス》の大神《おほかみ》の遷座式《せんざしき》を行《おこな》ふべき段取《だんど》りとなりにける。

月光山《つきみつやま》の中腹《ちうふく》には月見《つきみ》の池《いけ》と称《しよう》する清泉湧出《せいせんゆうしゆつ》して、蒼空《さうくう》の月《つき》を底深《そこふか》く写《うつ》せり。あたかも白銀《はくぎん》の玉《たま》を水底《みなそこ》に沈《しづ》めしごとく見《み》えて、その床《ゆか》しさ限《かぎ》りなし。アヅミ王以下《わういか》の修祓修行者《しうばつしゆぎやうしや》は、七日目《なぬかめ》の夕《ゆふ》べ月見《つきみ》の池《いけ》に集《あつ》まり来《き》たり、各自清泉《おのもおのもせいせん》を頭上《づじやう》より引《ひ》きかぶりながら歌《うた》ふ。

アヅミ王《わう》は歌《うた》ふ。

『身体《からたま》も霊魂《みたま》も清《すが》しくなりにけり

七《なぬ》日《か》七《なな》夜《よ》の修《しう》祓《ばつ》を経《へ》て
月《つき》光《みつ》山《やま》月《つき》見《み》の池《いけ》に佇《たたず》めば
水《みな》底《そこ》深《ふか》く月《つき》はかがよふ

仰《あふ》ぎ見《み》れば月《つき》読《よみ》の舟《ふね》俯《ふ》して見《み》れば
水《み》底《そこ》の月《つき》は玉《たま》とかがよふ

月《つき》と月《つき》の中《なか》に佇《たたず》む心《ここ》地《ち》して
禊《みそぎ》をはりし夕《ゆふ》べ清《すが》しき

主《ス》の神《かみ》の御《み》霊《たま》を御《み》殿《との》に招《お》ぎ奉《まつ》り
明《あ》日《す》はいよいよ御《み》祭《まつ》り仕《つか》へむ

果《は》てしなき御《み》空《そら》の蒼《あを》を写《うつ》したる
月《つき》見《み》の池《いけ》の底《そこ》にも月《つき》あり

月《つき》も星《ほし》も水《み》底《そこ》に清《きよ》く輝《かがや》けり
　われは空《そら》ゆく鳥《とり》にあらずや
佇《たたず》みて月《つき》見《み》の池《いけ》を眺《なが》めつつ
　雲《くも》井《ゐ》を伊《い》行《ゆ》く心《ここ》地《ち》するかな
春《はる》さりて紫《むらさき》躑躅《つつじ》紅《べに》躑躅《つつじ》
　月《つき》見《み》の池《いけ》の汀《みぎは》に匂《にほ》へり
白《しろ》き蝶《てふ》花《はな》にたはむるやさしかげ
　月《つき》見《み》の池《いけ》の底《そこ》にも遊《あそ》べる
常《とき》磐《は》木《ぎ》の松《まつ》の木《こ》蔭《かげ》に咲《さ》き匂《にほ》ふ
　躑躅《つつじ》は水《み》底《そこ》に赤《あか》く映《は》えたり
天《てん》も地《ち》も澄《す》みきらひたる今日《けふ》の日《ひ》に

禊《みそぎ》終《をは》りしわれは嬉《うれ》しも

天《あめ》地《つち》の神《かみ》も禊《みそぎ》しわが魂《たま》を
諾《うべな》ひまして天《あ》降《も》りますらむ

イドム城《じやう》敵《てき》に奪《うば》はれわれは今《いま》
月《つき》光《みつ》山《やま》に禊《みそぎ》するかも

昼《ひる》夜《よる》を神《かみ》に祈《いの》りて魂《たま》を練《ね》り
力《ちから》を強《つよ》めて国《くに》を守《まも》らむ

仰《あふ》ぎ見《み》れば御《み》空《そら》に月《つき》読《よみ》光《かげ》清《きよ》く
星《ほし》の真《ま》砂《さご》のまたたけるかな

月《つき》光《みつ》山《やま》吹《ふ》く春《はる》風《かぜ》の軟《やは》らかく
夕《ゆふ》べの林《はやし》に小《こ》鳥《とり》鳴《な》くなり』

ムラジ姫《ひめ》は歌《うた》ふ。

『歎《なげ》かひの数《かず》を重《かさ》ねて今《いま》ここに
　水《み》底《そこ》にうつる月《つき》を見《み》るかな

水《み》底《そこ》の澄《す》みきらひたる月《つき》見《み》れば
　うべよ月《つき》見《み》の池《いけ》と称《とな》ふも

水《み》底《そこ》にかげを沈《しづ》めて月《つき》読《よみ》は
　夜《よる》の守《まも》りとかがやき給《たま》へり

昼《ひる》の守《まも》り夜《よる》の守《まも》りを受《う》けながら
　月《つき》光《みつ》山《やま》に国《くに》を守《まも》らむ

チンリウ姫《ひめ》の行方《ゆくへ》は今《いま》にわからねど
　月《つき》をし見《み》れば心《こころ》やはらぐ

3　月見の池

大《おほ》空《ぞら》に冴《さ》え渡《わた》りたる春《はる》の夜《よ》の
　月《つき》朧《おぼろ》なりわが子《こ》を思《おも》ふも

大《おほ》空《ぞら》は俄《には》かに霞《かすみ》包《つつ》まひて
　水《み》底《そこ》の月《つき》の光《かげ》をぼかせり

春《はる》の夜《よ》の月《つき》を力《ちから》に匂《にほ》ふらむ
　躑《つつ》躅《じ》の露《つゆ》は玉《たま》と照《て》りつつ

静《しづ》かなる夕《ゆふ》べなるかな吹《ふ》く風《かぜ》も
　いとやはらかに山《やま》雀《がら》の鳴《な》く

夕《ゆふ》されど山《やま》雀《がら》の鳴《な》くこの山《やま》は
　神《かみ》の恵《めぐ》みの現《あら》はれなるかも

水《みな》底《そこ》の真《ま》砂《さご》の数《かず》も見《み》ゆるまで

月《つき》は冴《さ》えたり霞《かすみ》を分《わ》けて

吹《ふ》く風《かぜ》に御《み》空《そら》覆《おほ》ひし春霞《はるがすみ》
たちまち晴《は》れて空《そら》の肌《はだ》見《み》ゆ

主《ス》の神《かみ》の御《み》舎《あらか》とならむこの山《やま》に
御《み》魂《たま》清《きよ》めて清《すが》しきわれなり

大空《おほぞら》の月《つき》も流《る》転《てん》のかげなれば
われは歎《なげ》かじ移《うつ》りゆく世《よ》を

あるは虧《か》けあるいは盈《み》つる月光《つきかげ》は
わが魂《たましひ》を生《い》かせ給《たま》へり

光闇《ひかりやみ》ゆき交《か》ふ世《よ》ぞと思《おも》へども
なほ偲《しの》ばるるイドムの城《しろ》かな

朝《あさ》夕《ゆふ》に恋《こ》ふる娘《むすめ》の行《ゆ》く先《さき》を
　探《たづ》ねまほしき月《つき》にぞありける
祖《おや》々《おや》の授《さづ》け給《たま》ひしイドム城《じやう》の
　木《こ》の間《ま》の月《つき》を見《み》る由《よし》もなし
わが仰《あふ》ぐ御《み》空《そら》の月《つき》はイドム城《じやう》の
　常《とき》磐《は》木《ぎ》の松《まつ》に懸《か》かりし光《かげ》かも
ここに来《き》て心《こころ》清《すが》しくなりにけり
　朝夕《あしたゆふ》べを風《かぜ》の匂《にほ》へば
月《つき》冴《さ》ゆる樹《こ》下《した》の蔭《かげ》に丹《に》躑《つつ》躅《じ》は
　無《む》心《しん》の色《いろ》を湛《たた》へて笑《わら》へり』

シウランは歌《うた》ふ。

『わが王《きみ》よ喜《よろこ》び給《たま》へイドム城《じやう》に
眺《なが》めし月《つき》は輝《かがや》き給《たま》へり
故郷《ふるさと》に眺《なが》むる月《つき》を月《つき》光《みつ》の
山《やま》に仰《あふ》ぐと思《おも》へば床《ゆか》しき
何《いづ》国《くに》の果《は》てにも月《つき》日《ひ》は照《て》るものを
いかで歎《なげ》かむ過《す》ぎにし夢《ゆめ》を
現世《うつしよ》は夢《ゆめ》と思《おも》へど月《つき》読《よみ》の
かげをし見《み》れば現《うつつ》にかへる
百余《ひやくよ》里《り》を距《へだ》てて仰《あふ》ぐ月《つき》光《かげ》も
変《かは》りなき世《よ》と思《おも》へば楽《たの》し
真《しん》珠《じゆ》湖《こ》に浮《うか》べる月《つき》を人《にん》魚《ぎよ》等《ら》は

3　月見の池

歓《あら》ぎ喜《よろこ》び仰《あふ》ぎゐるらむ

塩《しほ》辛《から》き人魚《にんぎよ》の湖《うみ》に比《くら》ぶれば
月《つき》見《み》の池《いけ》はひとしほ清《すが》しき

わが王《きみ》よ歎《なげ》き給《たま》ふな地《ち》の上《うへ》に
変《かは》らぬ月《つき》日《ひ》の輝《かがや》き給《たま》へば

かくのごと清《すが》しき山《やま》に籠《こも》らひて
祭《さい》政《せい》一《いつ》致《ち》は楽《たの》しかるべし

先《ま》づ神《かみ》を斎《いつ》きまつりてこの国《くに》の
政治《まつりごと》せむ月《つき》日《ひ》にならひて

天《あま》津《つ》日《ひ》の恵《めぐ》み畏《かしこ》み月《つき》読《よみ》の
露《つゆ》を力《ちから》に世《よ》を治《をさ》めませ

73 – 81

七《なぬ》日《か》七《なな》夜《よ》霊魂《みたま》身体《からたま》禊《みそぎ》して
　月《つき》見《み》の池《いけ》の月《つき》に親《した》しむ

梢《こずゑ》吹《ふ》く風《かぜ》の音《おと》さへ静《しづ》かなり
　王《きみ》の御《み》心《こころ》現《あら》はれにつつ

村《むら》肝《きも》の心《こころ》静《しづ》かに時《とき》待《ま》ちて
　イドムの城《しろ》を取《と》り返《かへ》さばや

エールスの醜《しこ》の司《つかさ》は強《つよ》くとも
　誠《まこと》の神《かみ》の力《ちから》に及《およ》ばじ

わが王《きみ》に刃《は》向《むか》ひまつりしエールスの
　果《は》ては必《かなら》ずよろしからまじ

エールスの醜《しこ》の魂《みたま》を救《すく》ひやりて

月《つき》光《かげ》のごと清《きよ》めたきもの
われとても月《つき》の光《ひかり》を教《のり》として
霊《み》魂《たま》身《から》体《たま》清《きよ》く進《すす》まむ

常《とこ》闇《やみ》も光《ひかり》の力《ちから》に引《ひ》きさかれ
輝《かがや》く世《よ》なり神《かみ》に任《まか》さむ

わが王《きみ》の軍《いくさ》の司《つかさ》と任《ま》けられて
もろくも破《やぶ》れし思《おも》へば恥《は》づかし

月《つき》の面《おも》仰《あふ》ぐも恥《は》づかしわが王《きみ》の
上《うへ》を守《まも》らで破《やぶ》れし思《おも》へば

恥《は》ぢらひつ御《み》空《そら》の月《つき》を眺《なが》むれば
笑《ゑ》みておはせり面《おもて》穏《おだ》ひに』

左守《さもり》のナーマンは歌《うた》ふ。

『戦《たたか》ひに敗《やぶ》れて歎《なげ》きのわれながら
　冴《さ》えたる今宵《こよひ》の月《つき》を見《み》るかな
月見《つきみ》れば千々《ちぢ》の歎《なげ》きも晴《は》れゆきて
　蘇《よみがへ》りたる心地《ここち》こそすれ
イドム城《じやう》は失《うしな》ひたれどわが王《きみ》の
　まめやかにます思《おも》へば楽《たの》しき
姫君《ひめぎみ》の行方《ゆくへ》はいづくか知《し》らねども
　生《い》きていまさむ神《かみ》の守《まも》りに
エールスの醜《しこ》の司《つかさ》を征《き》討《た》めむと
　思《おも》ふ心《こころ》は永久《とは》に晴《は》れずも

3　月見の池

左《さ》守《もり》われ国《くに》の政治《まつり》を誤《あやま》りて
　王《きみ》に歎《なげ》きを見《み》せまつりける

わが王《きみ》の心《こころ》なやませ村《むら》肝《きも》の
　心《こころ》は立《た》つても居《ゐ》ても居《ゐ》られず

寛大《くわんだい》なる王《きみ》の心《こころ》にほだされて
　われは生命《いのち》を今日《けふ》まで保《たも》ちし

わが国《くに》と王《きみ》に対《たい》して申《まを》し訳《わけ》
　立《た》たざるわれは死《し》なむと思《おも》ひし

さりながら死《し》するは易《やす》く生《うま》るるは
　難《かた》しと思《おも》ひて忍《しの》び来《き》つるも

玉《たま》の緒《を》の生命《いのち》保《たも》ちて王《きみ》のため

わが敵《てき》滅《ほろ》ぼすとながらへ居《ゐ》るも
心《こころ》なき花《はな》麗《うるは》しく汀辺《みぎはべ》に
　春《はる》を匂《にほ》へどわれは淋《さび》しき
大空《おほぞら》に輝《かがや》く月《つき》の光《かげ》見《み》れば
　わが愚《おろ》かしさに恥《は》ぢらひのわく
玉《たま》の緒《を》の生命《いのち》の限《かぎ》り王《きみ》のため
　恨《うら》み晴《は》らして城《しろ》とりもどさむ』

アヅミ王《わう》は歌《うた》ふ。

『ナーマンの悲《かな》しき心《こころ》はわれ知《し》れり
　心安《こころやす》かれ時《とき》を待《ま》ちつつ
ナーマンの罪《つみ》にはあらず天地《あめつち》の

神《かみ》に離《はな》れしわれの罪《つみ》ぞや』

ナーマンは歌《うた》ふ。

『わが王《きみ》の優《やさ》しき言葉《ことば》聞《き》くにつけ
わが目《め》の涙《なみだ》しと降《ふ》るなり
わが王《きみ》の思《おも》ひをいつか晴《は》らさむと
朝《あした》夕《ゆふ》べを神《かみ》に祈《いの》りつ
主《ス》の神《かみ》の御《み》舎《あらか》漸《やうや》く出来《でき》上《あ》がり
御《み》霊《たま》遷《うつ》しの吉《よ》き日《ひ》待《ま》たるる』

右守《うもり》のターマンは歌《うた》ふ。

『わが王《きみ》の御《み》言《こと》畏《かしこ》しナーマンの
心《こころ》いぢらしわれは泣《な》くなり

今《いま》までの歎《なげ》きを月《つき》にまかせつつ
　御《み》国《くに》起《おこ》すと御《み》神《かみ》に祈《いの》らむ

地《ち》の上《うへ》の業《わざ》はことごと主《ス》の神《かみ》の
　恵《めぐ》みに離《はな》れて成《な》るものはなし

主《ス》の神《かみ》を厚《あつ》く祭《まつ》りて言《こと》霊《たま》の
　清《きよ》き御《み》稜《い》威《づ》を身《み》に受《う》けむかも

言《こと》霊《たま》の軍《いくさ》を用《もち》ゐず現世《うつしよ》の
　弓《ゆみ》矢《や》の軍《いくさ》に滅《ほろ》ぼされたり

この上《うへ》は人《ひと》を傷《そこな》ふ弓《ゆみ》矢《や》を捨《す》てて
　生《いく》言《こと》霊《たま》に戦《たたか》はむかな

七《なぬ》日《か》七《なな》夜《よ》の修《しう》祓《ばつ》終《をは》り村《むら》肝《きも》の

心《こころ》はとみに冴《さ》え渡《わた》りける
春《はる》されば花《はな》は自《し》然《ぜん》に咲《さ》くものを
何《なに》を騒《さわ》がむ今《け》日《ふ》のわが身《み》を

わが王《きみ》を栄《さか》えの君《きみ》とあがめつつ
月《つき》光《みつ》山《やま》に時《とき》を待《ま》つべし

右《う》守《もり》われは王《きみ》の御《み》国《くに》をあやまりて
曲《まが》の司《つかさ》に奪《うば》はれにけり

わが罪《つみ》は万《ばん》死《し》に当《あた》り重《おも》けれど
やがて報《むく》いむ時《とき》の力《ちから》に

しばらくを心《こころ》静《しづ》かに待《ま》ち給《たま》へ
エールス王《わう》を追《お》ひそけて見《み》む

エールスの司《つかさ》を征《き》討《た》め破《やぶ》らねば
　わが身《み》の罪《つみ》は滅《ほろ》びざるべし
久《ひさ》方《かた》の御《み》空《そら》を伊《い》行《ゆ》く月《つき》光《かげ》も
　虧《か》けてかくる例《ためし》ある世《よ》ぞ
闇《やみ》の世《よ》は久《ひさ》しからまじやがて又《また》
　冴《さ》えたる月《つき》は輝《かがや》き給《たま》はむ
月《つき》光《かげ》は次《し》第《だい》次《し》第《だい》に太《ふと》りつつ
　またつぎつぎに細《ほそ》りゆくなり
細《ほそ》りつつ御《み》空《そら》は闇《やみ》となりぬれど
　また月《つき》光《かげ》の出《い》づる世《よ》なるよ』

アヅミ王《わう》は再《ふたた》び歌《うた》ふ。

3　月見の池

『月《つき》清《きよ》きこの池《いけ》の辺《べ》に禊《みそぎ》して
　各《おのも》自《おのも》が心《こころ》照《て》らしぬ
われは今《いま》汝《なれ》等《ら》が清《きよ》き心根《こころね》を
　親《した》しく聞《き》きて蘇《よみがへ》りたり
大《おほ》空《ぞら》の月《つき》もかくる世《よ》なりけり
　何《なに》を歎《なげ》かむ汝《なれ》等《ら》を力《ちから》に
われこそは独身《ひとりみ》ならずたくましき
　汝《なれ》等《ら》を力《ちから》と頼《たの》む身《み》なれば
主《ス》の神《かみ》の貴《うづ》の恵《めぐ》みをかかぶりて
　静《しづ》かに思《おも》ひを晴《は》らさむと思《おも》ふ
今《いま》までの心《こころ》の襖《ふすま》立《た》て直《なほ》し

83 − 81

神《かみ》の御《み》前《まへ》に畏《かしこ》み仕《つか》へむ
主《ス》の神《かみ》をよそになしつつわが国《くに》の
治《をさ》まるべしやはと悟《さと》らひにけり』

右守《うもり》は歌《うた》ふ。

『わが王《きみ》の畏《かしこ》き言《こと》霊《たま》聞《き》くにつけ
国《くに》の栄《さか》えを今《いま》より思《おも》ふ
わが王《きみ》の御《み》言《こと》宣《うべ》なり主《ス》の神《かみ》の
功《いさ》績《をし》なくて治《をさ》まるべきかは
エールスの曲《まが》は隙《すき》間《ま》をうかがひて
イドムの国《くに》を奪《うば》ひたりけむ』

ムラジ姫《ひめ》は再《ふた》び歌《うた》ふ。

『いつとなく心驕《こころおご》りてわが力《ちから》
　頼《たの》みし事《こと》は禍《わざはひ》なりしよ
明日《あす》されば主《ス》の大神《おほかみ》を招《お》ぎまつり
　いとうるはしく御《み》祭《まつ》り仕《つか》へむ』

（昭和九・八・四　旧六・二四　於伊豆別院　林弥生謹録）

○

蛙等《かはづら》は日《ひ》比《び》谷《や》ケ《が》原《はら》に集《あつ》まりて
　ふところ寒《さむ》く啼《な》き立《た》つるなり

（昭和九・一二・五）

第四章　遷《せん》座《ざ》式《しき》（二〇三一）

アヅミ王《わう》が発起《ほつき》のもとに、軍神等《ぐんしんら》が百日百夜《ひやくにちひやくや》丹精《たんせい》を凝《こ》らしたる結果《けつくわ》、月光山《つきみつやま》の頂上《ちやうじやう》にさも荘厳《さうごん》なる瑞《みづ》の御舎《みあらか》は建《た》てられにけり。

ここにアヅミ王《わう》は、七日《なぬか》七夜《ななよ》の修祓《しうばつ》を終《をは》り、恭《うやうや》しく神殿《しんでん》に昇《のぼ》り祓《はら》ひの式《しき》を修《しう》し、且《か》つ遷《せん》宮式《ぐうしき》の祝詞《のりと》を奏上《そうじやう》しける。

神々等《かみがみたち》はこの聖場《せいぢやう》に襟《えり》を正《ただ》し、恐懼《きようく》して控《ひか》へ居《ゐ》る。禊祓《はらひ》の祝詞《のりと》の文《ぶん》に曰《い》ふ。

『掛巻《かけまく》も畏《かし》こき、紫微《しび》天界《てんかい》の真秀良場《まほらば》高日《たかひ》の宮《みや》に、大宮柱《おほみやばしら》太敷《ふとし》きたて、高天原《たかあまはら》に千木《ちぎ》高知《たかし》りて、永久《とこしへ》に鎮《しづ》まりいまし、大宇宙《だいうちう》を領有《うしは》ぎ給《たま》ふ主《ス》の大御神《おほみかみ》、高鉾《たかほこ》の神《かみ》、神鉾《かみほこ》の神《かみ》の貴《うづ》の大前《おほまへ》に斎主《いはひぬし》元《もと》イドム城《じやう》の主《あるじ》アヅミ王《わう》、謹《つつし》み敬《ゐやま》ひ畏《かし》み畏《かし》みも白《まを》さく。

4 遷座式

アヅミの国《くに》は大御神《おほみかみ》の恵《めぐ》み弥深《いやふか》く、田畑繁《たはたしげ》り木《こ》の実豊《みゆた》かに、国津神《くにつかみ》は朝《あさ》な夕《ゆふ》なの厚《あつ》き恵《めぐ》みに、楽《たの》しく世《よ》を送《おく》りける折《をり》もあれ、サールの国《くに》の国司《くにつかさ》エールスは、数多《あまた》の兵士《つはもの》を率《ひき》ゐて大栄山《おほさかやま》の峰《みね》を渡《わた》り、真珠《しんじゆ》の湖《うみ》を占領《せんりやう》し、進《すす》んで平和《へいわ》の楽土《らくど》と聞《きこ》えたる、吾《わ》が祖先《そせん》より弥《いや》次々《つぎつぎ》に守《まも》りたる、イドム城《じやう》を取《と》り囲《かこ》み、弓矢《ゆみや》をもちて攻《せ》め寄《よ》せ来《き》たりけるにぞ、吾《われ》も此《この》猛《たけ》き仇《あだ》を防《ふせ》がむとして射向《いむか》ひたりけるに、果《はか》なくも味方《みかた》の大方《おほかた》は敵《てき》に滅《ほろ》ぼされ、吾《わ》が娘《むすめ》は行方《ゆくへ》分《わ》かずなりにける。かかる禍《わざはひ》の吾《われ》に迫《せま》り来《き》たるは、全《まつた》く祖々《おやおや》の志《こころざし》を軽《かろ》んずるの余《あま》り、主《ス》の大神《おほかみ》の御恵《みめぐ》みを忘《わす》れ、恣《ほしいまま》なる政治《まつりごと》を為《な》せし罪故《つみゆゑ》と、ここに前非《ぜんぴ》を悔《く》い真《ま》心《ごころ》より改《あらた》めて、大神《おほかみ》の御子《みこ》たる事《こと》を悟《さと》らひにける。吾《われ》ここをもて悔《く》い改《あらた》めの心《こころ》の千重《ちへ》の一重《ひとへ》のしるしにもと、月光山《つきみつやま》の頂《いただき》の最《いと》も清《きよ》く最《いと》も涼《すず》しき、常磐木《ときはぎ》茂《しげ》る上津岩根《うはついはね》に、大宮《おほみや》柱太敷《ばしらふとし》きたてて、主《ス》の大神《おほかみ》の大御霊《おほみたま》を招《お》ぎ奉《まつ》るとして、海川山野《うみかはやまぬ》の種々《くさぐさ》の美味物《うましもの》を、八《や》足《たり》の机代《つくえしろ》に置《お》き足《た》らはし、御酒御饌御水《みきみけみもひ》献《たてまつ》りて願《ね》ぎ奉《まつ》るさまを、安《やす》らけく平《たひ》らけく聞《きこ》し食《め》し、相諾《あひうづな》ひ給《たま》ひて、月光山《つきみつやま》のこれの聖所《すがど》は、弥益々《いやますます》も常夏《とこなつ》の国《くに》と栄《さか》え、神《かみ》の恵《めぐ》みを戴《いただ》きて再《ふたた》びイドムの城《しろ》を奪《うば》ひ返《かへ》さしめ給《たま》へ。イドムの城《しろ》の再《ふたた》び吾《わ》が手《て》に返《かへ》りし上《うへ》は、上下共《しやうかとも》に驕《おご》りの心《こころ》を戒《いまし》め、火《ひ》、水《みづ》、土《つち》の恵《めぐ》みを悟《さと》らしめ、大御神《おほみかみ》の大御心《おほみこころ》に叶《かな》ひ奉《まつ》るべく教《をし》へ諭《さと》すべきを誓《ちか》ひ奉《たてまつ》る。仰《あふ》ぎ願《ねが》はくは主《ス》の大御神《おほみかみ》、これの大殿《おほとの》に天降《あも》りましまして、貴《うづ》の御霊《みたま》を永久《とこしへ》に止《とど》めさせ給《たま》ひ、イドムの国《くに》は言《い》ふも更《さら》なり、サールの国《くに》も悉《ことごと》く、大御神《おほみかみ》の恵《めぐ》みの露《つゆ》に潤《うるほ》はしめ、直《なほ》く正《ただ》しき心《こころ》を持《も》たしめ給《たま》へと、畏《かしこ》み畏《かしこ》みも祈願奉《こひのみまつ》らくと白《まを》す。

一《ひと》二《ふた》三《み》四《よ》五《いつ》六《むゆ》七《なな》八《や》九十《ここのたり》百《もも》千《ち》万《よろづ》
千《ち》万《よろづ》の栄《さか》えあれ
八《や》千《ち》万《よろづ》の恵《めぐ》みあれ』

かく歌《うた》ひ終《をは》り、再《ふたた》び神前《しんぜん》に敬礼《けいれい》しながら、
『久《ひさ》方《かた》の天《あま》津《つ》御《み》神《かみ》の大《おほ》御《み》かげを

吾《われ》はたしかに拝《をが》みまつりぬ
ありがたき神《かみ》の天《あ》降《も》りに我《わ》が国《くに》は
弥《いや》ますますも栄《さか》え行《ゆ》くらむ
主《ス》の神《かみ》の御《み》霊《たま》天《あ》降《も》らす今《け》日《ふ》よりは
我《わ》が国《くに》原《はら》は安《やす》けかるべし
天《てん》を仰《あふ》ぎ地《つち》に額《ぬか》づき朝《あさ》夕《ゆふ》を
主《ス》の大《おほ》神《かみ》に仕《つか》へ奉《まつ》らむ
月《つき》光《みつ》の山《やま》は清《すが》しも主《ス》の神《かみ》の
御《み》霊《たま》の永《と》久《は》に止《とど》まり給《たま》へば
草《くさ》も木《き》も色《いろ》艶《つや》やかになりにけり
神《かみ》の天《あ》降《も》りしこのたまゆらに

過《あやま》ちし心《こころ》をとみに清《きよ》めたる
　吾《われ》は神《かみ》の子《こ》神《かみ》の宮《みや》なり
永《とこ》久《しへ》にこれの宮《みや》居《ゐ》に止《とど》まりて
　伊《い》佐《さ》子《ご》の島《しま》根《ね》を照《て》らさせ給《たま》へ』

と拍手《はくしゆ》して元《もと》の座《ざ》に直《なほ》りける。

ムラジ姫《ひめ》は神前《しんぜん》に拝礼《はいれい》し静《しづ》かに歌《うた》ふ。

『八十《やそ》日《か》日《ひ》はあれども今日《けふ》の吉《よ》き日《ひ》こそ
　わがたましひの蘇《よみがへ》り知《し》る
主《ス》の神《かみ》はこれの聖所《すがど》に天降《あも》りまして
　わがたましひの勇《いさ》みやまずも
嘆《なげ》かひの日《ひ》数《かず》重《かさ》ねて嬉《うれ》しくも

今日《けふ》の吉《よ》き日《ひ》にあひにけらしな
愛娘《まなむすめ》チンリウ姫《ひめ》の行《ゆ》く先《さき》を
守《まも》らせ給《たま》へ主《ス》の大御《おほみ》神《かみ》
わが娘齢《むすめよはひ》しあれば一日《ひとひ》だも
早《はや》く吾《わ》が目《め》にうつさせ給《たま》へ
何《なん》となく心嬉《こころうれ》しく勇《いさ》みたちて
吾《わ》が手《て》吾《わ》が足《あし》舞《ま》ひ狂《くる》ふなり
祖々《おやおや》の守《まも》りし城《しろ》に立《た》ち帰《かへ》り
神《かみ》のまつりを行《おこな》はせませ』

シウランは歌《うた》ふ。

『久方《ひさかた》の主《ス》の大神《おほかみ》の御霊《おんたま》を

斎《いつ》きし今日《けふ》は喜《よろこ》びあふるる
厳《おごそ》かな王《きみ》の祝詞《のりと》の言霊《ことたま》に
主《ス》の大《おほ》御《み》神《かみ》天《あ》降《も》りましけむ
言《こと》霊《たま》の助《たす》くる国《くに》と知《し》りながら
行《おこな》ひ得《え》ざりし事《こと》を悔《く》ゆるも
言《こと》霊《たま》を朝《あさ》夕《ゆふ》宣《の》りつつありしならば
イドムの城《しろ》は滅《ほろ》びざりけむ
言《こと》霊《たま》の厳《いづ》の力《ちから》を忘《わす》れたる
報《むく》いは滅《ほろ》びの他《ほか》なかりけり
武《もの》士《のふ》をあまた引《ひ》き連《つ》れ敗《やぶ》れたる
われも言《こと》霊《たま》忘《わす》れ居《ゐ》たりき』

かく歌《うた》ふ折《をり》しも、殿内《でんない》たちまち鳴動《めいどう》して地鳴《ちな》り震動《しんどう》烈《はげ》しく、新築《しんちく》の社殿《しやでん》もほとんど覆《くつが》へらむばかり思《おも》はれにける。

アヅミ王《わう》は恐《おそ》れ畏《かしこ》み、再《ふたた》び神前《しんぜん》にひれ伏《ふ》して静《しづ》かに歌《うた》ふ。

『大《おほ》神《かみ》の御《み》旨《むね》にそむきし為《ため》なるか
　天《あめ》地《つち》一《いち》度《ど》に揺《ゆる》ぎそめたる
罪《つみ》あれば吾《われ》を譴責《きた》めよ天《あま》津《つ》神《かみ》
　われに倣《なら》ひしものにありせば
わが教《をしへ》曇《くも》りたるより国《くに》津《つ》神《かみ》
　神《かみ》を忘《わす》れて乱《みだ》れたりける
吾《わ》が生命《いのち》召《め》すも厭《いと》はじ国《くに》津《つ》神《かみ》の
　罪《つみ》を偏《ひとへ》に許《ゆる》させ給《たま》へ』

かく歌《うた》ふ折《をり》もあれ、突然《とつぜん》として神前《しんぜん》に現《あら》はれ給《たま》ひし三柱《みはしら》の大神《おほかみ》あり。一柱《ひとはしら》の神《かみ》は主《ス》の大神《おほかみ》と見《み》えて御姿《おんすがた》いたく光《ひか》らせ給《たま》へば、拝《をが》み奉《まつ》るよしもなく、わづかにその御影《おんかげ》を想像《さうざう》するばかりなりけるが、白衣《びやくえ》を纏《まと》ひ右手《めて》に各自《おのもおのも》鉾《ほこ》を持《も》たして立《た》ち給《たま》ふ神《かみ》は、正《まさ》しく高鉾《たかほこ》の神《かみ》、神鉾《かみほこ》の神《かみ》にましましける。

高鉾《たかほこ》の神《かみ》は厳《おごそ》かに宣《の》らせ給《たま》ふ。

『吾《われ》こそは高《たか》日《ひ》の宮《みや》ゆ天《あ》降《も》りてし
　高《たか》鉾《ほこ》の神《かみ》ぞ心安《こころやす》かれ

この国《くに》は生《いく》言《こと》霊《たま》の死《し》せる国《くに》
　神《かみ》の助《たす》けのあらぬ国《くに》ぞや

アヅミ王《わう》元《もと》津《つ》心《こころ》に立《た》ちかへり
　宮《みや》居《ゐ》造《つく》りしわざを嘉《よみ》すも

天地《あめつち》の一度《いちど》に揺《ゆ》りしは主《ス》の神《かみ》の
　天降《あも》り給《たま》ひししるしなるぞや
アヅミ王《わう》よ恐《おそ》るるなかれ主《ス》の神《かみ》の
　御国《みくに》助《たす》くと天降《あも》りませしぞや』

神鉾《かみほこ》の神《かみ》は御歌詠《みうたよ》ませ給《たま》ふ。

『主《ス》の神《かみ》の御供《みとも》に仕《つか》へ八重雲《やへくも》を
　かき分《わ》けここに天降《あも》りし神《かみ》ぞや
神鉾《かみほこ》の神《かみ》はわれぞや村肝《むらきも》の
　心清《こころきよ》めてわが面《おも》を見《み》よ』

この降臨《かうりん》にアヅミ王《わう》を始《はじ》め左守《さもり》、右守《うもり》、軍師《ぐんし》その他《た》の神々《かみがみ》は広庭《ひろには》にひれ伏《ふ》し、感謝《かんしや》と喜《よろこ》びに身《み》をふるはして蹲《うずくま》り居《ゐ》る。

アヅミ王《わう》は恐《おそ》る恐《おそ》る謹《つつし》み歌《うた》ふ。

『罪《つみ》深《ふか》き吾《わ》が身《み》の願《ねが》ひ聞《きこ》し召《め》し
　天降《あも》り給《たま》ひし神《かみ》ぞ畏《かしこ》し

今日《けふ》よりは心《こころ》を清《きよ》め身《み》を浄《きよ》め
　神《かみ》の御《み》旨《むね》に叶《かな》ひ奉《まつ》らむ

力《ちから》弱《よわ》き吾《われ》に力《ちから》を添《そ》へ給《たま》へ
　イドムの国《くに》は醜《しこ》はびこれば』

高鉾《たかほこ》の神《かみ》は御歌《みうた》詠《よ》ませ給《たま》ふ。

『醜《しこ》神《がみ》は汝《なれ》が心《こころ》に潜《ひそ》むなり
　みたま清《きよ》めて追《お》ひ出《い》だすべし

刈《かり》菰《ごも》と乱《みだ》れはてたるこの国《くに》も

汝《なれ》が心《こころ》の汚《けが》れしゆゑぞや
今《け》日《ふ》よりは元《もと》津《つ》心《こころ》にたちかへり
誠《まこと》の上《うへ》にも誠《まこと》を尽《つ》くせよ』

アヅミ王《わう》は歌《うた》ふ。

『ありがたき仰《おほ》せなるかも知《し》らず識《し》らず
わが魂《たましひ》に曲《ま》津《が》の潜《ひそ》めるか
主《ス》の神《かみ》の厳《いづ》の力《ちから》にわが魂《たま》の
醜《しこ》の鬼《おに》神《がみ》退《やら》ひ給《たま》はれ』

神鉾《かみほこ》の神《かみ》は御《み》歌《うた》詠《よ》ませ給《たま》ふ。

『ゐやなきは汝《なれ》が言《こと》葉《ば》よ魂《たましひ》の
鬼《おに》は自《みづか》らつくりしものを

肝《きも》向《むか》ふ心《こころ》の鬼《おに》を退《やら》ふべき
誠《まこと》の力《ちから》は真《ま》言《こと》なるぞや』

かく歌《うた》ひ給《たま》ふや、三柱《みはしら》の神《かみ》は消《き》ゆるがごとく御姿《みすがた》を隠《かく》させ給《たま》ひける。再《ふたた》び天地《てんち》震動《しんどう》して大《おほ》空《ぞら》の雲《くも》は左右《さいう》に分《わか》れ、虹《にじ》のごとき天《あめ》の浮橋《うきはし》かかるよと見《み》る間《ま》に、三柱《みはしら》の神《かみ》は荘厳《さうごん》なる雄姿《ゆうし》を現《あら》はし給《たま》ふ御姿《みすがた》、ほのかに下界《げかい》より拝《をが》むを得《え》たりける。

アヅミ王《わう》は天《てん》を仰《あふ》ぎ拍手《はくしゅ》しながら、謹《つつし》みの色《いろ》を面《おもて》に漲《みなぎ》らして歌《うた》ふ。

『主《ス》の神《かみ》は善《ぜん》言《げん》美《び》詞《し》の言《こと》霊《たま》を
われに授《さづ》けて帰《かへ》りましけり

御《おん》教《をしへ》委《つば》曲《ら》に聞《き》きてわが魂《たま》の
汚《けが》れはてたる事《こと》を悟《さと》りぬ

大《おほ》宮《みや》は新《あら》たに仕《つか》へ奉《まつ》れども

4　遷　座　式

鎮《しづ》まりまさずて帰《かへ》らせ給《たま》ひぬ

真《ま》心《ごころ》のあらむ限《かぎ》りを尽《つく》しつつ
われは誠《まこと》をもちて仕《つか》へむ

主《ス》の神《かみ》の怒《いか》りに触《ふ》れしか吾《わ》が魂《たま》は
穏《おだ》やかならず震《ふる》ひをののく

エールスに城《しろ》奪《うば》はれしも吾《わ》が魂《たま》に
潜《ひそ》む曲《まが》津《つ》のわざなりしかな

上《うへ》下《した》の序《ついで》を乱《みだ》し誇《ほこ》りたる
国《くに》津《つ》神《かみ》らの罪《つみ》また深《ふか》けむ

さりながら吾《わ》が魂《たましひ》の曇《くも》りゐて
世《よ》の乱《みだ》れをば悟《さと》らず居《ゐ》たるよ

99 − 81

乱《みだ》れしと悟《さと》りし頃《ころ》ははや既《すで》に
吾《わ》が住《す》む城《しろ》は落《お》ちにけらしな
掛《かけ》巻《まく》も綾《あや》に畏《かしこ》き大《おほ》神《かみ》の
恵《めぐ》み賜《たま》はれこれの御《み》国《くに》に』

ムラジ姫《ひめ》は歌《うた》ふ。

『三《み》柱《はしら》の神《かみ》の御《み》姿《すがた》拝《をが》みてゆ
われは頭《かしら》をもたげ得《え》ざりき
頭《づ》上《じやう》より押《お》しつぶさるる心《ここ》地《ち》して
御《み》稜《い》威《づ》畏《かしこ》みふるへ居《ゐ》たるも
天《あめ》地《つち》にかかる尊《たふと》き神《かみ》坐《ま》すと
知《し》らざる罪《つみ》の報《むく》い来《き》しよな

4 遷座式

エールスの襲《おそ》ひ来《き》たるも宜《うべ》よ宜《うべ》
神《かみ》に背《そむ》きしイドムの城《しろ》は

天地《あめつち》は神《かみ》の住処《すみか》と知《し》らずして
驕《おご》り暮《くら》せし罪《つみ》恐《おそ》ろしも

七《なぬ》日《か》七《なな》夜《よ》の禊《みそぎ》はおろか百《もも》日《か》日《ひ》も
身《から》体《たま》みたま清《きよ》め澄《す》まさむ

主《ス》の神《かみ》の御《み》霊《たま》をこれの新《にひ》殿《どの》に
迎《むか》へむとせし罪《つみ》恐《おそ》ろしも

吾《われ》々《われ》がみたまの曇《くも》り晴《は》れざれば
いかで天《あ》降《も》らむ三《み》柱《はしら》神《がみ》は

恐《おそ》れ多《おほ》き事《こと》をなしけり曇《くも》りたる

みたまかかへて神《かみ》祀《まつ》るとは
新《にひ》殿《どの》は厳《おごそ》かなれど主《ス》の神《かみ》は
　鎮《しづ》まりまさず心《こころ》もとなや
磨《みが》きたる上《うへ》にもみたま磨《みが》きあげ
　神《かみ》の御《み》前《まへ》に仕《つか》へ奉《まつ》らな』

シウランは歌《うた》ふ。

『恐《おそ》れ多《おほ》き事《こと》をなしけり汚《けが》れたる
　身《み》を省《かへり》みず神《かみ》を招《お》ぎしは
神《しん》殿《でん》も毀《こは》れむばかり唸《うな》りつつ
　動《うご》き揺《ゆ》れしは神《しん》罰《ばつ》なるべし
今《け》日《ふ》よりは弓《ゆみ》矢《や》の道《みち》を改《あらた》めて

言《こと》霊《たま》軍《いくさ》の司《つかさ》とならむ』

ナーマンは歌《うた》ふ。

『年《とし》古《ふる》く左《さ》守《もり》の神《かみ》と仕《つか》へつつ
　この過《あやま》ちを悟《さと》らざりしよ
吾《わ》が王《きみ》の輔《ほ》弼《ひつ》の役《やく》を勤《つと》めつつ
　王《きみ》を誤《あやま》らしめし吾《われ》なり
主《ス》の神《かみ》よ許《ゆる》し給《たま》はれわが生命《いのち》
　よしや召《め》すとも厭《いと》はざりせば
チンリウ姫《ひめ》敵《てき》に奪《うば》はれ給《たま》ひしも
　われらが罪《つみ》と思《おも》へば悲《かな》しき』

ターマンは歌《うた》ふ。

『長《なが》からむ月《つき》日《ひ》を王《きみ》に仕《つか》へつつ
　神《かみ》の恵《めぐ》みを悟《さと》らずに来《こ》し
罪《つみ》といふ罪《つみ》のことごと集《あつ》まりて
　イドムの城《しろ》は滅《ほろ》びしなるらむ
かくなるも吾《われ》等《ら》が神《かみ》を忘《わす》れたる
　罪《つみ》と思《おも》へば身《み》の置《おき》場《ば》もなし』

アヅミ王《わう》は歌《うた》ふ。

『汝《なれ》たちは嘆《なげ》かふなかれ皆《みな》われが
　神《かみ》をなみせし罪《つみ》なりにける
今《け》日《ふ》よりは心《こころ》あらため愛《あい》善《ぜん》の
　神《かみ》の心《こころ》に抱《いだ》かれ進《すす》まむ

いかならむ罪科《つみとが》あるも愛善《あいぜん》の
主《ス》の大神《おほかみ》は救《すく》ひ給《たま》はむ』

シウランは歌《うた》ふ。

『吾《わ》が王《きみ》の優《やさ》しき心聞《こころき》くにつけ
われ自《おの》づから涙《なみだ》こぼるる
今《いま》となり嘆《なげ》くも詮《せん》なし村肝《むらきも》の
心清《こころきよ》めて仕《つか》ふるのみなる
地《ち》の上《うへ》の欲《よく》に離《はな》れて惟神《かむながら》
神《かみ》の誠《まこと》に従《したが》はむかな』

ムラジ姫《ひめ》は歌《うた》ふ。

『形《かたち》ある宝《たから》を捨《す》てて形《かたち》なき

宝求《たからもと》むと心《こころ》を磨《みが》かむ
吾《わ》が魂《たま》は曇《くも》りて居《ゐ》たり主《ス》の神《かみ》の
貴《うづ》の教《をしへ》を聞《き》くまで悟《さと》らず』

かく各自述懐《おのもおのもじゆつくわい》を歌《うた》ひ、神前《しんぜん》に感謝《かんしや》の祝詞《のりと》を奏上《そうじやう》し後《あと》しざりしながら、月光山《つきみつやま》の頂上《ちやうじやう》なる神殿《しんでん》を降《お》り、俄《には》か造《づく》りの城内《じやうない》に帰《かへ》り行《ゆ》く。

大空《おほぞら》の月《つき》は皎々《かうかう》として輝《かがや》き渡《わた》り、時《とき》ならぬ百鳥《ももとり》の囀《さへづ》り百花《ももばな》の香《かを》り、空中《くうちう》の音楽《おんがく》嚠喨《りうりやう》として響《ひび》き渡《わた》り、短《みじか》き春《はる》の夜《よ》は遂《つひ》に明《あ》け放《はな》れたり。あゝ惟神霊幸倍坐世《かむながらたまちはへませ》。

（昭和九・八・四　旧六・二四　於伊豆別院　白石恵子謹録）

第五章　心《こころ》の禊《みそぎ》（二〇三二）

アヅミ王《わう》以下《いか》の国津神《くにつかみ》等《たち》は高鉾《たかほこ》の神《かみ》、神鉾《かみほこ》の神《かみ》の御宣示《みことのり》により感激《かんげき》し、七日七夜《なぬかななよ》の禊《みそぎ》を修《しう》し再《ふたた》び百日《ひやくにち》の修祓《しうばつ》に取《と》りかからむと、今回《こんくわい》は月見ケ池《つきみがいけ》の聖場《せいぢやう》を離《さ》けて、山麓《さんろく》を流《なが》るる駒井川《こまゐがは》の清流《せいりう》に修祓式《しうばつしき》を行《おこな》ひにける。駒井川《こまゐがは》の水《みづ》は滔々《たうたう》として蒼《あを》く流《なが》れ、川中《かはなか》の巌《いはほ》を噛《か》みて立《た》ち上《あ》がる飛沫《しぶき》は霧《きり》のごとく日光《につくわう》に映《えい》じ、さながら白銀《はくぎん》の錦《にしき》を散《ち》らせしごとく、その壮《さう》観《くわん》さ目《め》も眩《くら》むばかりなりける。一同《いちどう》は川中《かはなか》の大巌《おほいは》の上《うへ》に起立《きりつ》し、あるいは端坐《たんざ》し、日夜心《にちやしん》力《りよく》を尽《つく》し、禊《みそぎ》の神事《みわざ》に仕《つか》へ奉《まつ》りける。

アヅミ王《わう》は歌《うた》ふ。

『月《つき》見《み》池《いけ》七日《なぬか》七夜《ななよ》の禊《みそぎ》さへ

吾《わ》が魂《たましひ》の垢《あか》は取《と》れなく
大《おほ》神《かみ》の大《おほ》御《み》言《こと》葉《ば》に省《かへり》みれば
身《から》体《たま》霊《み》魂《たま》はまだ清《きよ》まらず
速《はや》川《かは》の滝《たき》津《つ》瀬《せ》聞《き》けば物《もの》凄《すご》し
高《たか》鉾《ほこ》神《がみ》の御《み》声《こゑ》にも似《に》て
魂《たましひ》を打《う》ち叩《たた》かる心《ここ》地《ち》かな
駒《こま》井《ゐ》の川《かは》の滝《たき》津《つ》瀬《せ》の音《ね》は
速《はや》川《かは》の中《なか》に峙《そばだ》つ巌《いは》が根《ね》に
吾《われ》立《た》ち居《を》れば水煙《みづけむり》立《た》つも
駒《こま》井《ゐ》川《がは》速《はや》瀬《せ》に立《た》ちて身《から》体《たま》を
洗《あら》ふ禊《みそぎ》の勇《いさ》ましきかも

川《かは》底《ぞこ》の真《ま》砂《さご》の白《しろ》も見《み》えぬまで
水《みづ》蒼《あを》みたる深《ふか》き流《なが》れよ

駒《こま》井《ゐ》川《がは》深《ふか》き流《なが》れの底《そこ》よりも
なほまさるらむ吾《わ》が身《み》の汚《けが》れは

月《つき》光《みつ》山《やま》聖《すが》所《ど》に城《しろ》を構《かま》へつつ
吾《わ》が曇《くも》りたる心《こころ》を嘆《なげ》かふ

嘆《なげ》くべき時《とき》にはあらじ吾《わ》が魂《たま》を
清《きよ》めてイドムの城《しろ》をかへさむ

形《かたち》ある宝《たから》に心《こころ》引《ひ》かれつつ
吾《わ》が魂《たましひ》の曇《くも》りを恐《おそ》るる

さはいへど親《おや》の賜《たま》ひしイドム城《じやう》

やみやみ人《ひと》手《で》に渡《わた》すべきかは
月《つき》も日《ひ》も流《なが》るる駒《こま》井《ゐ》の川《かは》水《みづ》に
吾《わ》が魂《たましひ》の垢《あか》を洗《あら》はむ
勇《いさ》ましき駒《こま》井《ゐ》の川《かは》の水《みな》音《おと》は
吾《わ》が魂《たましひ》を蘇《よみがへ》らすも
山《やま》と山《やま》に包《つつ》まれ流《なが》るる駒《こま》井《ゐ》川《がは》の
水《みづ》澄《す》み切《き》りて冷《ひ》え渡《わた》るなり
大《おほ》魚《な》小《を》魚《な》あまた集《つど》へる谷《たに》川《がは》に
禊《みそぎ》し居《を》れば足《あし》こそばゆき
吾《わ》が足《あし》を魚《うろ》族《くづ》来《き》たりつつくらし
まだ身《から》体《たま》の垢《あか》の取《と》れずや』

ムラジ姫《ひめ》は汀《みぎは》の浅瀬《あさせ》に立《た》ちながら、半身《はんしん》を浸《ひた》し静《しづ》かに歌《うた》ふ。

『心地《ここち》よき流《なが》れなるかな吾《わ》が魂《たま》は
　この水音《みなおと》に洗《あら》はれにける
洗《あら》へども身《から》体《たま》霊魂《みたま》の汚《けが》れをば
　可《うま》怜《ら》に委曲《つばら》に落《お》す術《すべ》なし
吾《わ》が王《きみ》の速瀬《はやせ》に立《た》ちて巌《いは》が根《ね》に
　禊《みそ》ぎ給《たま》へる御《み》姿《すがた》雄《を》々《を》しも
駒《こま》井《ゐ》川《がは》速瀬《はやせ》を見《み》れば村肝《むらきも》の
　心《こころ》勇《いさ》みて身《から》体《たま》戦《をのの》く
主《ス》の神《かみ》の御《み》旨《むね》に叶《かな》ひ奉《まつ》らむと
　百《もも》日《か》百《もも》夜《よ》の禊《みそぎ》に立《た》つも

百《もも》木《き》々《ぎ》の茂《しげ》みの露《つゆ》のかたまりて
　この速《はや》川《かは》となりにけるかも

川《かは》幅《はば》は広《ひろ》く水《みな》底《そこ》深《ふか》くして
　流《なが》れ急《せは》しき駒《こま》井《ゐ》の滝《たき》津《つ》瀬《せ》

岸《きし》の辺《べ》の木《き》々《ぎ》の梢《こずゑ》に鶯《うぐひす》は
　春《はる》を歌《うた》へど吾《わ》が魂《たま》寒《さむ》し

庭《には》躑《つつ》躅《じ》岸《きし》辺《べ》に匂《にほ》ひて水《みな》底《そこ》に
　赤《あか》白《しろ》紫《むらさき》の花《はな》を写《うつ》せり

滝《たき》津《つ》瀬《せ》の音《おと》高《たか》々《だか》と夜《よ》もすがら
　響《ひび》かひながら月《つき》を流《なが》せり

朝《あさ》されば天《あま》津《つ》日《ひ》流《なが》れ夕《ゆふ》されば

月《つき》の流《なが》れる駒《こま》井《ゐ》の川《かは》水《みづ》』

シウランは歌《うた》ふ。

『七《なぬ》日《か》七《なな》夜《よ》禊《みそぎ》の業《わざ》も甲《か》斐《ひ》なくて
百《もも》日《か》の禊《みそぎ》をここにするかも
吾《わ》が魂《たま》は十《と》重《へ》に二《は》十《た》重《へ》に汚《けが》れしか
月《つき》見《み》の池《いけ》の水《みづ》にも洗《あら》へず
速《はや》川《かは》の流《なが》れをあびて吾《わ》が魂《たま》は
軍《いくさ》の司《つかさ》と仕《つか》へ得《う》べけむ
今《け》日《ふ》よりは猛《たけ》き心《こころ》を洗《あら》ひ去《さ》り
言《こと》霊《たま》軍《いくさ》の司《つかさ》とならばや
岸《きし》の辺《べ》に清《すが》しく鳴《な》ける河《かは》鹿《しか》の

声《こゑ》は水面《みのも》に慄《ふる》へて流《なが》るる

夜《よる》昼《ひる》のけぢめもあらず清《すが》しかる
言《こと》霊《たま》宣《の》れる天《あ》晴《は》れ河《か》鹿《じか》よ

河《か》鹿《じか》にも劣《おと》れる醜《しこ》の言《こと》霊《たま》を
持《も》てる吾《わ》が身《み》の愧《は》づかしきかな

夜《よる》昼《ひる》を河《か》鹿《じか》は駒《こま》井《ゐ》の川《かは》水《みづ》に
洗《あら》ひて言《こと》霊《たま》澄《す》みたりにけむ

桃《もも》桜《さくら》匂《にほ》へる花《はな》のあかあかと
水《みづ》にうつろふ春《はる》は長《の》閑《ど》けし

速《はや》川《かは》の瀬《せ》筋《すぢ》流《なが》るる桜《さくら》花《ばな》は
何《いづ》処《く》の海《うみ》に息《やす》所《ど》を定《さだ》めむ

吾《わ》が心瀬《こころせ》筋《すぢ》流《なが》るる花《はな》のごと
　果《は》てしも知《し》らずなりにけらしな

水《みづ》冷《ひ》ゆるこの谷《たに》川《がは》に禊《みそぎ》して
　蘇《よみがへ》らさむ吾《わ》が魂《たましひ》を

月《つき》光《みつ》山《やま》新《あら》たに建《た》てし宮《みや》内《うち》に
　神《かみ》や天《あ》降《も》らすを待《ま》つ禊《みそぎ》なり

一《ひと》度《たび》は天《あ》降《も》りましたる主《ス》の神《かみ》の
　汚《けが》れを忌《い》みて帰《かへ》りましける

世《よ》の中《なか》に神《かみ》の守《まも》りのなかりせば
　片《かた》時《とき》だにも生《いの》命《ち》保《たも》てじ

谷《たに》々《だに》を縫《ぬ》ひて流《なが》るる速《はや》川《かは》の

水瀬《みなせ》の水《みづ》は冷《ひ》え渡《わた》りけり
川水《かはみづ》はよし冷《ひ》ゆるとも百《もも》日《か》日《ひ》は
　この川《かは》中《なか》に立《た》ちて禊《そそ》がむ
玉《たま》の緒《を》の生命《いのち》消《き》ゆると思《おも》ふまで
　冷《ひ》え渡《わた》るなり駒《こま》井《ゐ》の流《なが》れは』

左守《さもり》のナーマンは歌《うた》ふ。

『吾《わ》が王《きみ》の御《み》後《あと》に従《したが》ひ来《き》て見《み》れば
　駒《こま》井《ゐ》の禊《みそぎ》は冷《ひ》え渡《わた》るなり
冷《ひ》ゆるとも何《なに》か恐《おそ》れむ王《きみ》の為《ため》
　御《み》国《くに》の為《ため》と思《おも》へば安《やす》し
王《きみ》の為《ため》国《くに》の為《ため》にはあらずして

吾《わ》が魂《たましひ》を清《きよ》むる為《ため》なり

吾《わ》が魂《たま》の汚《けが》れ全《まつた》く清《きよ》まらば
国《くに》と王《きみ》との為《ため》となるべし

吾《わ》が魂《たま》の曇《くも》りしゆゑに吾《わ》が王《きみ》を
月《つき》光《みつ》山《やま》に忍《しの》ばせ奉《まつ》るも

思《おも》ひ見《み》ればさも恐《おそ》ろしき吾《われ》なるよ
王《きみ》を悩《なや》ませ国《くに》失《うしな》ひて

祭《さい》政《せい》一《いつ》致《ち》この大《だい》道《だう》を忘《わす》れしゆ
イドムの国《くに》は覆《くつがへ》りたり

政治《まつりごと》なさむと思《おも》へば身《から》体《たま》も
霊《み》魂《たま》も共《とも》に清《きよ》むべきなり

117－81

主《ス》の神《かみ》の生《う》ませ給《たま》ひし国原《くにはら》に
　禊《みそぎ》なくして生命《いのち》保《たも》たむ

玉《たま》の緒《を》の生命《いのち》は神《かみ》の賜物《たまもの》と
　思《おも》ひて禊《みそぎ》の業《わざ》にいそしむ

政治《まつりごと》なさむと思《おも》へば真先《まつさき》に
　禊《みそぎ》の祓《はら》ひ務《つと》むべきなり

主《ス》の神《かみ》の恵《めぐ》みを忘《わす》れ吾《わ》が力《ちから》に
　国《くに》治《をさ》むると誤《あやま》りてゐし

誤《あやま》てる心抱《こころいだ》きて政治《まつりごと》
　いかになすとも治《をさ》まるべしやは

政治《まつりごと》は第《だい》一《いち》神《かみ》を祀《まつ》ることよ

5　心の禊

神《かみ》の御《み》国《くに》は神《かみ》の任意《まま》なり
百日《ひやくにち》の禊《みそぎ》終《をは》れば村《むら》肝《きも》の
心《こころ》改《あらた》めて王事《わうじ》に仕《つか》へむ
言《こと》霊《たま》の剣《つるぎ》を右《め》手《て》に振《ふ》りかざし
王《きみ》が政《まつ》治《り》を補《たす》け奉《まつ》らむ
滔《たう》々《たう》と流《なが》るる水《みづ》の瀬《せ》をはやみ
行方《ゆくへ》を知《し》らぬ駒井《こまゐ》の川《かは》かな
月《つき》光《みつ》山《やま》峯《みね》より落《お》つる木《き》々《ぎ》の葉《は》の
露《つゆ》は集《つど》ひて川《かは》となりしか
一《いち》人《にん》の露《つゆ》の力《ちから》も重《かさ》なれば
末《すゑ》に誠《まこと》の川《かは》となるべし』

119－81

ターマンは歌《うた》ふ。

『春霞《はるがすみ》棚《たな》引《び》きそむる谷《たに》間《あひ》に
　吾《われ》は謹《つつし》み禊《みそぎ》するかも
巌《いは》を噛《か》み流《なが》るる水《みづ》の音《おと》高《たか》く
　生《いく》言《こと》霊《たま》をときじく歌《うた》ふ
巌《いは》を打《う》つ速《はや》瀬《せ》の水《みづ》の響《ひび》きさへ
　心《こころ》にかかる国《くに》の行《ゆ》く末《すゑ》
王《きみ》思《おも》ひ国《くに》を思《おも》ひて月《つき》光《みつ》の
　山《やま》に朝《あさ》夕《ゆふ》詣《まう》でけるかな
汚《けが》れたる吾《わ》が身《から》体《たま》を主《ス》の神《かみ》の
　御《み》前《まへ》に運《はこ》ぶと思《おも》へば恐《おそ》ろし

山《やま》は裂《さ》け海《うみ》はあせなむ世《よ》ありとも
　誠《まこと》の道《みち》は踏《ふ》み外《はづ》すまじ
速《はや》川《かは》の水《みづ》に浸《ひた》れば自《おの》づから
　吾《わ》が魂《たましひ》は清《きよ》まる心地《ここち》す
主《ス》の神《かみ》の誠《まこと》の道《みち》をあゆめども
　禊《みそぎ》の業《わざ》は始《はじ》めなりけり
天《あめ》地《つち》の雲《くも》霧《きり》汚《けが》れも払《はら》ふべし
　禊《みそぎ》の道《みち》の功《いさを》ありせば』

かく神々等《かみがみたち》は禊《みそぎ》に余念《よねん》なき折《をり》もあれ、上流《じやうりう》より生命《いのち》を助《たす》けてくれいと死《し》に物狂《ものぐる》ひに叫《さけ》びつつ半死《はんし》半生《はんしやう》の体《てい》となり、彼方《あちら》此方《こちら》の巌《いは》に頭《あたま》を打《う》ちつけながら、全身《ぜんしん》紅《あけ》に染《そ》みつつ流《なが》れ来《き》たる一人《ひとり》の男《をとこ》あり。禊《みそぎ》に余念《よねん》なかりしアヅミ王《わう》は目《め》ざとくも打《う》ち見《み》やれば、あに図《はか》らむや、日《ひ》頃《ごろ》敵《てき》とねらひしエールス王《わう》の無残《むざん》なる姿《すがた》なりけるにぞ、アヅミ王《わう》は吾《わ》が身《み》の危険《きけん》を忘《わす》れて激流《げきりう》に飛《と》び込《こ》み、半死《はんし》半生《はんしやう》のエールス王《わう》を脇《わき》に抱《かか》へ下流《かりう》のやや水瀬《みなせ》弱《よわ》き処《ところ》へ救《すく》ひ来《き》たり、川《かは》の洲《す》へ救《すく》ひ上《あ》げ、水《みづ》を吐《は》かせ種々様々《しゆじゆさまざま》と介抱《かいはう》なしける。シウランを始《はじ》めナーマン、ターマン、ムラジ姫《ひめ》も、何人《なんびと》ならむと速瀬《はやせ》を横切《よこぎ》り近付《ちかづ》き見《み》れば、吾《わ》が本城《ほんじやう》を攻《せ》め落《おと》したるエールスなりければ、怨《うら》みを晴《は》らし、城《しろ》を取返《とりかへ》さむはこの時《とき》なりと集《あつ》まり来《き》たり、荒石《あらいし》を摑《つか》んで打《う》ち殺《ころ》さむといきまき居《ゐ》る。

ムラジ姫《ひめ》は声高《こゑたか》らかに歌《うた》ふ。

『我《わ》が国《くに》に仇《あだ》を為《な》したるエールスの
司《つかさ》の知死期《ちしご》心地《ここち》よきかな』

ナーマンは歌《うた》ふ。

『吾《わ》が王《きみ》を悩《なや》まし奉《まつ》りし仇《あだ》なれば

神《かみ》の罰《きため》にあひしなるらむ
今《いま》こそは天《てん》の与《あた》へよ首《くび》打《う》ちて
イドムの城《しろ》を奪《うば》ひ還《かへ》さむ』

ターマンは歌《うた》ふ。

『荒《あら》川《かは》に禊《みそぎ》なしたる報《むく》いにて
仇《あだ》は吾《わ》が手《て》に入《い》りにけるかも
川《かは》の瀬《せ》の石《いし》を拾《ひろ》ひてこの仇《あだ》を
打《う》ちて殺《ころ》さむ面《おも》白《しろ》きかな』

アヅミ王《わう》は右手《みぎて》を差《さ》し上《あ》げ、空中《くうちう》を押《おさ》へるごとき体《てい》をしながら、

『待《ま》て暫《しば》しエールス王《わう》も主《ス》の神《かみ》の
貴《うづ》の御《み》子《こ》なりただに許《ゆる》せよ

吾《わ》が御《み》魂《たま》神《かみ》に離《はな》れし罪《つみ》なれば
　エールス王《わう》を怨《うら》むに及《およ》ばじ』

エールス王《わう》はやや正気付《しやうきづ》き、四辺《あたり》をキョロキョロ見廻《みまは》しながら、アヅミ王《わう》の吾《わ》が前《まへ》に立《た》ち介抱《かいはう》せるを見《み》て、声高《こゑたか》らかに笑《わら》ひ歌《うた》ふ。

『吾《わ》が生命《いのち》何故《なにゆゑ》ならば助《たす》けしぞ
　吾《わ》が荒行《あらぎやう》をよぎらむとするか
吾《われ》こそはエールス王《わう》よ腰《こし》弱《よわ》き
　汝《なれ》に救《すく》はれ顔《かほ》の立《た》つべき』

ムラジ姫《ひめ》は目《め》を釣《つ》り上《あ》げて歌《うた》ふ。

『心《こころ》弱《よわ》き吾《わ》が王《きみ》なるかもイドム城《じやう》
　奪《うば》ひし仇《あだ》を許《ゆる》し給《たま》ふか

生命《いのち》をば救《すく》はれ彼《かれ》は逆《さか》しまに
譏《そし》り散《ち》らせり許《ゆる》し給《たま》ふな』

アヅミ王《わう》は歌《うた》ふ。

『悪《にく》らしと日《ひ》頃《ごろ》思《おも》ひし仇《あだ》ながら
艱《なや》める見《み》れば助《たす》けたくなりぬ
とにかくに仇《あだ》の艱《なや》みにつけ入《い》りて
報《むく》ゆる心《こころ》は愧《は》づべきものぞや
堂《だう》々《だう》と表《おもて》に立《た》ちて戦《たたか》はむ
されど吾《われ》等《ら》は弓《ゆみ》矢《や》の要《えう》なし
主《ス》の神《かみ》の生《い》く言《こと》霊《たま》を振《ふ》りかざし
仇《あだ》を言《こと》向《む》け和《やは》さむと思《おも》ふ』

ナーマンは歌《うた》ふ。

『吾《わ》が王《きみ》の仰《おほ》せ宜《うべ》よと思《おも》へども
悪《にく》き仇《あだ》をば許《ゆる》すべきやは
玉《たま》の緒《を》の生《いの》命《ち》救《すく》はれ譏《そし》り言《ごと》
吐《は》くこの仇《あだ》をいかで許《ゆる》さむ』

ターマンは歌《うた》ふ。

『主《ス》の神《かみ》の悪《にく》しみによりて玉《たま》の緒《を》の
生《いの》命《ち》危《あやふ》き汝《なれ》にあらずや
救《すく》はれて荒《あら》き言《こと》葉《ば》を吐《は》き散《ち》らす
汝《なれ》は誠《まこと》の曲《まが》津《つ》神《かみ》なり
いざさらば石《いし》もて打《う》たむエールスの

『玉《たま》の生命《いのち》の消《き》ゆる処《とこ》まで』

ここにアヅミ王《わう》はエールス王《わう》の生命《いのち》を救《すく》へよと頻《しき》りに厳命《げんめい》すれども、怨《うら》み骨髄《こつずい》に徹《てつ》したる他《た》の司等《つかさたち》は、この機会《きくわい》に打《う》ち殺《ころ》さむと四方八方《しはうはつばう》より石《いし》を拾《ひろ》つて投《な》げつけければ、不思議《ふしぎ》やエールスの姿《すがた》は水煙《みづけむり》となりて水中《すいちう》に消《き》えにける。アヅミ王《わう》を始《はじ》め一行禊《いつかうみそぎ》の面々《めんめん》はこの体《てい》を見《み》て不思議《ふしぎ》の念《ねん》に堪《た》へやらず、茫然《ばうぜん》として水中《すいちう》を見詰《みつ》めけるが、胴《どう》の廻《まは》り七《しち》、八丈《はちぢやう》もあらむかと思《おも》はるる蛟竜《かうりう》、大口《おほぐち》を開《ひら》き紅《あか》き舌《した》を吐《は》き出《だ》しながら、一行《いつかう》の頭上《づじやう》に鎌首《かまくび》を立《た》て、一《ひと》呑《の》みにせむず勢《いきほ》ひを示《しめ》しける。

ここにアヅミ王《わう》は従容《しようよう》として少《すこ》しも騒《さわ》がず、四人《よにん》の狼狽《らうばい》せる姿《すがた》を静《しづ》かに眺《なが》めながら、

『一《ひと》二《ふた》三《み》四《よ》五《いつ》六《むゆ》七《なな》八《や》九《ここのたり》十《もも》百《ち》千《よろづ》万』

と歌《うた》ひ行《ゆ》くにつれ、蛟竜《かうりう》の姿《すがた》は次第次第《しだいしだい》に細《ほそ》り行《ゆ》きて、終《つひ》には小《ちひ》さき蠑螈《いもり》となり、アヅミ王《わう》の足許《あしもと》に這《は》ひ寄《よ》り来《き》たる。アヅミ王《わう》は蠑螈《いもり》を掌《てのひら》に載《の》せ、再《ふたた》び天《あま》の数歌《かずうた》を宣《の》りければ、

掌《てのひら》よりシューシューと煙《けむり》立ち昇《のぼ》り、見《み》る見《み》る天《てん》に沖《ちゅう》し、煙《けむり》の中《なか》より仄《ほの》かに見《み》ゆる竜《りゅう》の姿《すがた》、以前《いぜん》に優《まさ》る巨体《きょたい》なりける。何処《いづく》ともなく神《かみ》の声《こゑ》あり、雷《いかづち》のごとく響《ひび》き来《き》たる。

『美《うつく》しきアヅミの王《きみ》の魂《たましひ》を
　主《ス》の大《おほ》神《かみ》は諾《うべな》ひ給《たま》へり
汝《な》が心清《こころきよ》まりぬれば百日《ひゃくにち》の
　禊《みそぎ》は済《す》みぬはや帰《かへ》りませよ
吾《われ》こそは高日《たかひ》の宮《みや》より天降《あも》りたる
　神《かみ》鉾《ほこ》神《がみ》ぞ心《こころ》安《やす》かれ』

アヅミ王《わう》は恭《うやうや》しく歌《うた》ふ。

『有《あり》難《がた》し吾《わ》が魂《たましひ》をみそなはす
　神《かみ》の言《こと》葉《ば》に蘇《よみがへ》りたり』

空中《くうちう》より再《ふたた》び神《かみ》の声《こゑ》あり。

『高《たか》光《みつ》の山《やま》の尾《をの》上《へ》の神《かみ》苑《その》に
　神《かみ》鉾《ほこ》の神《かみ》御《み》霊《たま》とどめむ
アヅミ王《わう》は神《かみ》の御《み》殿《との》に仕《つか》へつつ
　イドムの国《くに》の基《もとゐ》を定《さだ》めよ
ムラジ姫《ひめ》の心《こころ》は未《いま》だ汚《けが》れたり
　百《もも》日《か》の禊《みそぎ》の功《いさを》は消《き》えたり
シウランやナーマン　ターマン三《み》柱《はしら》の
　禊《みそぎ》は水《みづ》の泡《あわ》となりけり
改《あらた》めて百《もも》日《か》の禊《みそぎ》に仕《つか》ふべし
　月《つき》光《みつ》山《やま》は聖《すが》所《ど》なりせば』

ここにアヅミ王《わう》は三日《みつか》の禊《みそぎ》にて許《ゆる》され、月光山《つきみつやま》の神殿《しんでん》に奉仕《ほうし》し、国政《こくせい》を見《み》る事《こと》となり、ムラジ姫《ひめ》以下《いか》は改《あらた》めて百日百夜《ももかももよ》の荒行《あらぎやう》を命《めい》ぜられ、月光山《つきみつやま》の神殿《しんでん》および政務《せいむ》に仕《つか》ふる事《こと》を許《ゆる》されにける。

（昭和九・八・四　旧六・二四　於伊豆別院　森良仁謹録）

○

天地《あめつち》の恵《めぐ》みはふかし雪国《ゆきぐに》に
今日《けふ》暖《あたた》かく安居《やすゐ》するかも

（昭和九・一二・五）

第六章　月《つき》見《み》の宴《えん》（二〇三三）

イドムの城《しろ》は風光絶佳《ふうくわうぜつか》の勝地《しようち》にして、東北《とうほく》を流《なが》るる水乃川《みなのがは》は大栄山《おほさかやま》の渓々《たにだに》の流《なが》れを集《あつ》めて川幅広《かははばひろ》く淙々《そうそう》たり。

サールの国王《こくわう》エールスは、大栄山《おほさかやま》を乗《の》り越《こ》え、大兵《たいへい》を率《ひき》ゐて不意《ふい》にイドム城《じやう》を占領《せんりやう》し、あまたの従神《じゆしん》と共《とも》にここに住《す》みけるが、大栄山北面《おほさかやまほくめん》のサールの国《くに》の風光《ふうくわう》に比《くら》べて住《す》み心地《ごこち》よく、春夏秋冬《しゆんかしうとう》あたかも花園《はなぞの》に住《す》む心地《ここち》して、地上《ちじやう》の天国《てんごく》の生活《せいくわつ》を楽《たの》しみける。

月《つき》は蒼空《あをぞら》に皎々《かうかう》として輝《かがや》き、虫《むし》の音《ね》清《すが》しき夕《ゆふ》べ、水乃川《みなのがは》に面《めん》せる大殿《おほとの》の窓《まど》を押《お》し開《ひら》き、川《かは》の面《おもて》を瞰下《かんか》しながら、軍師《ぐんし》を始《はじ》め左守《さもり》、右守《うもり》その他《た》の重臣等《ぢうしんたち》と月見《つきみ》の宴《えん》を開《ひら》き、水乃川《みなのがは》の水面《すいめん》に浮《うか》ぶ月《つき》をほめながら、恍惚《くわうこつ》として美酒美食《びしゆびしよく》にあき居《ゐ》たりける。

エールス王《わう》は水乃川《みなのがは》の夜《よる》の流《なが》れを見《み》やりながら歌《うた》ふ。

『北《きた》の国《くに》サールの都《みやこ》を立《た》ち出《い》でて
イドムの城《しろ》に吾《われ》は酒《さけ》酌《く》む
春《はる》もよし夏《なつ》もまたよし秋《あき》もよし
イドムの国《くに》は地上《ちじやう》の天国《てんごく》
イドム城主《じやうあるじ》アヅミを追《お》ひ散《ち》らし
武《ぶ》勇《ゆう》を天《てん》下《か》に現《あら》はしにけり
吾《わ》が武《ぶ》勇《ゆう》伊《い》佐《さ》子《ご》の島《しま》に伝《つた》はりて
四《よ》方《も》の木《き》草《くさ》も吾《われ》になびけり
村《むら》肝《きも》の心《こころ》にかかるは月《つき》光《みつ》の
山《やま》にひそめるアヅミ王《わう》なり

待《ま》て暫《しば》し百《もも》の軍《いくさ》をととのへて
　月《つき》光《みつ》山《やま》の砦《とりで》をほふらむ

真《しん》珠《じゅ》を涙《なみだ》に造《つく》る真《しん》珠《じゅ》湖《こ》の
　人《にん》魚《ぎょ》をとりてなぐさまむかな

水《みな》乃《の》川《がは》流《なが》るる月《つき》日《ひ》の光《かげ》見《み》れば
　真《しん》珠《じゅ》の玉《たま》にさも似《に》たるかな

山《やま》も野《の》も青《あを》く清《すが》しく鳥《とり》の声《こゑ》
　虫《むし》の音《ね》冴《さ》ゆるイドムの城《しろ》かも

世《よ》の中《なか》に楽《たの》しきものは国《くに》ひろめ
　戦《いくさ》の道《みち》の勝利《しょうり》なりけり

吾《われ》は今《いま》伊《い》佐《さ》子《ご》の島《しま》を統《す》べ守《まも》り

国《くに》津《つ》神《かみ》等《ら》の王《きみ》となりけり』

サックス姫《ひめ》は歌《うた》ふ。

『吾《わ》が王《きみ》の謀計《はかりごと》皆《みな》図《づ》に当《あた》り
イドムの城《しろ》は吾《わ》が手《て》に入《い》れり

春《はる》夏《なつ》の眺《なが》め妙《たへ》なるこの国《くに》の
主《あるじ》とならす王《きみ》の雄《を》々《を》しさ

アヅミ王《わう》の夢《ゆめ》を覚《さま》して水《みな》乃《の》川《がは》に
静《しづ》かに浮《うか》ぶ月《つき》と日《ひ》のかげ

魚《うろ》族《くづ》の遊《あそ》べる様《さま》の明《あき》らかに
この高《たか》殿《どの》ゆ見《み》ゆる広《ひろ》川《かは》

真《しん》珠《じゅ》湖《こ》の人《にん》魚《ぎょ》をとりてこの川《かは》に

放《はな》ちて見《み》れば面白《おもしろ》かるらむ
さるにてもアヅミの王《わう》は必《かなら》ずや
イドムの城《しろ》を窺《うかが》ひゐるらむ
アヅミ王《わう》の砦《とりで》をほふり月《つき》光《みつ》の
山《やま》を追《お》はずば心《こころ》もとなし
夜《よる》されば枕《まくら》を高《たか》く安《やす》らかに
寝《い》ねむと思《おも》へばアヅミ王《わう》を滅《ほろ》ぼせ
豊《ゆた》かなるイドムの国《くに》は月《つき》光《みつ》の
山《やま》の砦《とりで》に黒《くろ》雲《くも》迷《まよ》ふ
月《つき》も日《ひ》もさはやかに照《て》るイドムの国《くに》の
黒《くろ》雲《くも》なるよ月《つき》光《みつ》山《やま》は』

左守《さもり》チクターは歌《うた》ふ。

『天《あめ》が下《した》の風致《ふうち》に富《と》めるイドム城《じやう》に
　王《きみ》と酒《さけ》酌《く》む今宵《こよひ》の楽《たの》しさ

月《つき》も日《ひ》も清《きよ》く流《なが》るる水《みな》乃《の》川《がは》
　瞰《み》下《おろ》すこれの館《やかた》めでたき

月《つき》も日《ひ》も真《ま》下《した》を流《なが》るるこの城《しろ》は
　紫《し》微《び》の宮《みや》居《ゐ》にまがふべらなる

紫《し》微《び》の宮《みや》いかに清《すが》しくありとても
　イドムの城《しろ》に及《およ》ばざるべし

吾《わ》が王《きみ》は主《ス》の大《おほ》神《かみ》よ左《さ》守《もり》吾《われ》は
　高《たか》鉾《ほこ》の神《かみ》右《う》守《もり》は神《かみ》鉾《ほこ》

主《ス》の神《かみ》は高鉾《たかほこ》神鉾《かみほこ》二柱《ふたはしら》
　従《したが》へイドムの城《しろ》に天降《あも》らせり
かかる世《よ》にかかるめでたき国《くに》を得《え》て
　四《し》海《かい》に臨《のぞ》む王《きみ》は主《ス》の神《かみ》』

右守《うもり》のナーリスは歌《うた》ふ。

『心得《こころえ》ぬ左守《さもり》チクターの言葉《ことば》かな
　神《かみ》を無視《なみ》せることの恐《おそ》ろし
人《ひと》の国《くに》力《ちから》に奪《うば》ひほこらかに
　神《かみ》に擬《なぞら》ふは畏《おそ》れ多《おほ》きよ
主《ス》の神《かみ》を斎《いつ》き奉《まつ》りて朝《あさ》夕《ゆふ》に
　仕《つか》へざりせば国《くに》は滅《ほろ》びむ

エールスの吾《わ》が王《きみ》始《はじ》めチクター等《ら》
　心《こころ》かへずば過《あやま》ちあらむ

吾《わ》が言《こと》葉《ば》諾《うべな》ひ給《たま》ひて今《け》日《ふ》よりは
　主《ス》の大《おほ》神《かみ》を敬《うやま》ひ給《たま》へ

王《きみ》の手《て》にイドムの城《しろ》は入《い》りたれど
　まだゐらぐべき時《とき》は来《き》たらじ

国《くに》津《つ》神《かみ》の心《こころ》は未《いま》だ吾《わ》が王《きみ》の
　心《こころ》のままに従《したが》はざるべし

吾《わ》が王《きみ》の威《ゐ》力《りよく》に服《ふく》したるのみぞ
　心《こころ》の底《そこ》より服《まつろ》ひ居《を》らじ

この城《しろ》は美《うつく》しけれど国《くに》津《つ》神《かみ》の

恨《うら》みの的《まと》となりしを知《し》らずや』

エールス王《わう》は憤然《ふんぜん》として面色《かほいろ》を変《か》へながら歌《うた》ふ。

『ナーリスの礼《ゐや》なき言葉《ことば》聞《き》くにつけ
吾《わ》が心持《こころも》ち尖《とが》り初《そ》めたり
大《おほ》栄《さか》山《やま》の嶮《けん》を越《こ》えたる吾《われ》なれば
汝《なれ》が言葉《ことば》は杞憂《きいう》なるべし
イドム城《じやう》は吾《われ》にかなへりとこしへに
これの勝地《しようち》に住《す》まむと思《おも》ふ
村《むら》肝《きも》の心《こころ》にかかるは故郷《ふるさと》の
サールの国《くに》よ吾《わ》が子《こ》を思《おも》へり
明《あ》日《す》よりはサールの国《くに》に立《た》ち帰《かへ》り

城《しろ》をかためて固《かた》く守《まも》れよ
諸《もろ》々《もろ》の司《つかさ》を束《つか》ねナーリスは
サールの国《くに》の安《やす》きを守《まも》れ
この国《くに》は左守《さもり》のチクター　エーマンの
軍師《ぐんし》のあれば安《やす》けかるらむ』

右守《うもり》のナーリスは歌《うた》ふ。

『吾《わ》が王《きみ》の御《み》言《こと》畏《かしこ》み今《いま》よりは
サールの国《くに》に急《いそ》ぎ帰《かへ》らむ
吾《わ》が王《きみ》よサックス姫《ひめ》よゆるみなく
イドムの国《くに》に臨《のぞ》ませ給《たま》へ
王《きみ》の威《ゐ》に恐《おそ》れてあまたの司等《つかさら》は

心《こころ》ならずも従《したが》ひ居《ゐ》るぞや
すきあらば百《もも》の司《つかさ》は立《た》ち上《あが》り
王《きみ》を襲《おそ》はむと謀《はか》らひ居《ゐ》るも
村《むら》肝《きも》の心《こころ》驕《おご》りて思《おも》はざる
なやみに遇《あ》はせ給《たま》ふまじ王《きみ》』

エーマンは歌《うた》ふ。

『吾《わ》が王《きみ》の軍《いくさ》を率《ひき》ゐ漸《やうや》くに
イドムの国《くに》を服《まつろ》へやはしぬ
吾《わ》が王《きみ》の御《み》稜《い》威《づ》と吾《われ》等《ら》が軍略《ぐんりやく》に
イドムの城《しろ》は陥《おちい》りにけり
イドム王《わう》アヅミの臣《けらい》数《かず》多《おほ》く

ひそみてあれば心許《こころゆる》せじ
さりながら軍師《ぐんし》エーマンのある限《かぎ》り
吾《わ》が王安《きみやす》く穏《おだ》ひにましませ
幾《いく》万《まん》の敵《てき》の一度《いちど》に攻《せ》め来《く》とも
吾《わ》が戦略《せんりやく》に討《う》ちこらし見《み》む』

エールス王《わう》は欣然《きんぜん》として歌《うた》ふ。

『エーマンの言葉《ことば》吾《わ》が意《い》にかなひたり
かたく守《まも》れよイドムの国《くに》を
夜《よ》な夜《よ》なに月《つき》の流《なが》るる水《みな》乃《の》川《がは》
ながめて吾《われ》は酒《さけ》酌《く》まむかな』

サックス姫《ひめ》は歌《うた》ふ。

『エーマンの厳《いづ》の言霊《ことたま》勇《いさ》ましし
　右守《うもり》の心《こころ》と裏表《うらおもて》なる
　吾《あ》が王《きみ》の旨《むね》をそこなふナーリスは
　国《くに》に帰《かへ》りて世《よ》を固《かた》めよや』

ナーリスは歌《うた》ふ。

『いざさらば国《くに》に帰《かへ》らむ吾《わ》が王《きみ》の
　います イドムの城《しろ》を離《はな》れて』

かくてナーリスはエールス王《わう》始《はじ》め一同《いちどう》に暇《いとま》を告《つ》げ、月下《げつか》の原野《げんや》を四《し》、五人《ごにん》の従者《じうしや》と共《とも》に馬《うま》に鞭《むち》うち、大栄山《おほさかやま》の頂《いただき》さしてサールの故国《ここく》に帰《かへ》らむと急《いそ》ぎける。

エールス王《わう》は誠忠無比《せいちうむひ》なる右守《うもり》のナーリスが言葉《ことば》を忌《い》み嫌《きら》ひ、チクターやエーマンの奸佞《かんねい》邪智《じやち》なる贋忠臣《にせちうしん》の言葉《ことば》を喜《よろこ》び、常《つね》にナーリスに対《たい》して心中《しんちう》おだやかならざりけるが、余《あま》り住《す》み心地《ごこち》よからぬサールの国《くに》の守《まも》りとして右守《うもり》を追《お》ひ帰《かへ》し、故国《ここく》を守《まも》らしむることとなり、右《う》守《もり》は遠《とほ》く膝下《ひざもと》を離《はな》れ大栄山《おほさかやま》を越《こ》えて帰《かへ》りければ、王《わう》の機嫌《きげん》はこの上《うへ》なく、昼夜《ちうや》の区別《くべつ》なく国《こく》内《ない》の美《うつく》しき女神《めがみ》を集《あつ》めて、詩歌《しいか》管絃《くわんげん》の快楽《けらく》に耽《ふけ》る事《こと》となりぬ。

軍師《ぐんし》のエーマンも、左守《さもり》のチクターも、共《とも》に国務《こくむ》を忘《わす》れて歓楽《くわんらく》に耽《ふけ》り、あたかもイドム城《じやう》は青楼《せいろう》のごとき感《かん》を呈《てい》しけり。

満月《まんげつ》の空《そら》に輝《かがや》く夕《ゆふ》べ、エールス王《わう》はサックス姫《ひめ》を始《はじ》め、左守《さもり》のチクター、軍師《ぐんし》エーマンその他《た》の司《つかさ》を一堂《いちだう》に集《あつ》め、あまたの美人《びじん》に酌《しやく》をさせながら心地《ここち》よげに歌《うた》ふ。

『僕《ぼく》はサールの　都《みやこ》の主《あるじ》
　今《いま》はイドムの　王《きみ》となる
月《つき》は皎々《かうかう》　青空《あをぞら》渡《わた》る
　吾《われ》はいういう　酒《さけ》を酌《く》む

6　月見の宴

月《つき》の浮《う》かるる　水《みな》乃《の》の川《かは》を
　見《み》つつ酒《さけ》酌《く》む　イドム城《じやう》
右《う》守《もり》ナーリス　故《こ》国《こく》へ帰《かへ》し
　胸《むね》の雲《くも》霧《きり》　晴《は》れ渡《わた》る
伊《い》佐《さ》子《ご》島《しま》根《ね》を　二《ふた》つに横《よ》ぎる
　大《おほ》栄《さか》山《さん》脈《みやく》　なけりやよい
山《やま》がなければ　サールが見《み》える
　サール恋《こひ》しく　姫《ひめ》思《おも》ふ
国《くに》に残《のこ》せし　七《しち》人《にん》をとめ
　さぞや待《ま》つだろ　歎《なげ》くだろ
あまた臣《けらい》を　サールに残《のこ》し

吾《われ》はイドムの城《しろ》に住《す》む
空《そら》は青《あを》々《あを》底《そこ》ひも知《し》れぬ
星《ほし》の真《ま》砂《さご》のきらきらと
イドム城址《じやうし》のアヅミの王《わう》は
生命《いのち》からがら月《つき》光《みつ》山《やま》へ
月《つき》光《みつ》山《やま》にはアヅミがこもる
どうで一《いち》度《ど》は涙《なみだ》雨《あめ》
人《にん》魚《ぎよ》棲《す》むてふ真《しん》珠《じゆ》の湖《うみ》へ
うかぶ真《しん》珠《じゆ》の月《つき》の光《かげ》
世《よ》にも名《な》高《だか》きイドムの城《しろ》も
今《いま》は吾《われ》等《ら》が住《す》みどころ

伊《い》佐《さ》子《ご》島《しま》根《ね》は　広《ひろ》しと言《い》へど
　おなじ月《つき》日《ひ》の　光《かげ》拝《をが》む』

と頗《すこぶ》る上機嫌《じやうきげん》である。

サックス姫《ひめ》はまた歌《うた》ふ。

『真《しん》珠《じゆ》湖《こ》水《すい》の　人《にん》魚《ぎよ》をとりて
　真《しん》珠《じゆ》吐《は》かして　遊《あそ》びたい
望《もち》の月《つき》照《て》る　この高《たか》殿《どの》に
　真《しん》珠《じゆ》みたよな　星《ほし》が照《て》る
月《つき》は追《お》ひ追《お》ひ　御《み》空《そら》を高《たか》く
　昇《のぼ》り昇《のぼ》りて　夜《よ》が更《ふ》ける
水《みな》乃《の》川《がは》の　河《か》鹿《じか》の声《こゑ》は

王《きみ》の威《ゐ》勢《せい》を歌《うた》うてる

王《きみ》の威《ゐ》勢《せい》に　イドムの城《しろ》は
陥《お》ちて涼《すず》しき　月《つき》が照《て》る
野《の》辺《べ》を吹《ふ》き来《く》る　夏《なつ》夜《よ》の風《かぜ》に
のりて出《い》で来《く》る　虫《むし》の声《こゑ》
花《はな》の香《かを》りは　吹《ふ》く夏《なつ》風《かぜ》に
城《しろ》の中《なか》まで　吹《ふ》いて来《く》る
春《はる》は花《はな》咲《さ》き　夏《なつ》さり来《く》れば
月《つき》の澄《す》みきる　イドム城《じやう》
月《つき》の流《なが》るる　水《みな》乃《の》の川《かは》は
朝《あした》夕《ゆふ》べに　虫《むし》が啼《な》く

清《きよ》き流《なが》れの　水《みな》乃《の》の川《かは》は
　いく日《ひ》見《み》るとも　あきはせぬ
秋《あき》の月《つき》夜《よ》の　水《みな》乃《の》の川《かは》は
　さぞや涼《すず》しかろ　清《すが》しかろ』

左守《さもり》のチクターは歌《うた》ふ。

『王《きみ》の御《み》稜《い》威《づ》の　御《み》光《ひかり》受《う》けて
　今日《けふ》はイドムの　月《つき》を観《み》る
山《やま》は大《おほ》栄《さか》　流《なが》れは水《みな》乃《の》
　城《しろ》はイドムよ　空《そら》に月《つき》
月《つき》は出《で》た出《で》た　東《ひがし》の山《やま》を
　雲《くも》が悋《りん》気《き》で　影《かげ》かくす

十《と》重《へ》に二《は》十《た》重《へ》に　包《つつ》める雲《くも》を
　分《わ》けてのぞいた　月《つき》の顔《かほ》
雲《くも》のとばりを　そと引《ひ》き開《あ》けて
　月《つき》がのぞいた　イドム城《じやう》
水《みづ》は淙《そう》々《そう》　常《とき》磐《は》の流《なが》れ
　王《きみ》は隆《りう》々《りう》　世《よ》を治《し》らす
この世《よ》からなる　天《てん》国《ごく》住《ず》まひ
　夢《ゆめ》か現《うつつ》か　おもしろや
日《ひ》頃《ごろ》企《たく》画《み》し　思《おも》ひは晴《は》れて
　今《いま》はイドムの　城《しろ》に住《す》む
虫《むし》の啼《な》く音《ね》も　小《こ》鳥《とり》の声《こゑ》も

王《きみ》の千歳《ちとせ》を歌《うた》うてる
姿清《すがたすが》しきサックス姫《ひめ》の
花《はな》の顔《かんばせ》月《つき》が照《て》る
花《はな》は桜《さくら》か牡丹《ぼたん》か百合《ゆり》か
王《きみ》の御側《みそば》の花《はな》がよい
蟬《せみ》のなく音《ね》も河鹿《かじか》の声《こゑ》も
今日《けふ》のお酒《さけ》の肴《さかな》ぞや』

エーマンは歌《うた》ふ。

『右《う》守《もり》ナーリス　サールに帰《かへ》り
今《いま》はこの世《よ》の鬼《おに》はない
右《う》守《もり》司《つかさ》の日《ひ》頃《ごろ》の言《こと》葉《ば》

いつも私《わたし》の癪《しやく》となる

雲《くも》を払《はら》うた　イドムの城《しろ》は
晴《は》れて清《すが》しき　秋《あき》の月《つき》

月《つき》は御《み》空《そら》を　水《みな》乃《の》の川《かは》に
清《きよ》く清《すが》しく　冴《さ》え渡《わた》る

上《うへ》と下《した》とに　月《つき》影《かげ》ながめ
王《きみ》の御《み》側《そば》で　酒《さけ》を酌《く》む

戦争《いくさ》するより　働《はたら》くよりも
月《つき》に酒《さけ》酌《く》む　おもしろさ

死《し》んで花《はな》実《み》が　咲《さ》かぬと聞《き》けば
生《い》きて物《もの》言《い》ふ　花《はな》に酔《よ》ふ

6　月見の宴

宵《よひ》の月光《つきかげ》ながめて酒《さけ》に
　酔《よ》うてよいよい夜《よる》の花《はな》
夜《よる》の花《はな》をば手《た》折《を》りてここに
　天《あま》津《つ》御《み》国《くに》の酒《さけ》に酔《よ》ふ
空《そら》に聳《そび》ゆる大《おほ》栄《さか》山《やま》の
　上《うへ》に湧《わ》き立《た》つ雲《くも》の峰《みね》
ながめゐる間《ま》に姿《すがた》の変《かは》る
　雲《くも》の峰《みね》かよ吾《わ》が心《こころ》
酒《さけ》と物《もの》言《い》ふ花《はな》さへあれば
　たとへお城《しろ》は滅《ほろ》ぶとも
アヅミ　ムラジの　住《す》まひし城《しろ》に

月《つき》を見《み》ながら 酒《さけ》びたり』

エールス王《わう》は立《た》ち上《あが》り、エーマンをしつかと睨《にら》み、酔眼朦朧《すいがんもうろう》として歌《うた》ふ。

『エーマンの言葉《ことば》礼《ゐや》なしこの城《しろ》の
滅《ほろ》ぶと言《い》ひしそのたはごとは
とこしへに栄《さか》えあれよと祈《いの》るこそ
汝《なれ》が日《ひ》頃《ごろ》の務《つと》めならずや
かくのごとき心《こころ》を持《も》ちて吾《わ》が軍《ぐん》の
司《つかさ》とするは危《あやふ》かるべし』

エーマンは恐《おそ》る恐《おそ》る歌《うた》ふ。

『吾《わ》が王《きみ》よ許《ゆる》し給《たま》はれ吾《わ》が宣《の》りし
言葉《ことば》は酒《さけ》の戯言《たはごと》なりしよ

酒《さけ》と言《い》ふ奴《やつ》に心《こころ》を奪《うば》はれて
　あらぬ事《こと》をば口《くち》走《ばし》りつつ
吾《わ》が王《きみ》の御《み》代《よ》安《やす》かれと朝《あさ》夕《ゆふ》に
　戦《いく》争《さ》の業《わざ》をはげむ吾《われ》なり
願《ねが》はくば広《ひろ》き心《こころ》に宣《の》り直《なほ》し
　許《ゆる》させ給《たま》へ礼《ゐや》なき言《こと》葉《ば》を』

サックス姫《ひめ》は仲《なか》をとりて歌《うた》ふ。

『吾《わ》が王《きみ》にこひのみ申《まを》すエーマンが
　礼《ゐや》なき言《こと》葉《ば》を許《ゆる》し給《たま》はれ
エーマンは酒《さけ》癖《ぐせ》悪《わる》き男《をとこ》ゆゑ
　心《こころ》にもなきことを吐《は》くなり

エーマンの清《きよ》き心《こころ》は予《かね》て知《し》る
吾《わ》が言《こと》わけを許《ゆる》しませ王《きみ》』

さしも賑《にぎ》はひたる月見《つきみ》の宴席《えんせき》は、エーマンの脱線歌《だつせんか》にエールス王《わう》の憤激《ふんげき》となり、一座《いちざ》は興《きよう》ざめ、しらけ切《き》つたるまま夜《よ》は深々《しんしん》と更《ふ》けわたり、宴席《えんせき》は閉《と》ぢられにける。

さりながらエールス王《わう》の怒《いか》りは漸《やうや》くにとけ、エーマンは何《なん》の咎《とが》めもなく、元《もと》の軍師《ぐんし》の職《しよく》に異動《いどう》なかりける。

（昭和九・八・五　旧六・二五　於伊豆別院　谷前清子謹録）

○

風《かぜ》の音《おと》窓《まど》に聴《き》きつつ吾《われ》はいま
　天《てん》祥《しやう》地《ち》瑞《ずい》の校《かう》正《せい》を為《な》す

行《ゆき》つまり行《ゆき》つまりたる世《よ》の中《なか》に
　師《し》走《はす》の陸《む》奥《つ》は雪《ゆき》につまれり

道《みち》の子《こ》はおのもおのもに真《ま》心《ごころ》を
　つくして御《み》国《くに》の為《ため》に動《うご》けり

（昭和九・一二・五）

非《ひ》常《じやう》時《じ》の日《にっ》本《ぽん》を救《すく》ひ生《い》かさむと
いたづきの身《み》を陸《む》奥《つ》に運《はこ》べり

寒《かん》風《ぷう》は肌《はだへ》をつんざく真《ま》夜《よ》中《なか》の
青《あを》森《もり》駅《えき》に出《で》迎《むか》ふまめ人《ひと》

今《け》日《ふ》一《ひと》日《ひ》青《あを》森《もり》分《ぶん》所《しよ》に安《やす》居《ゐ》して
いたづきの身《み》を養《やしな》ひにけり

（昭和九・一二・五）

第二篇　イドムの嵐《あらし》

第七章 月《つき》音《おと》し （二〇三四）

地上《ちじやう》の楽土《らくど》と聞《きこ》えたる
四方《よも》の山野《やまの》は錦織《にしきお》り
虫《むし》の啼《な》く音《ね》も清《すが》しくて
大栄山《おほさかやま》の百樹々《ももきぎ》は
天津御空《あまつみそら》に峙《そばだ》ちぬ
百谷千渓《ももだにちだに》の清流《せいりう》を
川幅広《かははばひろ》く水蒼《みづあを》く
岸辺《きしべ》に壁立《かべた》つ巌《いは》が根《ね》は

イドムの国《くに》も秋《あき》さりて
吹《ふ》き来《く》る風《かぜ》は爽《さは》やかに
天津御国《あまつみくに》の思《おも》ひあり
錦《にしき》の衣《ころもき》着飾《かざ》りて
この麗《うるは》しき大栄《おほさか》の
集《あつ》めて流《なが》るる水乃川《みなのがは》
底《そこ》ひも知《し》らぬ深淵《しんえん》の
神《かみ》の斧《をの》もてけづりたる

ごとき奇勝《きしよう》のその上《うへ》に　映《は》ゆる紅葉《もみぢ》の麗《うるは》しさ
松《まつ》の緑《みどり》をちりばめて　小鳥《ことり》囀《さへづ》り虫《むし》は啼《な》き
夕《ゆふ》さり来《く》れば月宿《つきやど》る　イドム唯一《ゆいつ》の絶勝地《ぜつしようち》
ここに遊《あそ》べる艶人《あでびと》は　新《あら》たにイドムの城主《じやうしゆ》となりし
エールス王《わう》を始《はじ》めとし　サックス姫《ひめ》やチクターの
外《ほか》に供人《ともびと》なかりけり　淵瀬《ふちせ》に写《うつ》る月光《つきかげ》を
あかなく見《み》つつ酒酌《さけく》み交《かは》し　歓喜《くわんき》を尽《つく》しゐたりける。

エールス王《わう》は、ほろ酔《よ》ひ機嫌《きげん》にて、水面《みのも》に写《うつ》る月光《つきかげ》を眺《なが》めながら歌《うた》ふ。

『宵々《よひよひ》を酒酌《さけく》み交《かは》し宵《よひ》の月《つき》
　酔《よ》ひをさまして流《なが》るる川水《かはみづ》
この淵《ふち》に人魚《にんぎよ》の棲《す》むと人《ひと》のいふも

うべなり水《み》底《そこ》も見《み》えぬ深《ふか》淵《ぶち》

紅《くれなゐ》に照《て》る紅葉《もみぢば》も夕《ゆふ》されば
かげ黒《くろ》々《ぐろ》と水《みづ》にうつろふ

月《つき》かげに描《ゑが》ける巌《いはほ》のかげ見《み》れば
淵《ふち》も紅葉《もみぢ》も一《ひと》つ色《いろ》なり

麗《うるは》しき天国《てんごく》浄土《じやうど》に住《す》む心地《ここち》
しつつ天地《てんち》の恵《めぐ》みに酔《よ》ふかな

酌《く》む酒《さけ》の味《あぢ》も一入《ひとしほ》かんばしし
月《つき》の流《なが》るる水面《みのも》眺《なが》めて

泡《あわ》立《だ》ちて流《なが》るる水《みづ》はしろじろと
真玉《まだま》かがよふ月《つき》の光《ひかり》に

小《さ》夜《よ》更《ふ》けて虫《むし》の音《ね》細《ほそ》くなりつれど
　館《やかた》に帰《かへ》らむ心《こころ》起《おこ》らず
飲《の》めよ飲《の》め騒《さわ》げよ騒《さわ》げ世《よ》の中《なか》は
　光《ひかり》と闇《やみ》のゆき交《か》ふ世《よ》なれば
月《つき》影《かげ》の水《みづ》にうつろふ清《すが》しさに
　恋《こひ》しくなりぬ水《みな》乃《の》の川《かは》なり
大《おほ》栄《さか》の山《やま》より落《お》つる水《みな》乃《の》川《がは》の
　汀《みぎは》に棲《す》める河《か》鹿《じか》の声《こゑ》々《ごゑ》
星《ほし》影《かげ》を流《なが》して澄《す》める水《みな》乃《の》川《がは》の
　真《ま》砂《さご》は白《しろ》し月《つき》に照《て》らひて』

サックス姫《ひめ》は歌《うた》ふ。

『わが王《きみ》の御《み》供《とも》に仕《つか》へて水《みな》乃《の》川《がは》
流《なが》るる夜《よ》半《は》の月《つき》を見《み》しかな
春《はる》もよし夏《なつ》もよけれど秋《あき》月《づき》の
流《なが》るるさまは一《ひと》入《しほ》さやけし
水《みな》乃《の》川《がは》瀬《せ》筋《すぢ》流《なが》るる月《つき》影《かげ》は
千《ち》々《ぢ》に砕《くだ》けて面《おも》白《しろ》きかな
静《しづ》かなる月《つき》にはあれど瀬《せ》の波《なみ》の
谷《たに》間《ま》に砕《くだ》けてうつろふかげかな
右《みぎ》左《ひだり》波《なみ》にさゆるる月《つき》光《かげ》は
世《よ》のさまざまのあかしなりけり』

チクターは盃《さかづき》を捧《ささ》げながら歌《うた》ふ。

『王《きみ》に従《したが》ひ　壁《かべ》立《た》つ巌《いは》に
　坐《ざ》して月見《つきみ》の　酒《さけ》を酌《く》む
虫《むし》は啼《な》く啼《な》く　河鹿《かじか》はうたふ
　月《つき》は波間《なみま》に　舞踏《ぶたう》する
山《やま》は大栄《おほさか》　人魚《にんぎよ》は真珠《しんじゆ》
　月《つき》の流《なが》るる　水《みな》乃《の》川《がは》
上《うへ》と下《した》とに　秋月《あきづき》眺《なが》め
　紅葉《もみぢ》照《て》る夜《よ》に　酒《さけ》を酌《く》む
松《まつ》も紅葉《もみぢ》も　影《かげ》黒々《くろぐろ》と
　川《かは》の面《おもて》を　描《あが》いてる
松《まつ》の梢《こずゑ》に　月《つき》澄《す》み渡《わた》り

7 月音し

酒《さけ》に染《そ》まりし 顔《かほ》紅葉《もみぢ》
月《つき》は皎《かう》々《かう》御《み》空《そら》に澄《す》めど
恋《こひ》に曇《くも》りし わが心《こころ》
恋《こひ》の黒《くろ》雲《くも》 吹《ふ》き払《はら》はむと
壁《かべ》立《た》つ巌《いは》根《ね》に 月《つき》見《み》酒《ざけ》
吹《ふ》けよ川《かは》風《かぜ》 うたへよ河《か》鹿《じか》
月《つき》に酒《さけ》酌《く》む 男《をとこ》あり
王《きみ》は勇《いさ》まし 高《たか》山《やま》越《こ》えて
イドムの主《あるじ》と住《す》み給《たま》ふ
澄《す》める月《つき》光《かげ》 流《なが》るる川《かは》の
岸《きし》に酒《さけ》酌《く》みや 虫《むし》が啼《な》く』

エールス王《わう》は機嫌《きげん》斜《なな》めならず、チクターの歌《うた》に釣《つ》り出《だ》され、酒《さけ》に足《あし》をとられ、よろよろしながら常磐樹《ときはぎ》の松《まつ》に片手《かたて》を掛《か》け、ロレツも廻《まは》らぬ舌《した》もて歌《うた》ふ。

『心地《ここち》よきかな　イドムの城《しろ》は
　花《はな》と紅葉《もみぢ》の　すみどころ
花《はな》は千《せん》咲《さ》く　生《な》る実《み》は一《ひと》つ
　心《こころ》もむなよ　わが妻《つま》よ
酒《さけ》に酔《よ》た酔《よ》た　一升《いつしよう》の酒《さけ》に
　川《かは》の流《なが》れも　目《め》に入《い》らぬ
月《つき》は照《て》れども　われより見《み》れば
　辺《あた》り真《ま》つ暗《くら》　真《しん》の闇《やみ》
西《にし》も東《ひがし》も　分《わか》らぬまでに

酔《よ》うて苦《くる》しき　月《つき》見《み》酒《ざけ》
月《つき》の露《つゆ》ほど　美《う》味《ま》酒《ざけ》飲《の》んで
　酔《よ》うて苦《くる》しむ　川《かは》の側《そば》
小《さ》夜《よ》更《ふ》けて　虫《むし》の啼《な》く音《ね》も細《ほそ》々《ぼそ》と
　早《はや》く館《やかた》へ　帰《かへ》りたい』

サックス姫《ひめ》は歌《うた》ふ。

『王《きみ》の言《こと》葉《ば》は聞《きこ》えませぬよ
　ここもあなたの治《し》らす国《くに》
館《やかた》ばかりが家《いへ》ではないに
　館《やかた》こがる王《きみ》をかし
川《かは》の瀬《せ》音《おと》に耳《みみ》すませつつ

チクターは歌《うた》ふ。

明日《あす》の朝《あさ》まで 待《ま》ちませう』

『前《まへ》も後《うしろ》も 分《わか》らぬまでに

王《きみ》は酔《よ》はすか 面白《おもしろ》や

姫《ひめ》さまよ日頃《ひごろ》の謀計《たくみ》 今《いま》この場所《ばしよ》で

やつて見《み》なされ 恋《こひ》のため

悪《わる》い事《こと》とは 知《し》つては居《を》れど

恋《こひ》のためには 是非《ぜひ》もない』

エールス王《わう》は、妻《つま》のサックス姫《ひめ》と左守《さもり》のチクターとが深《ふか》き恋仲《こひなか》となつてゐる事《こと》は夢《ゆめ》にも知《し》らず、両人《りやうにん》におびき出《だ》され、無性《むしやう》やたらに酒《さけ》を飲《の》み、前後《ぜんご》も分《わか》らずなれるを見澄《みす》まし、チクターはサックスに目配《めくば》せするや、恋《こひ》の悪魔《あくま》にとらはれしサックス姫《ひめ》は、時《とき》こそ到《いた》れりと、エールス王《わう》の背後《はいご》に立《た》ち廻《まは》り、全身《ぜんしん》の力《ちから》を籠《こ》めてウンとばかり突《つ》き落《おと》せば、何条以《なんでうもつ》て堪《たま》るべき、エールス王《わう》は壁立《かべた》つ崖《がけ》よりザンブとばかり突《つ》き落《おと》され、水《み》泡《なわ》となりて消《き》えにけり。

サックス姫《ひめ》は、いやらしき笑《ゑ》みを浮《うか》べ、水面《みのも》を眺《なが》めながら、

『天地《あめつち》も一度《いちど》にひらくる心地《ここち》かな
　わが仇雲《あだぐも》は水《み》泡《なわ》となれり
わが王《きみ》と敬《うやま》ひ仕《つか》へまつりたる
　人《ひと》は水《み》泡《なわ》となりにけらしな
大空《おほぞら》に輝《かがや》き給《たま》ふ月影《つきかげ》を
　仰《あふ》げば何《なに》か恐《おそ》ろしきわれ
さりながら月《つき》は語《かた》らじ川水《かはみづ》は
　今宵《こよひ》のさまを伝《つた》へざるべし

虫《むし》の音《ね》も河鹿《かじか》の声《こゑ》も何《なん》となく
　われは寂《さび》しくなりにけるかも
さりながらチクターの君《きみ》と今日《けふ》よりは
　親《した》しく住《す》まむと思《おも》へば楽《たの》し』

チクターは歌《うた》ふ。

『恐《おそ》ろしき姫《ひめ》にますかも背《せ》の君《きみ》を
　川《かは》に落《おと》して微笑《ほほゑ》ますとは
われもまた第二《だいに》のエールス王《わう》なるかと
　思《おも》へば俄《には》かに恐《おそ》ろしくなりぬ
いかにせむかくなる上《うへ》はわが王《きみ》の
　行方《ゆくへ》知《し》れずと世《よ》に知《し》らすべきか

病《いた》気《づき》に打《う》ち伏《ふ》し給《たま》ふと世《よ》の中《なか》に
　しばしのうちを伝《つた》へ置《お》かむか』

サックス姫《ひめ》は歌《うた》ふ。

『心弱《こころよわ》き事《こと》を宣《の》らすなわが王《きみ》を
　水《み》泡《なわ》とせしは汝《なんぢ》ならずや
直《ぢき》々《ぢき》に手《て》は下《くだ》さねど汝《な》が心《こころ》
　わが手《て》をかりて殺《ころ》したるなり
天《あめ》地《つち》の神《かみ》の御《み》前《まへ》に恐《おそ》ろしと
　思《おも》ふ心《こころ》を打《う》ち消《け》し給《たま》へ』

チクターは歌《うた》ふ。

『わが王《きみ》は酒《さけ》に酔《よ》はせて水《みな》乃《の》川《がは》の

淵《ふち》に落《お》ちしと世《よ》に知《し》らすべし
かくすれば吾等《われら》に疑《うたが》ひかかるまじ
隠《かく》すは却《かへ》りて露《あら》はるるもとよ
いざさらば急《いそ》ぎ帰《かへ》りて城内《じやうない》に
王《きみ》の溺死《できし》を報告《ほうこく》なさむ』

サックス姫《ひめ》は歌《うた》ふ。

『われわれの謀計《たくみ》全《まつた》く図《づ》に当《あた》り
憐《あは》れエールス水屑《みくづ》となりぬ
いざさらば急《いそ》ぎ帰《かへ》らむイドム城《じやう》へ
長居《ながゐ》は恐《おそ》れよ人目《ひとめ》なくとも』

かくて両人《りやうにん》は、何食《なにく》はぬ顔《かほ》にてイドム城《じやう》に帰《かへ》り、酒《さけ》に酔《よ》ひつぶれたる風《ふう》を装《よそほ》ひ、群臣《ぐんしん》を一間《ひとま》に集《あつ》めて、エールス王《わう》の訃《ふ》音《いん》を伝《つた》へむと歌《うた》ふ。

サックス姫《ひめ》。

『水《みな》乃《の》川《がは》流《なが》るる月《つき》を見《み》ながらに
　わが背《せ》の君《きみ》と酒《さけ》を酌《く》みつつ
背《せ》の君《きみ》は月《つき》見《み》の酒《さけ》に酔《よ》ひつぶれ
　よろめき淵《ふち》瀬《せ》におちさせ給《たま》へり
チクターは素《すっ》裸《ぱだ》体《か》となり深《ふか》淵《ぶち》に
　飛《と》び入《い》り探《さが》せど御《おん》影《かげ》見《み》えず
暇《ひま》どらばことぎれやせむと吾《われ》もまた
　水《み》中《なか》に飛《と》び込《こ》み王《きみ》をさがせり
大《おほ》空《ぞら》に月《つき》は照《て》れども夜《よる》なれや

王《きみ》の御《おん》影《かげ》見《み》るよしもなし
汝《なれ》等《たち》に知《し》らす間《あひだ》にことぎれむと
二《ふ》人《たり》は生《いの》命《ち》からがら探《たづ》ねし
わが王《きみ》の身《み》を果《はか》なみて涙《なみだ》ながら
急《いそ》ぎ館《やかた》にわれ帰《かへ》り来《こ》し
汝《なれ》等《たち》は水《みな》乃《の》の川《かは》に立《た》ち入《い》りて
水《み》底《そこ》を潜《くぐ》り探《たづ》ね来《き》たれよ
平《へい》和《わ》なるイドムの城《しろ》も黒《くろ》雲《くも》に
包《つつ》まれしごとわれは悲《かな》しき』

チクターは歌《うた》ふ。

『姫《ひめ》君《ぎみ》の仰《おほ》せのごとく川《かは》の瀬《せ》を

潜《くぐ》り探《さが》せど御《おん》影《かげ》なかりき
生命《いのち》にもかへて尊《たふと》き吾《わ》が王《きみ》の
あはれ行方《ゆくへ》は見《み》えずなりけり
いかにしてサックス姫《ひめ》の御心《みこころ》を
慰《なぐさ》めむかと心砕《こころくだ》きぬ
姫君《ひめぎみ》の歎《なげ》き思《おも》へばわれもまた
生命《いのち》いらなく思《おも》ひけらしな
司等《つかさら》はあまたの人《ひと》を水《みな》乃《の》川《がは》の
上津瀬《かみつせ》下津瀬《しもつせ》に配《くば》り探《さが》させよ』

夜中《やちう》の事《こと》ながら、軍師《ぐんし》のエーマンは急《いそ》ぎ登城《とじやう》し、二人《ふたり》の様子《やうす》を見《み》て頭《かうべ》を傾《かたむ》け、無言《むごん》のまま黙《もだ》し居《ゐ》たりける。諸々《もろもろ》の司等《つかさたち》はエールス王《わう》の死体《したい》を求《もと》めむと、鉦《かね》や太鼓《たいこ》を打鳴《うちな》らし、群《ぐん》衆《しゆう》を集《あつ》め水中隈《すいちうくま》なく捜索《さうさく》の結果《けつくわ》、壁立《かべた》つ巌根《いはね》の深淵《ふかぶち》に、王《わう》の死体《したい》を発見《はつけん》し、型《かた》のごとく盛大《せいだい》なる土葬式《どさうしき》を行《おこな》ひける。

これより、サックス姫《ひめ》は女王《ぢよわう》として君臨《くんりん》し、チクターは依然《いぜん》として左守《さもり》を勤《つと》め、両人《りやうにん》が心《こころ》の秘密《ひみつ》は一人《ひとり》として知《し》るもの無《な》かりける。

（昭和九・八・五　旧六・二五　於伊豆別院　林弥生謹録）

○

北風《きたかぜ》に無理《むり》遊《あそ》ばすな越《こし》の旅《たび》

（昭和九・一二・五　日出麿）

第八章　人魚《にんぎよ》の勝利《しようり》（二〇三五）

大栄山《おほさかやま》の南面《なんめん》の中腹《ちうふく》には広《ひろ》き平地《へいち》ありて、東西二十里《とうざいにじふり》、南北十里《なんぼくじふり》の潮水漂《しほみづただよ》ひ、真珠《しんじゆ》の湖《うみ》と称《たた》へられて居《ゐ》る。

この湖水《こすい》の周囲《しうゐ》にはあまたの人魚棲《にんぎよす》み、ほとんど国津神《くにつかみ》と同様《どうやう》の生活《せいくわつ》をなし、よく物《もの》を言《い》ひ、人魚郷《にんぎよきやう》をつくりて、南《みなみ》にあるを南郷《なんきやう》と言《い》ひ、北《きた》にあるを北郷《ほくきやう》と言《い》ひ、東《ひがし》にあるを東郷《とうきやう》と称《しよう》し、西《にし》を西郷《せいきやう》と称《とな》へ、人魚《にんぎよ》の群《む》れはこの湖水《こすい》を永久《とこしへ》の棲処《すみか》として、魚貝《ぎよかひ》を餌《ゑ》食《じき》とし、他《た》よりの国津神《くにつかみ》の侵入《しんにふ》を防《ふせ》ぎ、天地《てんち》の恩沢《おんたく》を楽《たの》しみ居《ゐ》たりける。

かかる平和《へいわ》の神仙郷《しんせんきやう》も、時々《ときどき》イドム王《わう》の部下《ぶか》襲来《しふらい》し来《き》たりて、人魚《にんぎよ》の乙女《をとめ》を捕《とら》へ去《さ》る事《こと》一再《いつさい》ならざりければ、ここに人魚《にんぎよ》の王《わう》は首《くび》を鳩《あつ》めて協議《けふぎ》を凝《こ》らし、国津神《くにつかみ》の襲来《しふらい》に備《そな》へむとして、後先《あとさき》の鋭《するど》く尖《とが》りたる貝殻《かひがら》を空地《あきち》なく突《つ》きたて、襲《おそ》ひ来《き》たる敵《てき》の足《あし》を傷《きず》つけむと防禦線《ばうぎよせん》を張《は》り居《ゐ》たりける。

ある時人魚《ときにんぎよ》の王《わう》は、この湖水《こすい》の中央《ちうあう》に突出《とつしゆつ》せる真珠島《しんじゆたう》に集《あつ》まりて、湖面《こめん》に浮《うか》ぶ月《つき》を眺《なが》めながら一夜《いちや》を明《あ》かしつつ互《たが》ひに歌《うた》ふ。

東郷《とうきやう》の酋長春野《しうちやうはるの》は歌《うた》ふ。

『天地《あめつち》の神《かみ》の恵《めぐ》みに生《な》り出《い》でし
　これの湖水《こすい》は永久《とは》の苑《その》なり
大空《おほぞら》の月《つき》を浮《うか》べて波静《なみしづ》か
　輝《かがや》く湖《うみ》の広《ひろ》くもあるかな
かくのごと吾等《われら》は清《きよ》き湖《みづうみ》に
　人魚《にんぎよ》となりて年《とし》ふりにけり

8　人魚の勝利

風《かぜ》吹《ふ》けど雨《あめ》は降《ふ》れどもこの湖《うみ》は
　波《なみ》の秀《ほ》さへも立《た》たぬ静《しづ》けさ
春《はる》夏《なつ》の眺《なが》め妙《たへ》なるこの湖《うみ》に
　大《おほ》栄《さか》山《やま》の錦《にしき》うつろふ
大《おほ》栄《さか》山《やま》渓《たに》の清《し》水《みづ》はこの湖《うみ》に
　少《すこ》しも入《い》らず落《お》ちたぎつなり
この湖《うみ》は竜《りう》宮《ぐう》海《かい》に続《つづ》けるか
　湖《こ》水《すい》ながらも潮《しほ》水《みづ》なりけり
不《ふ》思《し》議《ぎ》なるこれの高《たか》処《ど》に潮《うしほ》湧《わ》く
　湖《こ》水《すい》は神《かみ》の賜《たま》物《もの》なるらむ
百《もも》年《とせ》をこの湖《みづうみ》にやすらひて

思《おも》ふ事《こと》なき吾等《われら》が暮《くら》しよ
折《をり》々《をり》は神仙郷《しんせんきやう》なるこの湖《うみ》に
襲《おそ》ひ来《く》るなり国《くに》津《つ》神《かみ》等《ら》は
国《くに》津《つ》神《かみ》たとへ幾《いく》万《まん》寄《よ》せ来《く》とも
吾等《われら》は飽《あ》くまで戦《たたか》はむかも
天《あま》津《つ》日《ひ》は終日《ひねもす》輝《かがや》き月舟《つきふね》は
終夜《よもすがら》照《て》る真《しん》珠《じゆ》の湖《うみ》よ』

南郷《なんきやう》の酋長《しうちやう》夏草《なつぐさ》は歌《うた》ふ。

『人《ひと》の面《おも》持《も》てども未《いま》だ身《から》体《たま》は
浅《あさ》ましきかな鱗《うろこ》覆《おほ》へば
さりながら神《かみ》の恵《めぐ》みに抱《いだ》かれて

8　人魚の勝利

煩《わづら》ひもなくすむは嬉《うれ》しき

安《やす》らかに真《しん》珠《じゆ》の湖《うみ》に育《そだ》ちたる
吾《われ》等《ら》は悩《なや》み知《し》らざりにけり

恐《おそ》ろしきイドムの王《わう》の手《て》下《した》等《ら》は
吾《われ》等《ら》が輩《やから》を奪《うば》ひて帰《かへ》るも

いかにして吾《われ》等《ら》が仇《あだ》を防《ふせ》がむと
朝《あさ》な夕《ゆふ》なに心《こころ》砕《くだ》くも

さりながらこの湖《みづうみ》は深《ふか》ければ
吾《われ》等《ら》は水《み》底《そこ》潜《くぐ》りて遁《のが》れむ

時《とき》折《をり》は陸《くが》に上《のぼ》りて眠《ねむ》る間《ま》を
忍《しの》び来《き》たれる仇《あだ》に捕《とら》はる

明日《あす》よりは人魚《にんぎよ》は汀《みぎは》に眠《ねむ》らずて
　湖中《こちう》に浮《うか》び休《やす》らふべきかな

悠《いう》々《いう》と波《なみ》に浮《うか》びて魚族《うろくづ》を
　食《く》ひて生《い》くるは恵《めぐ》みなりけり

天地《あめつち》の恵《めぐ》み忘《わす》れし輩《やから》のみ
　生命《いのち》奪《うば》はれ苦《くる》しむなるべし

吾等《われら》とて主《ス》の大神《おほかみ》の御賜物《みたまもの》
　神《かみ》は必《かなら》ず守《まも》りますらむ

イドム城《じやう》はサールの王《わう》の現《あら》はれて
　破《やぶ》れしと聞《き》きぬ吾等《われら》が敵《かたき》は

わが輩《やから》の真珠《しんじゆ》持《も》てりと争《あらそ》ひて

この湖《みづうみ》に忍《しの》び来《く》るなり
サール国《こく》のエールス王《わう》は心《こころ》荒《あら》き
神《かみ》とし聞《き》けば安《やす》からず思《おも》ふ
とにもあれかくにもあれや波《なみ》の上《へ》に
澄《す》む月光《つきかげ》を眺《なが》めて明《あ》かさむ
月《つき》見《み》れば歎《なげ》かひ心《こころ》消《き》えゆきて
春《はる》野《の》に咲《さ》ける花《はな》を思《おも》ふも
花《はな》見《み》むと陸《くが》に上《のぼ》りて捕《とら》はれし
輩《やから》思《おも》へば悲《かな》しかりけり
春《はる》されば わがともがらは次《つぎ》々《つぎ》に
捕《とら》はれにけり油《ゆ》断《だん》の心《こころ》に』

西郷《せいきやう》の酋長《しうちやう》秋月《あきづき》は歌《うた》ふ。

『天《てん》蒼《あを》く湖《うみ》また青《あを》き真《まん》中《なか》に
　浮《うか》べる真《しん》珠《じゆ》の島《しま》に酒《さけ》酌《く》む
御《み》空《そら》ゆく月《つき》の光《ひかり》に照《て》らされて
　この湖《うな》原《ばら》は真《ま》白《しろ》に映《は》ゆるも
波《なみ》の間《ま》に出《しゆつ》没《ぼつ》するはわが輩《やから》
　御《み》空《そら》の月《つき》を仰《あふ》ぐなるらむ
八《や》千《ち》尋《ひろ》の湖《うな》底《ぞこ》までも照《て》り透《とほ》す
　月《つき》の光《ひかり》の偉《ゐ》大《だい》なるかな
闇《やみ》の夜《よ》は汀辺《みぎはべ》に輩《やから》集《あつ》まりて
　歌《うた》と踊《をど》りに夜《よ》を明《あ》かすなり

人《にん》魚《ぎよ》等《ら》の歌《うた》ふ声《こゑ》々《ごゑ》波《なみ》の間《ま》に
　こだまなしつつ夜《よ》は明《あ》けにける
大《おほ》栄《さか》の山《やま》の紅《もみ》葉《ぢ》を仰《あふ》ぎつつ
　湖《こ》水《すい》に浸《ひた》る秋《あき》は楽《たの》しき
秋《あき》月《づき》は大《おほ》栄《さか》山《やま》に照《て》り映《は》えて
　錦《にしき》に映《は》ゆる真《しん》珠《じゆ》の湖《うな》原《ばら》
波《なみ》の色《いろ》朱《あけ》に染《そ》めつつ大《おほ》栄《さか》の
　山《やま》の紅《もみ》葉《ぢ》は照《て》り渡《わた》るなり』

北《ほく》郷《きやう》の酋《しう》長《ちやう》冬《ふゆ》風《かぜ》は歌《うた》ふ。

『冬《ふゆ》されどこの仙《せん》郷《きやう》は暖《あたた》かし
　大《おほ》栄《さか》山《やま》は北《きた》に峙《そばだ》つ

大栄《おほさか》の山《やま》嶮《けは》しければ国津神《くにつかみ》は
　この仙郷《せんきやう》に来《き》たる少《すく》なし
吾《わ》が棲《す》める北《きた》の郷《さと》には人魚《にんぎよ》とる
　仇《あだ》も来《き》たらず安《やす》く過《す》ぎ行《ゆ》く
もしやもし敵《てき》の来《き》たらば人魚《にんぎよ》等《ら》を
　ことごと吾等《われら》が郷《さと》に集《あつ》めよ』

かく歌《うた》ふ折《をり》もあれ、イドム城《じやう》の女王《ぢよわう》サックス姫《ひめ》は、数百《すうひやく》の騎士《ナイト》を従《したが》へ、大栄山《おほさかやま》の急坂《きふはん》を関《とき》を作《つく》りて登《のぼ》り来《き》たり、一網打尽《いちまうだじん》に人魚《にんぎよ》の群《む》れを襲《おそ》ひ捕獲《ほくわく》せむとのぼり来《き》たる。

この物音《ものおと》に四人《よにん》の酋長《しうちやう》は、スハ一大事《いちだいじ》、人魚《にんぎよ》の輩《やから》ことごとく北郷《ほくきやう》に集《あつ》めむと、泳《およ》ぎの早《はや》き人魚《にんぎよ》を東西南《とうざいなん》の三郷《さんきやう》に遣《つか》はし急《きふ》を報《ほう》じければ、数万《すうまん》の人魚《にんぎよ》はわれ遅《おく》れじと深《ふか》き水底《みなそこ》を潜《もぐ》りて、一人《ひとり》も残《のこ》らず北郷《ほくきやう》にかたまり、いづれも声《こゑ》を潜《ひそ》めて敵《てき》の襲来《しふらい》を遥《はる》かに眺《なが》めつつありける。

四人《よにん》の酋長《しうちやう》は真珠島《しんじゆたう》の巌頭《がんとう》に立《た》ち、悠然《いうぜん》として敵《てき》の襲来《しふらい》を眺《なが》め居《ゐ》たり。

サックス女王《ぢよわう》の指揮《しき》のもとに、数百《すうひやく》の騎士《ナイト》は東西南《とうざいなん》の三郷《さんきやう》に陣取《ぢんど》り、湖水《こすい》を囲《かこ》みて擦《す》り鉦太鼓《がねたいこ》を打《う》ち鳴《な》らしつつ、山《やま》も砕《くだ》けむばかりの勢《いきほ》ひにて襲《おそ》ひ来《き》たり、人魚《にんぎよ》の影《かげ》の一《ひと》つも湖面《こめん》に無《な》きに失望《しつばう》し、各々《おのおの》馬上《ばじやう》ながら湖中《こちう》に飛《と》び入《い》り、馬《うま》をたよりに捜索《さうさく》すれども、東西南《とうざいなん》の三《さん》郷付近《きやうふきん》には一《ひと》つの人魚《にんぎよ》も見当《みあた》らず、遂《つひ》には馬疲《うまつか》れ、湖中《こちう》に溺《おぼ》るるもの多《おほ》くなりければ、さすがのサックス女王《ぢよわう》も、すごすごと岸辺《きしべ》に引《ひ》き返《かへ》し、馬《うま》の疲《つか》れを休《やす》め、自分《じぶん》もまた顔青《かほあを》ざめて太《ふと》き息《いき》を吐《は》き居《ゐ》たり。

サックス女王《ぢよわう》は声《こゑ》も細々《ほそぼそ》と歌《うた》ふ。

『月《つき》澄《す》める真《しん》珠《じゆ》の湖《うみ》に来《き》て見《み》れば
波《なみ》ばかりにて人《にん》魚《ぎよ》の影《かげ》なし

この湖《うみ》に永久《とこしへ》に棲《す》む人魚《にんぎよ》等《ら》は
　如何《いかが》なりしか吾《われ》いぶかしき
潮《しほ》水《みづ》に飛《と》び込《こ》み進《すす》みしわが騎士《ナイト》の
　その大方《おほかた》は溺《おぼ》れ死《し》したり
人魚《にんぎよ》等《ら》は水底《みなそこ》深《ふか》く潜《ひそ》みつつ
　駒《こま》の脚《あし》をばひけるなるらむ
かくならば駒《こま》は詮《せん》なし木《き》を伐《き》りて
　独木《まるき》の舟《ふね》を造《つく》り進《すす》まむ』

ここに生《い》き残《のこ》りたる騎士《ナイト》等《ら》は、湖辺《こへん》に立《た》てるあまたの大木《たいぼく》を伐《き》り倒《たふ》し独木舟《まるきぶね》を造《つく》りて、七《なぬ》日《か》七夜《ななよ》の丹精《たんせい》をこめ漸《やうや》く数艘《すうさう》の舟《ふね》を造《つく》り、真珠《しんじゆ》の島《しま》に渡《わた》り酋長《しうちやう》を捕縛《ほばく》し、人魚《にんぎよ》の在処《ありか》を自《じ》白《はく》させむと、ここに数十人《すうじふにん》の騎士《ナイト》は独木舟《まるきぶね》に棹《さを》をさし櫂《かい》を操《あやつ》りながら、やや広《ひろ》き真珠《しんじゆ》の島《しま》へと進《すす》み行《ゆ》く。もちろんサックス女王《ぢよわう》もその舟《ふね》に安《やす》く坐《ざ》してありける。

四人《よにん》の酋長《しうちやう》は寄《よ》せ来《き》たる舟《ふね》を遥《はる》かに見《み》ながら、悠々《いういう》として騒《さわ》がず急《あせ》らず眺《なが》め入《い》る。

北郷《ほくきやう》の酋長《しうちやう》冬風《ふゆかぜ》は、三人《さんにん》と何《なに》か謀《しめ》し合《あは》せ居《ゐ》たりしが、たちまち湖中《こちう》に飛《と》び込《こ》み、水底《みなそこ》を潜《くぐ》つて北郷《ほくきやう》に急《いそ》ぎ帰《かへ》り、数万《すうまん》の人魚《にんぎよ》に急《きふ》を告《つ》げ、且《か》つ一斉《いつせい》に敵《てき》に向《むか》つて必死《ひつし》の力《ちから》を加《くは》へ殲《せん》滅《めつ》せむ事《こと》を訓示《くんじ》した。

酋長《しうちやう》の言葉《ことば》に数万《すうまん》の人魚《にんぎよ》は勢《いきほ》ひを得《え》、日頃《ひごろ》の仇《あだ》を報《むく》い、禍《わざはひ》の根《ね》を断《た》つはこの時《とき》と、固《かた》唾《づ》を呑《の》んで控《ひか》へ居《ゐ》る。

サックス女王《ぢよわう》は勝《か》ち誇《ほこ》りたる面《おも》もちにて、独木舟《まるきぶね》を漕《こ》がせながら、月照《つきて》り渡《わた》る真珠《しんじゆ》の湖原《うなばら》を眺《なが》めて歌《うた》ふ。

『あはれあはれ心地《ここち》よきかな吾《われ》は今《いま》
　真珠《しんじゆ》の島《しま》を占領《せんりやう》せむとす

人《にん》魚《ぎよ》等《ら》の宝《たから》の真《しん》珠《じゆ》を集《あつ》めたる
　島《しま》根《ね》は夜《よ》ながら輝《かがや》きにけり
幾《いく》万《まん》の真《しん》珠《じゆ》の光《ひかり》かたまりて
　月《つき》の光《ひかり》も褪《あ》せにけらしな
幾《いく》万《まん》の人《にん》魚《ぎよ》はいづれに逃《に》げしぞや
　吾《われ》等《ら》が威《ゐ》勢《せい》に驚《おどろ》けるらし
面《おも》白《しろ》し月《つき》の浮《うか》べる湖《うな》原《ばら》に
　真《しん》珠《じゆ》の島《しま》を取《と》らむと出《い》で行《ゆ》く』

春《はる》野《の》は遙《はる》かにこの体《てい》を見《み》て歌《うた》ふ。

『玉《たま》の緒《を》の生《い》命《のち》知《し》らずの出《い》で立《た》ちを
　見《み》つつあはれを催《もよほ》す吾《われ》なり

8　人魚の勝利

欲《よく》深《ふか》く真《しん》珠《じゆ》の玉《たま》に目《め》が眩《くら》み
　生《いの》命《ち》捨《す》つると思《おも》へばいぢらし

北《ほく》郷《きやう》に手《て》ぐすねひきて待《ま》ち待《ま》てる
　人《にん》魚《ぎよ》の力《ちから》を恐《おそ》れざるらし

森《しん》閑《かん》としづまりかへる湖《うな》原《ばら》に
　やがて血《ち》汐《しほ》の雨《あめ》は降《ふ》るらむ

心《ここ》地《ち》よき今《こ》宵《よひ》なるかも祖《おや》々《おや》の
　仇《あだ》を報《むく》ゆる時《とき》は来《き》にけり

サックスはイドムの国《くに》を奪《うば》ひ取《と》り
　夫《つま》の生《いの》命《ち》をとりしくせもの

サックスの悪《あく》魔《ま》はなほも飽《あ》きたらで

吾等《われら》が宝《たから》を奪《うば》はむとすも
限《かぎ》りなき欲《よく》につられて玉《たま》の緒《を》の
生命《いのち》を捨《す》つるは浅《あさ》はかなるかな』

南郷《なんきやう》の酋長《しうちやう》夏草《なつぐさ》は歌《うた》ふ。

『夏《なつ》草《ぐさ》の茂《しげ》みを分《わ》けてのぼり来《く》る
ナイトは死《し》出《で》の旅《たび》をするかも
わが輩《やから》影《かげ》なきを見《み》てナイト等《ら》は
馬《うま》もろともに湖《こ》中《ちう》に駆《か》け入《い》りぬ
駿《はや》馬《こま》は疲《つか》れはてけむ力《ちから》なく
人《ひと》もろともに溺《おぼ》れ死《し》したり
次《つぎ》々《つぎ》に溺《おぼ》るるを見《み》てサックスは

陸《くが》に向《むか》つて逃《に》げゆくをかしさ
駿《はや》馬《こま》の嘶《いなな》きを知《し》りてサックスは
汀《みぎは》に並《なみ》木《き》を伐《き》り倒《たふ》したり
七《なぬ》日《か》七《なな》夜《よ》独《まる》木《き》の舟《ふね》を造《つく》り了《を》へて
渡《わた》り来《く》るかも生《いの》命《ち》知《し》らずに
近《ちか》寄《よ》らば真《しん》珠《じゆ》の岩《いは》を投《な》げつけて
仇《あだ》ことごとく打《う》ち殺《ころ》すべし』
西《せい》郷《きやう》の酋《しうちやう》長《しうちやう》秋月《あきづき》は歌《うた》ふ。
『面《おも》白《しろ》き世《よ》とはなりけり居《ゐ》ながらに
仇《あだ》を滅《ほろ》ぼす今《こ》宵《よひ》とおもへば
水《すい》中《ちう》に力《ちから》を保《たも》つわが輩《やから》

捕《とら》へむとする愚《おろ》かさを思《おも》ふ
愚《おろ》かなるサックス王《わう》の手《て》下《した》等《ら》を
水《みづ》の藻《も》屑《くづ》と葬《はうむ》り去《さ》らむ
面《おも》白《しろ》しあゝ勇《いさ》ましし吾《わ》が敵《てき》は
真《しん》珠《じゆ》の島《しま》根《ね》近《ちか》く寄《よ》せたり』

かく歌《うた》ふ折《をり》しも、サックス女王《ぢよわう》の一行数十人《いつかうすうじふにん》は島《しま》に近寄《ちかよ》らむとするや、三人《さんにん》の酋長《しうちやう》はここを先途《せんど》と、真珠《しんじゆ》の岩《いは》を頭上《づじやう》に高《たか》くささげ、寄《よ》せ来《く》る敵《てき》に向《むか》つて岩石落《がんせきおと》しに投《な》げつくれば、何条以《なんでうもつ》て堪《たま》るべき、舟《ふね》もろともに湖中《こちう》に残《のこ》らず沈没《ちんぼつ》し、湖《うみ》の水泡《みなわ》と消《き》えにける。北郷《ほくきやう》に集《あつ》まりし数万《すうまん》の人魚《にんぎよ》は、「ウオー ウオー」と一斉《いつせい》に歓声《くわんせい》を挙《あ》げ、為《ため》に天地《てんち》も崩《くづ》るるばかりなりける。

イドムの城《しろ》を占領《せんりやう》し、エールス王《わう》を謀殺《ぼうさつ》し、恋《こひ》の勝利者《しようりしや》とときめき渡《わた》り、豪奢《がうしや》を極《きは》めたりし悪虐無道《あくぎやくぶだう》の張本《ちやうほん》サックス女王《ぢよわう》も、天運《てんうん》いよいよ尽《つ》きて水《みづ》の藻屑《もくづ》となりけるぞ天命恐《てんめいおそ》ろしき。

これより真珠《しんじゆ》の湖《うみ》の人魚《にんぎよ》の群《む》れに向《むか》つて攻《せ》め寄《よ》するもの跡《あと》を断《た》ち、永遠《えいゑん》の神仙郷《しんせんきやう》として人魚《にんぎよ》の群《む》れは栄《さか》えけるとなむ。

（昭和九・八・五　旧六・二五　於伊豆別院　白石恵子謹録）

○

御開祖《ごかいそ》の清《きよ》きみ旨《むね》にたがはじと
つつしみかしこみ道《みち》に仕《つか》ふる

第九章　維《ゐ》新《しん》の叫《さけ》び（二〇三六）

伊《い》佐《さ》子《ご》の島《しま》の北半《ほくはん》を　暴力《ばうりよく》もちて治《をさ》めたる
サールの国《くに》の国王《こくわう》は　大栄山《おほさかやま》をのり越《こ》えて
あまたの兵士《つはもの》引率《いんそつ》し　地上《ちじやう》の楽土《らくど》と聞《きこ》えたる
イドムの城《しろ》に攻《せ》め寄《よ》せて　国王《こくわう》その他《た》を追《お》ひ散《ち》らし
鳥《とり》なき里《さと》の蝙蝠《かふもり》と　羽振《はぶ》りをきかし居《ゐ》たりしが
天《てん》はいつまで暴虐《ばうぎやく》の　エールス王《わう》を許《ゆる》すべき
たちまちわが身《み》の膝下《しつか》より　火焔《くわえん》の炎《ほのほ》は湧《わ》き立《た》ちて
流《なが》れも清《きよ》き水乃《みなの》川《がは》　岸辺《きしべ》に壁立《かべた》つ巌《いは》の上《うへ》

心許《こころゆる》せしその妻《つま》に　きびしき酒《さけ》を勧《すす》められ
歩《あゆ》みもならぬたまゆらを　妻《つま》の命《みこと》に背《せ》を押《お》され
ザンブとばかり水中《すいちう》の　泡《あわ》と消《き》えたるあさましさ
ここに王妃《わうひ》のサックスは　左守《さもり》の神《かみ》のチクターと
人目《ひとめ》をさけて忍《しの》び会《あ》ひ　恋《こひ》の勝利《しようり》を誇《ほこ》りしが
なほあき足《た》らず真珠湖《しんじゆこ》の　人魚《にんぎよ》をとらむと思《おも》ひ立《た》ち
数百《すひやく》のナイトを引《ひ》き具《ぐ》して　真珠《しんじゆ》の湖《うみ》に押《お》し寄《よ》せつ
旗鼓《きこ》堂々《だうだう》と迫《せま》りしが　人魚《にんぎよ》の酋長《しうちやう》の計略《けいりやく》に
かかりて脆《もろ》くも失《う》せにける　サックス姫《ひめ》を始《はじ》めとし
左守《さもり》のチクター言《い》ふも更《さら》　幾百《いくひやく》のナイトはことごとく
真珠《しんじゆ》の湖《うみ》の魚族《うろくづ》の　餌食《あじき》となりしぞあさましき

199 − 81

ここにイドムの王城《わうじやう》は　肝心要《かんじんかなめ》の司《つかさ》をば
失《うしな》ひたちまち常闇《とこやみ》の　さまを詳《つぶさ》にあらはせり
百《もも》の司《つかさ》は驚《おどろ》きて　あわてふためき右左《みぎひだり》
騒《さわ》ぎまはれど何《なん》とせむ　国《くに》の柱《はしら》を失《うしな》ひし
イドムの国《くに》の騒擾《さうぜう》は　目《め》も当《あ》てられぬばかりなり
ここに軍師《ぐんし》のエーマンは　あまたのナイトを引率《いんそつ》し
イドムの城《しろ》に陣取《ぢんど》りて　国《くに》の騒《さわ》ぎを鎮《しづ》めむと
計画《けいくわく》をさをさ怠《おこた》らず　朝夕《あしたゆふ》べに肝向《きもむか》ふ
心《こころ》を痛《いた》めゐたりける　あゝ惟神《かむながら》　惟神《かむながら》
神《かみ》の天罰《てんばつ》恐《おそ》ろしき。

エーマンは、サックス姫《ひめ》およびチクター等《ら》の死体《したい》を篤《あつ》く葬《はうむ》り、十日《とをか》間《かん》の喪《も》に服《ふく》しつつ述《じゆつ》懐《くわい》を歌《うた》ふ。

『さびしさの限《かぎ》りなるかもわが国《くに》は
　国《くに》の柱《はしら》を失《うしな》ひにけり
天《あめ》地《つち》の神《かみ》の怒《いか》りに触《ふ》れにけむ
　かかる歎《なげ》きは世《よ》にためしなき
イドム城《じやう》アヅミムラジを退《しりぞ》けし
　罪《つみ》の報《むく》いと思《おも》へば恐《おそ》ろし
常《とこ》世《よ》ゆく闇《やみ》につつまるイドム城《じやう》は
　何《いづ》処《こ》にゆくか心《こころ》もとなや
われは今《いま》軍《いくさ》の司《つかさ》となりながら
治《をさ》むる由《よし》も白《しら》浪《なみ》の月《つき》よ

大空《おほぞら》に無《む》心《しん》の月《つき》は輝《かがや》きつ
　われ等《ら》が歎《なげ》きを笑《わら》ふがに見《み》ゆ
水《みな》乃《の》川《がは》流《なが》るる月《つき》もかすみたり
　わが目《め》の涙雨《なみだあめ》と降《ふ》れれば
いかにしてイドムの城《しろ》は保《たも》たむと
　月《つき》に祈《いの》れど月《つき》は答《こた》へず
山《やま》川《かは》も色《いろ》あせにけりわが胸《むね》の
　闇《やみ》の帳《とばり》は晴《は》れやらずして
国《くに》民《たみ》を苦《くる》しめ奢《おご》り驕《たか》ぶりし
　王《きみ》の行《ゆ》く末《すゑ》おもへばおそろし
サックスの女《ぢよ》王《わう》の行《おこな》ひ日《ひ》に月《つき》に

いや荒《すさ》みつつ滅《ほろ》び給《たま》へり
チクターの卑《いや》しき心《こころ》にさそはれて
あはれ女王《ぢよわう》は身《み》罷《まか》り給《たま》へり
エールスの王《きみ》の最《さい》後《ご》のいぶかしさ
わが魂《たましひ》の雲《くも》はまだ晴《は》れず
武力《ぶりよく》もて人《ひと》の国《くに》をば奪《うば》ひたる
報《むく》いなるらむ今《け》日《ふ》の歎《なげ》きは
山《やま》も川《かは》も草《くさ》木《き》も一《いち》度《ど》に声《こゑ》あげて
傾《かたむ》く国《くに》をなげくがに見《み》ゆ
見《み》るものも聞《き》くものもみな涙《なみだ》なり
われいかにしてこの世《よ》を活《い》かさむ

力《ちから》とたのみし右《う》守《もり》のナーリスは
遠《とほ》くサールにかへされて居《を》り

せめて今《いま》ナーリス右《う》守《もり》のあるなれば
かほど心《こころ》を砕《くだ》かざるべし

語《かた》らはむ友《とも》さへもなき今《け》日《ふ》の日《ひ》を
われは淋《さび》しく泣《な》くばかりなり

三《さん》千《ぜん》の兵《つは》士《もの》あれど王《きみ》のなき
イドムの国《くに》は統《とう》制《せい》とれずも

彼《あ》方《ち》此《こ》方《ち》に軍人《いくさびと》等《ら》の集《あつ》まりて
よからぬ事《こと》を企図《たくら》めりと聞《き》く

軍人《いくさびと》一《ひと》つになりて攻《せ》め来《き》なば

イドムの城《しろ》はたちまち滅《ほろ》びむ

いかにしてこの世《よ》の乱《みだ》れを断《た》たむかと
　思《おも》へば心《こころ》は闇《やみ》につつまる

今《いま》となりてアヅミ　ムラジを退《しりぞ》けし
　エールス王《わう》の仕《し》業《わざ》を惜《を》しむ

勢《いきほ》ひの強《つよ》きにまかせエールス王《わう》は
　イドムの城《しろ》を奪《うば》ひとりける

われもまたエールス王《わう》に従《したが》ひて
　軍《いくさ》進《すす》めし罪《つみ》人《びと》なるよ

この城《しろ》に朝《あさ》夕《ゆふ》仕《つか》ふる司《つかさ》等《ら》の
　心《こころ》は千《ち》々《ぢ》に乱《みだ》れ居《ゐ》るらし

どこまでも御国《みくに》のためにつくさむと
　思《おも》ふ真人《まびと》のなきは淋《さび》しき

かりごもの乱《みだ》れたる世《よ》を治《をさ》めむと
　思《おも》ふも詮《せん》なし力《ちから》なき吾《われ》に

三千《さんぜん》の軍人等《いくさびとら》はまちまちに
　事計《ことはか》りつつ従《したが》ひ来《き》たらず

今《いま》の間《ま》にイドムの城《しろ》を遁《のが》れ出《い》で
　元津御国《もとつみくに》にかへらまほしけれ』

イドム城内《じやうない》は、エールス王始《わうはじ》めサックス姫《ひめ》ならびにチクターその他重臣等《たぢうしんら》の一時《いちじ》に帰幽《きいう》せしより、あたかも火《ひ》の消《き》えたるごとく寂然《せきぜん》として声《こゑ》なく、軍師《ぐんし》エーマン一人《ひとり》生《い》き残《のこ》りて国《くに》の再興《さいこう》を計《はか》らむと昼夜心魂《ちうやしんこん》を砕《くだ》き居《ゐ》たりける。

話変《はなしかは》りて国津神《くにつかみ》の諸々《もろもろ》は、エールス王《わう》の暴政《ばうせい》に苦《くる》しみ、怨嗟《あんさ》の声《こゑ》は国内《こくない》に充《み》ち満《み》ちたりけるが、王以下《わういか》の帰幽《きいう》を知《し》るや、町々村々《まちまちむらむら》より愛国《あいこく》の志士《しし》奮起《ふんき》し、到《いた》る処《ところ》に維新《ゐしん》の声潮《こゑうしほ》の寄《よ》するごとく湧《わ》き立《た》ちにける。中《なか》にも愛国派《あいこくは》の大頭目《だいとうもく》マークとラートの両雄《りやうゆう》は、時《とき》こそ到《いた》れりと、都鄙《とひ》到《いた》る処《ところ》に立《た》ち現《あら》はれ、馬上《ばじやう》より国津神《くにつかみ》の奮起《ふんき》を大声疾呼《たいせいしつこ》しつつ促《うなが》しにける。群衆《ぐんしう》は法螺貝《ほらがひ》を吹《ふ》き、磬盤《けいばん》を打《う》ち、太鼓《たいこ》を鳴《な》らし、到《いた》る処《ところ》に示威運動起《じゐうんどうおこ》り、山岳《さんがく》も為《ため》に崩《くづ》るるばかり騒《さわ》がしき光景《くわうけい》を現出《げんしゆつ》したりける。マークはイドム城外《じやうぐわい》の広場《ひろば》に群衆《ぐんしう》を集《あつ》めて、馬上《ばじやう》に突《つ》つ立《た》ちながら、声高々《こゑたかだか》と維新《ゐしん》の歌《うた》を歌《うた》ふ。

『イドムの国《くに》の国人《くにびと》よ
奮《ふる》ひ立《た》つべき秋《とき》は来《き》ぬ
天地《てんち》は暗《くら》く日月《じつげつ》の
光《ひかり》は地中《ちちう》に没《ぼつ》したり

アヅミ　ムラジの王《こきし》をば
奪《うば》はれながら敵《てき》王《わう》に
従《したが》ひ来《き》たりし天《てん》罰《ばつ》は
報《むく》い来《き》たりてわれわれは
塗《と》炭《たん》の苦《くる》しみ味《あぢ》はへり
かくなる上《うへ》は吾《われ》々《われ》は
飢《う》ゑて死《し》するの外《ほか》はなし
わが国《くに》民《たみ》よ兄弟《きやうだい》よ
イドムの国《くに》は汝等《なんぢら》が
祖《そ》先《せん》の神《かみ》より受《う》け継《つ》ぎし
生《いの》命《ち》を助《たす》くる楽《らく》土《ど》ぞや

この美《うるは》しきよき国《くに》を
サールの国《くに》のエールスに
奪《うば》はれ吾《われ》等《ら》は日《ひ》に夜《よる》に
妻《つま》子《こ》を奪《うば》はれ家《いへ》倉《くら》を
焼《や》かれて苦《くる》しみ居《ゐ》たりけり
奮《ふる》ひ起《た》て起《た》て今《いま》や秋《とき》
祖《そ》国《こく》を守《まも》り永《えい》遠《ゑん》の
国《くに》の平《へい》和《わ》を図《はか》れかし
われ等《ら》はこれより王《わう》城《じやう》に
轡《くつわ》並《なら》べて進《すす》むべし
汝《なれ》等《ら》ためらふことなかれ

イドムの国《くに》を永《とこ》遠《とは》に
守《まも》るは汝《なれ》等《ら》がためなるぞ
進《すす》めよ進《すす》めよ　いざ進《すす》め
国《くに》の平《へい》和《わ》の来《き》たるまで
悪《あく》魔《ま》のあとの絶《た》ゆるまで』

ラートは歌《うた》ふ。

『あゝ国《くに》人《びと》よ国《くに》人《びと》よ
われ等《ら》が起《た》たむ秋《とき》は来《き》ぬ
汝《なれ》が生《いの》命《ち》を永《とこ》遠《しへ》に
託《たく》して楽《たの》しむわが国《くに》は
サールの国《くに》に奪《うば》はれて

悲《かな》しき憂《う》き目《め》をみたりけり
天《てん》は必《かなら》ず暴虐《ぼうぎゃく》に
くみし給《たま》はず無道《ぶだう》なる
エールス王《わう》の生命《いのち》とり
つづいてサックス　チクターや
その他《た》の曲津《まが》を滅《ほろ》ぼして
禊《みそぎ》を始《はじ》め給《たま》ひけり
汝等《なれら》国民《くにたみ》諸々《もろもろ》よ
日頃《ひごろ》の恨《うら》み晴《は》らすべき
秋《とき》は来《き》たれり国民《くにたみ》の
生命《いのち》を守《まも》り永遠《とこしへ》の

平《へい》和《わ》を来《き》たす秋《とき》は今《いま》
勇《いさ》めよ勇《いさ》めよ奮《ふる》ひ立《た》て
われは神《かみ》の子《こ》神《かみ》の宮《みや》
進《すす》む勇《ゆう》気《き》のあるならば
決《けつ》して戦《いくさ》に負《ま》けはせじ
軍《ぐん》師《し》のエーマン只《ただ》一人《ひとり》
イドムの城《しろ》に頑張《ぐわんば》りて
われ等《ら》国《くに》民《たみ》を
苦《くる》しめ悩《なや》めむ　謀《はかりごと》
企《たく》図《ら》み居《ゐ》るを知《し》らざるか
今《いま》この秋《とき》ぞ　この秋《とき》ぞ

9 維新の叫び

エーマン軍師《ぐんし》を滅《ほろ》ぼして
国《くに》の光《ひかり》を輝《かがや》かし
元《もと》の昔《むかし》の天《てん》国《ごく》に
かへすは汝《なれ》等《ら》が責《せき》任《にん》ぞ
あゝ惟神《かむながら》惟神《かむながら》
正《せい》義《ぎ》に刃《は》向《むか》ふ刃《やいば》なし
われ等《ら》は神《かみ》の守《まも》りあり
汝《なれ》等《ら》も神《かみ》の子《こ》神《かみ》の宮《みや》
決《けっ》してためらふことなかれ
進《すす》めよ進《すす》めよ いざ進《すす》め
国《くに》の平《へい》和《わ》を来《き》たすまで

維《ゐ》新《しん》の大《たい》望《まう》遂《と》ぐるまで
悪魔《あくま》のエーマン滅《ほろ》ぶまで
この大《たい》敵《てき》の滅《ほろ》ぶまで
ひるまずたゆまず進《すす》めかし
マークラートは先頭《せんとう》に
立《た》ちてすくすく進《すす》むべし
従《したが》ひ来《き》たれ国民《くにたみ》よ
汝等《なれら》が生命《いのち》を守《まも》るべく
汝等《なれら》が仇《あだ》を酬《むく》ゆべく
イドムの城《しろ》に攻《せ》め寄《よ》せよ』

かくて群衆《ぐんしう》は大挙《たいきよ》して、イドム城《じやう》に一斉《いつせい》に攻《せ》め寄《よ》せければ、軍師《ぐんし》のエーマンは、この光《くわう》景《けい》を見《み》るより驚《おどろ》きあわてふためきて、高殿《たかどの》より身《み》を躍《をど》らせ、水乃川《みなのがは》の激流《げきりう》に飛《と》び込《こ》み、あと白浪《しらなみ》と消《き》えにける。

国《くに》民《たみ》を虐《しひた》げ驕《おご》りしエールスの
　一《いち》族《ぞく》ことごと鬼《おに》となりけり
チクターは女《ぢよ》王《わう》に悪《あく》事《じ》を勧《すす》めつつ
　神《かみ》の怒《いか》りに滅《ほろ》ぼされける
アヅミ王《わう》を追《お》ひ退《しりぞ》けし後《あと》釜《がま》に
　据《すわ》りしエールス夢《ゆめ》なりにけり
エールスの栄《えい》華《ぐわ》もわづか一《ひと》年《とせ》の
　夢《ゆめ》なりにけり浅《あさ》ましの世《よ》や
国《くに》民《たみ》はここぞとばかり奮《ふる》ひ立《た》ち

イドムの城《しろ》に攻《せ》め寄《よ》せにけり。

(昭和九・八・五　旧六・二五　於伊豆別院　内崎照代謹録)

○

いたづきをこらへしのびて寒《かん》国《こく》の
旅《たび》に立《た》つなり国《くに》を思《おも》ひて

一《いち》日《にち》の猶《いう》予《よ》もならじわが国《くに》の
現状《げんじやう》見《み》つつ安《やす》んずべきやは

(昭和九・一二・五)

第一〇章　復《ふく》古《こ》運《うん》動《どう》（二〇三七）

マークとラートの引率《いんそつ》せる軍人《ぐんじん》交《ま》じりの群衆《ぐんしう》は、あたかも無人《むじん》の境《きやう》を行《ゆ》くごとく、イドム城《じやう》を只一戦《ただいつせん》を交《まじ》へずして取返《とりかへ》し、軍師《ぐんし》エーマンは周章狼狽《しうしやうらうばい》の結果《けつくわ》、激流《げきりう》に飛《と》び込《こ》み消《き》え失《う》せければ、風塵《ふうぢん》全《まつた》く治《をさ》まりて更生《かうせい》の気分天地《きぶんてんち》に漂《ただよ》ひにける。この群衆《ぐんしう》の中《なか》には、アヅミ王《わう》の右守《うもり》と仕《つか》へたるターマン司《つかさ》変装《へんさう》して忍《しの》び居《ゐ》たりしが、この光景《くわうけい》を見《み》て大《おほ》いに喜《よろこ》び、ラート、マークの側近《そばちか》く進《すす》みより、堅《かた》く握手《あくしゆ》を交《かは》し感謝《かんしや》の涙《なみだ》に暮《く》れ居《ゐ》たり。

ターマンはマーク、ラートに向《むか》つて歌《うた》ふ。

『吾《わ》が王《きみ》の失《うしな》ひ給《たま》ひし食国《をすくに》を
生《い》かし給《たま》ひし君《きみ》は神《かみ》なり

吾《わ》が王《きみ》は月《つき》光《みつ》山《やま》に籠《こも》らひて
　朝《あさ》な夕《ゆふ》なに祈《いの》り給《たま》ひし

主《ス》の神《かみ》の御《み》霊《たま》懸《かか》りて二柱《ふたはしら》の
　君《きみ》に力《ちから》を添《そ》へ給《たま》ひけむ

かくならばイドムの国《くに》はアヅミ王《わう》の
　ふたたび治《ち》下《か》に蘇《よみがへ》るらむ

汝《な》が功《いさを》つぶさに王《きみ》に伝《つた》ふべし
　必《かなら》ず嘉《よみ》し給《たま》ふなるらむ

吾《われ》こそはイドムの城《じやう》下《か》に潜《ひそ》みつつ
　今《け》日《ふ》の吉《よき》日《ひ》を待《ま》ち居《ゐ》たりけり

王《きみ》を思《おも》ひ国《くに》を思《おも》ひて真《ま》心《ごころ》を

尽《つく》し給《たま》ひし尊《たふと》き汝《なれ》かも』

マークは歌《うた》ふ。

『有《あり》難《がた》し力《ちから》なき身《み》も主《ス》の神《かみ》の
恵《めぐ》みに吾《われ》は成《な》り遂《と》げしはや
王《きみ》のため御《み》国《くに》のために尽《つく》したる
吾《われ》は報《むく》酬《い》を望《のぞ》まざるべし
国《くに》民《たみ》を虐《しひた》げ荒《すさ》びしエールス王《わう》
滅《ほろ》びたるこそ天《てん》意《い》なるべし
備《そな》へなきイドムの城《しろ》に攻《せ》め寄《よ》せし
吾《われ》には何《なん》の力《ちから》だもなし
天《てん》の時《とき》と地《ち》の利《り》と人《ひと》の和《わ》によりて

維新《ゐしん》の端緒《たんしよ》は開《ひら》けたるかな
国民《くにたみ》を虐《しひた》げながら血《ち》をしぼり
驕《おご》りし曲津《まが》は滅《ほろ》び失《う》せたり
今日《けふ》よりはアヅミの王《きみ》を迎《むか》へ来《き》て
民《たみ》の心《こころ》を安《やす》めむと思《おも》ふ』

ターマンは歌《うた》ふ。

『有難《ありがた》しマーク司《つかさ》の言《こと》の葉《は》を
わが王《きみ》許《がり》に早《はや》く伝《つた》へむ
吾《わ》が王《きみ》は汝《なれ》が心《こころ》を聞《きこ》し召《め》し
喜《よろこ》び給《たま》はむ思《おも》へば嬉《うれ》しき』

マークは歌《うた》ふ。

『吾《われ》もまた傾《かたむ》く国《くに》を正《ただ》さむと
　年《とし》月《つき》心《こころ》を砕《くだ》き居《ゐ》たりき

天《てん》の時《とき》到《いた》りて漸《やうや》く吾《わ》が思《おも》ひ
　晴《は》れたる今《け》日《ふ》の心《ここ》地《ち》よさかな

力《ちから》なき吾《われ》なりながら真《ま》心《ごころ》の
　弓《ゆ》弦《づる》は容《よう》易《い》にきれざりにけり

弓《ゆみ》弦《づる》を放《はな》れし征《そ》矢《や》はどこまでも
　通《とほ》さでおかぬ大《ます》丈《ら》夫《を》のむね

イドム城《じやう》包《つつ》みし黒《くろ》雲《くも》晴《は》れ行《ゆ》きて
　虫《むし》の啼《な》く音《ね》も冴《さ》え渡《わた》りけり

大《おほ》空《ぞら》を包《つつ》みし雲《くも》も晴《は》れ行《ゆ》きて

御《み》空《そら》の月《つき》は輝《かがや》き初《そ》めたり

年《とし》月《つき》を重《かさ》ねて維《ゐ》新《しん》の端《いと》緒《ぐち》は
開《ひら》け初《そ》めたり今日《けふ》の吉日《よきひ》に

朝夕《あさゆふ》に神《かみ》を祈《いの》りし甲斐《かひ》ありて
今日《けふ》新《あたら》しき月《つき》を見《み》るかな

この上《うへ》は何《なに》をか望《のぞ》まむ吾《わ》が王《きみ》の
心《こころ》のままに従《したが》はむのみ

露《つゆ》ほども汚《きたな》き心持《こころも》たぬ吾《われ》
司《つかさ》の位《くらゐ》なぞは望《のぞ》まじ

月日《つきひ》照《て》るイドムの国《くに》の更生《かうせい》を
見《み》れば望《のぞ》みのあらぬ吾《われ》なり

国《くに》民《たみ》の歓呼《くわんこ》の声《こゑ》は山嶽《さんがく》も
　動《ゆる》ぐばかりに轟《とどろ》き渡《わた》るも
国《くに》民《たみ》は甦《よみがへ》りたる心地《ここち》して
　アヅミの王《きみ》を歓《ゑら》ぎ迎《むか》へむ
目《め》付《つけ》役《やく》の目《め》を忍《しの》びつつ年《とし》月《つき》を
　維《ゐ》新《しん》の為《ため》に計《はか》画《ら》ひ来《こ》しはや
かくのごと めでたき月日《つきひ》に逢《あ》はむとは
　思《おも》はざりけり一《ひと》年《とせ》の間《ま》に
一《ひと》年《とせ》の短《みじか》き月《つき》日《ひ》汚《けが》したる
　エールス王《わう》は夢《ゆめ》と消《き》えたり』

ターマンは再《ふたた》び歌《うた》ふ。

『国《くに》民《たみ》の誠心《まことごころ》の集《あつ》まりて
　イドムの国《くに》の雲《くも》は晴《は》れたり
吾《われ》もまた死《し》生《せい》の巷《ちまた》に彷徨《さまよ》ひて
　今《け》日《ふ》の吉《よき》日《ひ》を待《ま》ち居《ゐ》たりけり
雄《を》々《を》しかるマークの君《きみ》を始《はじ》めとし
　ラートの君《きみ》に感《ゐや》謝《ひ》せむとす
月《つき》光《みつ》の山《やま》に籠《こも》りて吾《わ》が王《きみ》は
　嘆《なげ》きの月《つき》日《ひ》送《おく》り給《たま》ひつ
有《あり》難《がた》き御《み》代《よ》となりけり主《ス》の神《かみ》の
　厳《いづ》の恵《めぐ》みはいやちこにして
今《け》日《ふ》よりは主《ス》の大《おほ》神《かみ》を斎《いつ》かひて

国《くに》の栄《さか》えを祈《いの》り奉《まつ》らむ
例《ためし》なきこの喜《よろこ》びに逢《あ》ひけるも
神《かみ》の御《み》稜《い》威《づ》と汝《なれ》等《ら》が働《はたら》き
国《くに》民《たみ》の誠心《まことごころ》を代《だい》表《へう》し
立《た》たせ給《たま》へる君《きみ》の尊《たふと》さ』

マークは歌《うた》ふ。

『ターマンの右《う》守《もり》の君《きみ》の御《おん》言《こと》葉《ば》
聞《き》くにつけても涙《なみだ》ぐまるる
吾《わ》が王《きみ》の御《み》代《よ》安《やす》かれと村《むら》肝《きも》の
心尽《こころつく》せし甲《か》斐《ひ》ありにけり
幾《いく》度《たび》も醜《しこ》の目《め》付《つけ》に捕《とら》へられ

暗《くら》き牢《ひと》獄《や》に投《な》げ込《こ》まれける

食物《しょくもつ》もろくに与《あた》へず苦《くる》しめし
　目《め》付《つけ》の心《こころ》は曲《まが》鬼《おに》なりけり

牢《らう》獄《ごく》に投《な》げ入《い》れられて打《う》たれつつ
　無《む》情《じやう》に泣《な》きし日《ひ》もありにけり

七《なな》度《たび》も八《や》度《たび》も牢《ひと》獄《や》にとぢられて
　世《よ》の行《ゆ》く末《すゑ》を嘆《なげ》かひしはや

主《ス》の神《かみ》の恵《めぐ》みによりて漸《やうや》くに
　今《け》日《ふ》の吉《よき》日《ひ》に逢《あ》ひにけるかな

過《す》ぎし日《ひ》の事《こと》を思《おも》へば自《おの》づから
　悲《ひ》憤《ふん》の涙《なみだ》頬《ほほ》に伝《つた》はる

一日《いちにち》も安《やす》けき日《ひ》とては無《な》かりけり
　目《め》付《つけ》の司《つかさ》に睨《ねら》はれにつつ
世《よ》の人《ひと》にブラックリストとけなされて
　悲《ひ》憤《ふん》の涙《なみだ》に幾《いく》日《ひ》嘆《なげ》きぬ』

ターマンは憮然《ぶぜん》として歌《うた》ふ。

『雄《を》々《を》しもよマークの君《きみ》の物語《ものがたり》
　聞《き》くも悲《ひ》憤《ふん》の涙《なみだ》こぼるる
身《み》を捨《す》てて王《きみ》と国《くに》とに尽《つく》したる
　雄《を》々《を》しきマークの心《こころ》に泣《な》くも
種《くさ》々《ぐさ》の悩《なや》みに堪《た》へて今《いま》ここに
　維《ゐ》新《しん》の望《のぞ》みを遂《と》げし君《きみ》かも』

ラートは歌《うた》ふ。

『吾《われ》もまた縄目《なはめ》の恥《はぢ》を幾度《いくたび》か
受《う》けて御国《みくに》に尽《つ》くし来《き》にけり
父《ちち》母《はは》の生命《いのち》は取《と》られ妻《つま》や子《こ》の
行方《ゆくへ》は知《し》れず悩《なや》みたりけり
王《きみ》のため国《くに》の御《おん》ため父母《ふぼ》のため
妻《つま》子《こ》のために励《はげ》まされけり
わが妻《つま》はいづらなるらむ吾《わ》が御子《みこ》は
如何《いかが》なりしと思《おも》へば悲《かな》しき
父《ちち》母《はは》や妻《つま》子《こ》を忘《わす》れて今日《けふ》までは
御《み》国《くに》のために働《はたら》きにけり』

ターマンは歌《うた》ふ。

『吾《われ》は今《いま》ラート司《つかさ》の物語《ものがたり》
聞《き》きて悲《かな》しくなりにけるかな
吾《わ》が王《きみ》も汝《なれ》に劣《おと》らぬ苦《くる》しみと
艱《なや》みを忍《しの》ばせ過《す》ぎ給《たま》ひける
王《きみ》民《たみ》は一《ひと》つ心《こころ》に苦《くる》しみて
維《ゐ》新《しん》の大《たい》業《げふ》成《な》り遂《と》げにける
かくなれば一《ひと》日《ひ》も早《はや》く吾《わ》が王《きみ》に
この瑞《ずい》祥《しやう》を知《し》らせ奉《まつ》らむ
武《もの》士《のふ》よラートの君《きみ》よこの城《しろ》に
待《ま》たせ給《たま》はれ吾《わ》が王《きみ》来《き》ますまで

吾《われ》は今《いま》マーク司《つかさ》を伴《ともな》ひて
月《つき》光《みつ》山《やま》に急《いそ》ぎ帰《かへ》らむ』

ラートは歌《うた》ふ。

『ターマンの右《う》守《もり》司《つかさ》の御《おん》言《こと》葉《ば》
諾《うべな》ひ吾《われ》は城《しろ》を守《まも》らむ』

ターマンは歌《うた》ふ。

『いざさらばマークの司《つかさ》ともろともに
急《いそ》ぎ帰《かへ》らむ月《つき》光《みつ》の山《やま》に』

ここに右守《うもり》のターマンはマークの勇士《ゆうし》と共《とも》に栗毛《くりげ》の馬《こま》に跨《また》がりつ、群衆《ぐんしう》が歓呼《くわんこ》の声《こゑ》に送《おく》られて蹄《ひづめ》の音《おと》も勇《いさ》ましく、百里《ひやくり》を隔《へだ》つる月光山《つきみつやま》へと急《いそ》ぎける。

ターマンは馬上《ばじやう》ゆたかに歌《うた》ふ。

『あゝ勇《いさ》ましや勇《いさ》ましや
主《ス》の大《おほ》神《かみ》の御《み》恵《めぐ》みに
イドムの城《しろ》を包《つつ》みたる
醜《しこ》の黒《くろ》雲《くも》晴《は》れにけり
イドムの城《しろ》は昔《むかし》より
アヅミの王《きみ》の領《うし》有《は》げる
伊《い》佐《さ》子《ご》の島《しま》の真《ま》秀《ほ》良《ら》場《ば》よ
至《し》治《ち》太《たい》平《へい》の夢《ゆめ》に酔《よ》ひ
軍《いくさ》の備《そな》へを等《なほ》閑《ざり》に
なしたる隙《すき》を窺《うかが》ひて
悪《あく》逆《ぎやく》無《ぶ》道《だう》のサール国《こく》

エールス王《わう》の軍《ぐん》隊《たい》に
取《と》り囲《かこ》まれて果《はか》なくも
王《きみ》の古《こ》城《じやう》は落《おと》されぬ
アヅミの王《きみ》を始《はじ》めとし
右《う》守《もり》左《さ》守《もり》や軍《ぐん》師《し》等《ら》は
討《う》ち洩《も》らされし郎《らう》党《たう》を
かり集《あつ》めつつ野《の》路《ぢ》を越《こ》え
山《やま》川《かは》渉《わた》り月《つき》光《みつ》の
峻《さか》しき山《やま》に身《み》を潜《ひそ》め
天《てん》地《ち》の神《かみ》の宮《みや》を建《た》て
禊《みそぎ》の業《わざ》を修《をさ》めつつ

10　復古運動

時《とき》の到《いた》るを待《ま》ちにけり
あゝ惟神《かむながら》惟神《かむながら》
神《かみ》の御《み》稜《い》威《づ》の現《あら》はれて
矢《や》叫《さけ》びの声《こゑ》関《とき》の声《こゑ》
うら吹《ふ》く風《かぜ》となりにけり
あゝ有《あり》難《がた》や楽《たの》もしや
国《くに》民《たみ》未《いま》だ吾《わ》が王《きみ》を
捨《す》てずに国《くに》を守《まも》れるか
マークラートの両雄《りやうゆう》は
心《こころ》を筑《つく》紫《し》の甲《か》斐《ひ》ありて
たちまちイドムの天《あめ》地《つち》は

醜《しこ》の黒《くろ》雲《くも》払《はら》はれぬ
月《つき》日《ひ》は清《きよ》く水《みづ》清《きよ》く
山《やま》野《の》は爽《さや》かに青《あを》みつつ
諸《もも》の果《くだ》物《もの》よく実《みの》る
イドムの国《くに》の楽《らく》園《ゑん》に
再《ふたた》び王《きみ》を迎《むか》へつつ
千《ち》代《よ》を楽《たの》しむ今《け》日《ふ》こそは
神《かみ》代《よ》も聞《き》かぬ喜《よろこ》びぞ
あゝ惟神《かむながら》惟神《かむながら》
神《かみ》の恵《めぐ》みの尊《たふと》さよ
吾《われ》もこれより肝《きも》向《むか》ふ

心《こころ》を改《あらた》め研《と》ぎ澄《す》まし
主《ス》の大《おほ》神《かみ》を朝《あさ》夕《ゆふ》に
敬《うやま》ひ奉《まつ》り願《ね》ぎ奉《まつ》り
イドムの国《くに》の隆《りう》盛《せい》と
吾《わ》が国《くに》民《たみ》の幸《かう》楽《らく》を
真《ま》心《ごころ》籠《こ》めて計《はか》るべし
馳《は》せ行《ゆ》く道《みち》は遠《とほ》けれど
千《せん》里《り》の駒《こま》の脚《あし》速《はや》く
吹《ふ》き来《く》る風《かぜ》に鬣《たてがみ》を
靡《なび》かせながら進《すす》み行《ゆ》く
駒《こま》は地《ち》上《じやう》の竜《りう》なれや

道《みち》の隈手《くまで》も恙《つつが》なく
難所《なんしょ》も厭《いと》はず走《はし》り行《ゆ》く
あゝ惟神《かむながら》惟神《かむながら》
道《みち》の行《ゆ》く手《て》に幸《さち》あれや
吾《わ》が言《こと》霊《たま》に光《ひかり》あれ』

マークは馬上《ばじやう》ゆたかに歌《うた》ふ。

『ターマン右《う》守《もり》に従《したが》ひて
月《つき》光《みつ》山《やま》におはします
アヅミの王《きみ》に国《くに》の状態《さま》
詳細《つぶさ》に語《かた》ると進《すす》み行《ゆ》く
今《け》日《ふ》の旅《たび》立《だ》ち楽《たの》しけれ

10　復古運動

駒《こま》の嘶《いなな》き蹄《ひづめ》の音《おと》も
実《げ》に勇《いさ》ましく響《ひび》くなり
秋《あき》の山《やま》々《やま》紅葉《もみぢ》して
錦機《にしきはた》織《お》る佐《さ》保《ほ》姫《ひめ》の
袖《そで》の香《か》こそは床《ゆか》しけれ
右《みぎ》と左《ひだり》の山峡《やまかひ》に
妻《つま》恋《こ》ふ鹿《しか》の声《こゑ》冴《さ》えて
谷間《たにま》を照《て》らす月光《つきかげ》は
鏡《かがみ》のごとく冴《さ》え渡《わた》る
下道《したみち》進《すす》む吾《われ》こそは
華胥《くわしよ》の御国《みくに》に行《ゆ》く心地《ここち》

勇《いさ》ましかりける次第《しだい》なり
あゝ惟神《かむながら》惟神《かむながら》
神《かみ》の御稜威《みいづ》の幸《さちは》ひて
暴虐《ぼうぎやく》無《ぶ》道《だう》を極《きは》めたる
エールス王《わう》は滅《ほろ》びたり
サックス姫《ひめ》は殺《ころ》されぬ
左守《さもり》のチクター始《はじ》めとし
強《つよ》き騎士《ナイト》はことごとく
人魚《にんぎよ》の司《つかさ》の計略《けいりやく》に
水泡《みなわ》となりたる浅《あさ》ましさ
軍師《ぐんし》エーマン只《ただ》一人《ひとり》

あとに残《のこ》りてその後《あと》を
継《つ》がむと謀《たく》める折《をり》もあれ
時《とき》こそよしと吾《われ》々《われ》は
イドムの城《しろ》の郊外《かうぐわい》に
憂《いう》国《こく》悲《ひ》憤《ふん》の同《どう》志《し》等《ら》を
呼《よ》び集《あつ》めつつ高《たか》らかに
維《ゐ》新《しん》の壮《さう》挙《きよ》を宣《の》りつれば
群《ぐん》衆《しう》一《いち》度《ど》に賛《さん》同《どう》し
醜《しこ》の潜《ひそ》める城内《じやうない》に
雲《くも》を霞《かすみ》と押《お》し寄《よ》せぬ
軍《ぐん》師《し》エーマン驚《おどろ》きて

たちまち水《みな》乃《の》の激《げき》流《りう》に
飛《と》び込《こ》み生《いの》命《ち》を失《う》せにけり
あゝ惟神《かむながら》惟神《かむながら》
城《しろ》の内《うち》には敵将《てきしやう》の
影《かげ》は全《まつた》く消《き》え失《う》せて
無《む》人《じん》の原《はら》を行《ゆ》くごとし
これも全《まつた》く主《ス》の神《かみ》の
公《こう》平《へい》無《む》私《し》なる御《おん》裁《さば》き
謹《つつし》み感《かん》謝《しや》し奉《たてまつ》る
かくなる上《うへ》は一《ひと》日《ひ》だも
早《はや》くアヅミの吾《わ》が王《きみ》を

迎《むか》へ奉《まつ》りて新《あたら》しく
御《み》代《よ》を建《た》てさせ給《たま》ふべく
乞《こ》ひのみ奉《まつ》る国《くに》民《たみ》の
赤《あか》き心《こころ》をまつぶさに
申《まを》し伝《つた》へよ右《う》守《もり》神《がみ》
あゝ惟神《かむながら》惟神《かむながら》
今《け》日《ふ》の喜《よろこ》び限《かぎ》りなし
吹《ふ》き来《く》る風《かぜ》も爽《さは》やかに
天《てん》地《ち》更《かう》生《せい》の響《ひび》きあり
月《つき》光《みつ》山《やま》は峻《さか》しとも
谷《たに》の流《なが》れは深《ふか》くとも

何《なに》かひるまむ大丈夫《ますらを》の
弥《や》猛心《たけごころ》に突進《とっしん》し
王《きみ》の御前《みまへ》に復命《かへりごと》
申《まを》さむ時《とき》こそ楽《たの》しけれ
あゝ惟神《かむながら》惟神《かむながら》
御霊《みたま》幸倍坐世《さちはへましませ》』

（昭和九・八・五　旧六・二五　於伊豆別院　森良仁謹録）

○

陸奥《みちのく》の雪《ゆき》の大野《おほの》に立《た》ちながら
満洲《まんしう》派遣《はけん》の宣伝使《せんでんし》を思《おも》ふ

年《とし》の瀬《せ》も早近《はやちか》づきてみちのくの
大野《おほの》をわたる風《かぜ》は激《はげ》しも

夜《よ》もすがら御代《みよ》を思《おも》ひて眠《ねむ》られず
我《わ》がたましひは遠近《をちこち》にとぶ

（昭和九・一二・五）

右左《みぎひだり》雪《ゆき》の襖《ふすま》に閉《と》ぢられて
　御国《みくに》生《い》かすと旅《たび》を続《つづ》くる

教子《をしへご》の文《ふみ》見《み》る度《たび》に涙《なみだ》しぬ
　吾《わ》がみちのくの旅《たび》の夕《ゆふ》べを

非常時《ひじやうじ》の御国《みくに》の状《さま》をながむれば
　心《こころ》の駒《こま》の足掻《あが》き止《や》まずも

（昭和九・一二・五）

第三篇　木《き》田《た》山《やま》城《じやう》

第一一章　五月闇《さつきやみ》（二〇三八）

サールの国王《こくわう》エールスが、イドムの国《くに》を占領《せんりやう》せむとして大兵《たいへい》を募《つの》り、イドム城《じやう》を疾風迅雷的《しつぷうじんらいてき》に攻《せ》め寄《よ》せ、一挙《いつきよ》にして王城《わうじやう》を占領《せんりやう》し、アヅミ王《わう》を始《はじ》めムラジ妃《ひ》および左守《さもり》、右守《うもり》、軍師《ぐんし》も共《とも》に月光山《つきみつやま》に逃走《たうそう》せしめ、あまたの敵軍《てきぐん》を捕虜《ほりよ》としてサールの国《くに》の牢獄《らうごく》に繋《つな》ぐべく、騎士《ナイト》をして護送《ごそう》せしめた。

サールの国《くに》には大栄山《おほさかやま》より流《なが》れ落《お》つる木田川《きたがは》と言《い》ふ薄濁《うすにご》つた流《なが》れがある。ここには橋梁《けうりやう》もなければ船《ふね》もないので、いづれも水馬《すいば》の術《じゆつ》を以《もつ》て渡《わた》ることとなし、木田川《きたがは》をへだて、東《ひがし》の丘陵《きうりやう》木田山《きたやま》にエールスは城壁《じやうへき》を構《かま》へ、要害堅固《えうがいけんご》の陣地《ぢんち》とたのんでゐる。

エールス王《わう》の太子《たいし》エームスは木田山城《きたやまじやう》の留守《るす》師団長《しだんちやう》として守《まも》つてゐたが、あまたの敵軍《てきぐん》の捕虜《ほりよ》の送《おく》られて来《く》るのを見《み》むと、城内《じやうない》の広場《ひろば》に夕月《ゆふづき》、朝月《あさづき》の侍臣《じしん》を従《したが》へ、その状《さま》を愉快《ゆくわい》げに眺《なが》めて居《ゐ》たるが、その中《なか》に気品《きひん》優《すぐ》れて高《たか》く、面貌麗《めんばううるは》しき三人連《さんにんづ》れの美人《びじん》を認《みと》め、独《ひと》り身《み》のエームスはたとへ敵国《てきこく》の女性《ぢよせい》にもせよ、何《なん》とかして吾《わ》が妻《つま》に為《な》さむものと、それより吾《わ》が館《やかた》に帰《かへ》り、たちまち恋慕《れんぼ》の鬼《おに》に捉《とら》はれ、夜《よる》も昼《ひる》も煩悶苦悩《はんもんくなう》の溜《た》め息《いき》ばかり続《つづ》け居《ゐ》たりける。

この三人《さんにん》の美女《びぢよ》は言《い》ふまでもなく、アヅミ王《わう》の娘《むすめ》チンリウ姫《ひめ》にして、やや年老《としお》いたるのは侍女《じぢよ》のアララギおよびチンリウ姫《ひめ》の乳兄弟《ちきやうだい》なる乳母《うば》の娘《むすめ》センリウの三人《さんにん》なりける。

朝月《あさづき》、夕月《ゆふづき》はエームスの日夜《にちや》の様子《やうす》只《ただ》ならざるに心《こころ》をいため、いかにもして爽快《さうくわい》なる太子《たいし》の笑顔《ゑがほ》を見《み》むものと、あらゆる手段《しゆだん》をつくし、声美《こゑうるは》しき小鳥《ことり》を集《あつ》めあるいは虫《むし》を啼《な》かせ、種々《しゆじゆ》の禾本類《くわほんるい》を太子《たいし》の眼近《めぢか》き所《ところ》に陳列《ちんれつ》し、その上歌《うへうた》を歌《うた》ひあるいは踊《をど》り舞《ま》ひ、種々《いろいろ》と心力《しんりよく》をつくせども、太子《たいし》の身体《しんたい》は日夜《にちや》に憔悴《せうすい》するばかりなりければ、ある日《ひ》朝月《あさづき》、夕月《ゆふづき》は太子《たいし》に花《はな》ケ丘《をか》の清遊《せいいう》を勧《すす》めむと、側近《そばちか》く参入《さんにふ》して歌《うた》もて勧《すす》めける。

朝月《あさづき》は歌《うた》ふ。

『朝《あさ》月《づき》の光《かげ》はおぼろに白《しら》けつつ
　花《はな》の蕾《つぼみ》に露《つゆ》を宿《やど》せり
花《はな》ヶ《が》丘《をか》の百《もも》花《ばな》千《ち》花《ばな》ことごとく
　若《き》王《み》が情《なさ》けの露《つゆ》に濡《ぬ》れつつ
若《わか》王《ぎみ》の心《こころ》の蕾《つぼみ》開《ひら》かむと
　涙《なみだ》の露《つゆ》を降《ふ》らす朝《あさ》月《づき》』

エームスはかすかに朝月《あさづき》の歌《うた》を聞《き》いて、やや心動《こころうご》きたるごとく、二《に》、三歩前《さんぼまへ》に進《すす》み来《き》たりて歌《うた》ふ。

『朝《あさ》月《づき》の光《かげ》は白《しら》けて大《おほ》空《ぞら》は
　かすめり吾《われ》が心《こころ》にも似《に》て

吾《わ》が心《こころ》朝《あさ》な夕《ゆふ》なに晴《は》れやらず
　花《くわ》鳥《てう》風《ふう》月《げつ》楽《たの》しみにならず

百《もも》鳥《とり》の囀《さへづ》る声《こゑ》も松《まつ》虫《むし》の
　共《むた》啼《な》きさへもかなしき吾《われ》なり

吾《わ》が父《ちち》は生《せい》死《し》の巷《ちまた》に戦《たたか》へり
　されど吾《われ》にはかかはりもなし

吾《わ》が心戦《こころいくさ》に出《い》でます垂《たら》乳《ち》根《ね》に
　いつか離《はな》れて花《はな》に悩《なや》めり

花《はな》ケ《が》丘《をか》に匂《にほ》へる桃《もも》のよそほひも
　吾《われ》にはかなしき便《たよ》りなりけり

山《やま》も川《かは》も吾《われ》にはかなし木《き》田《た》山《やま》の

　　　館《やかた》もさびし思《おも》ひはれねば』

朝月《あさづき》は歌《うた》ふ。

『吾《わ》が若王《きみ》の御心《みこころ》かすかに悟《さと》りたり
　　朝《あさ》月《づき》吾《われ》は花《はな》便《だよ》りせむ』

エームスは歌《うた》ふ。

『たらちねの仇《あだ》なる花《はな》にあこがれて
　　吾《われ》はくるしき夢《ゆめ》を見《み》るなり
かくならば誉《ほま》れも位《くらゐ》も玉《たま》の緒《を》の
　　吾《わ》が生命《いのち》さへ惜《を》しけくはなし
ままならぬ人《ひと》を恋《こ》ひつつままならぬ
　　わが世《よ》を歎《なげ》きぬ朝夕《あしたゆふ》べに

はてしなき広《ひろ》きサールの国《くに》中《なか》に
かかるめでたき花《はな》は見《み》ざりき』

朝月《あさづき》は歌《うた》ふ。

『若《わか》王《ぎみ》の欲《ほ》りする花《はな》は捕《とら》はれの
花《はな》にあらずや語《かた》らせ給《たま》へ』

エームスは歌《うた》ふ。

『恥《は》づかしと思《おも》へど吾《われ》は村《むら》肝《きも》の
心《こころ》明《あ》かさむ汝《な》が言《こと》葉《ば》あたれり

捕《とら》はれの女《をみな》の姿《すがた》気《け》高《だか》ければ
正《まさ》しくアヅミの娘《むすめ》なりけむ

吾《わ》が父《ちち》はアヅミの国《くに》を滅《ほろ》ぼして

恨《うら》みを買《か》ひしことのかなしさ
心《うら》安《やす》く手《た》折《を》り得《う》べけむその花《はな》を
父《ちち》の嵐《あらし》に散《ち》らされむとすも』
朝月《あさづき》は歌《うた》ふ。
『吾《わ》が若《き》王《み》のかなしき心《こころ》まつぶさに
牢《ひと》獄《や》の女《をみな》に吾《われ》は伝《つた》へむ
言《こと》霊《たま》の舌《した》の剣《つるぎ》を振《ふ》りかざし
若《き》王《み》の心《こころ》をはらし奉《まつ》らむ
麗《うるは》しき三《み》人《たり》の女《をみな》のその中《なか》に
すぐれてたかきを若《き》王《み》に勧《すす》めむ
どこまでも吾《わ》が真《ま》心《ごころ》を打《う》ち明《あ》けて

　イドムの国《くに》の花《はな》をなびかせむ』

エームスはやや面色《かほいろ》をやはらげながら嬉《うれ》しげに歌《うた》ふ。

『朝《あさ》月《づき》の露《つゆ》の情《なさ》けにうるほひて
　蘇《よみがへ》るらむ朝《あさ》顔《がほ》の花《はな》は
初《はつ》恋《こひ》の吾《わ》が初《はつ》花《はな》を手《た》折《を》らむと
露《つゆ》の涙《なみだ》に朝《あさ》夕《ゆふ》くれけり』

朝月《あさづき》は歌《うた》ふ。

『木《き》田《た》川《がは》の流《なが》れはよしや涸《か》るるとも
　若《き》王《み》の依《よ》さしを遂《と》げずにおくべき
かくならば吾《われ》は今日《けふ》よりアヅミの娘《むすめ》
　若《わか》王《ぎみ》が床《とこ》の花《はな》と咲《さ》かせむ』

エームスは歌《うた》ふ。

『たのもしき汝《なれ》が言葉《ことば》よ朝月《あさづき》の
光《かげ》を力《ちから》に夕《ゆふ》べを待《ま》たむ』

朝月《あさづき》は歌《うた》ふ。

『朝《あさ》月《づき》の光《かげ》消《き》ゆるとも夕《ゆふ》月《づき》の
光《かげ》清《きよ》ければ心安《こころやす》かれ』

夕月《ゆふづき》は歌《うた》ふ。

『吾《わ》が若《き》王《み》の情《なさ》けの露《つゆ》にほだされて
アヅミの花《はな》は御《み》側《そば》に薫《かを》らむ
夕《ゆふ》月《づき》の光《かげ》を合《あひ》図《づ》に忍《しの》びよりて
若《き》王《み》が真《ま》心《ごころ》伝《つた》へ奉《まつ》らむ

朝《あさ》月《づき》と夕《ゆふ》月《づき》心《こころ》を一《ひと》つにし
　露《つゆ》の情《なさ》けになびかせ奉《まつ》らむ

三《み》柱《はしら》の美《うるは》しき姫《ひめ》朝《あさ》夕《ゆふ》を
　うなかぶしつつ涙《なみだ》にしめれり

朝《あさ》夕《ゆふ》に涙《なみだ》の露《つゆ》にうなだるる
　花《はな》をし見《み》ればあはれもよほす

若《わか》王《ぎみ》の真《ま》心《ごころ》つぶさに伝《つた》へなむ
　物《もの》言《い》ふ花《はな》も笑《ゑ》みて栄《さか》えむ

ともかくも善《よ》事《ごと》は急《いそ》げと昔《むかし》より
　世《よ》のことわざもありしを思《おも》ふ

一《ひと》時《とき》も早《はや》く御《み》心《こころ》安《やす》めむと

心《こころ》の駒《こま》は勇《いさ》み立《た》つなり』

エームスは欣然《きんぜん》として歌《うた》ふ。

『朝《あさ》月《づき》の光《かげ》はさやけし夕《ゆふ》月《づき》の

光《ひかり》は強《つよ》し夕《ゆふ》顔《がほ》の花《はな》

夕《ゆふ》顔《がほ》の花《はな》の白《しろ》きにあこがれて

吾《われ》は生《いの》命《ち》をかけて待《ま》つなり』

朝月《あさづき》は歌《うた》ふ。

『いざさらば三《み》人《たり》の姫《ひめ》のこもりたる

牢《ひと》獄《や》に進《すす》みて言《こと》霊《たま》開《ひら》かむ』

夕月《ゆふづき》は歌《うた》ふ。

『若《わか》王《ぎみ》の生《いの》命《ち》の恋《こひ》をかなへむと

真心《まごころ》の駒《こま》に鞭《むち》うち進《すす》まむ』

エームスは歌《うた》ふ。

『恥《は》づかしきかなしき心《こころ》を推《お》しはかり
出《い》でゆく汝《なれ》が復命《かへりごと》待《ま》たむ』

かく主従《しゆじう》は歌《うた》を交《かは》しながら暫《しば》し袂《たもと》を別《わか》ちけむ。朝月《あさづき》、夕月《ゆふづき》の立出《たちい》でし後《あと》に、エームスは一時千秋《いつときせんしう》の思《おも》ひしながら、高殿《たかどの》より眼下《がんか》を流《なが》るる木田川《きたがは》の薄濁《うすにご》りを瞰下《みおろ》しながら静《しづ》かに述懐《じゆつくわい》を歌《うた》ふ。

『木《き》田《た》川《がは》の流《なが》れはいかに濁《にご》るとも
吾《わ》が真《ま》心《ごころ》のうつらざらめや
月《つき》も日《ひ》も浮《うか》びて流《なが》るる木《き》田《た》川《がは》の
水《みづ》はかなしもかげくだけつつ

11　五　月　闇

百《もも》千《ち》々《ぢ》に心《こころ》くだけど口《くち》なしの
　花《はな》にも似《に》たる吾《われ》なりにけり

大《おほ》栄《さか》山《やま》越《こ》えてはるばる吾《わ》が父《ちち》は
　なやみの種《たね》を蒔《ま》き給《たま》ひける

父《ちち》も母《はは》も遠《とほ》くイドムの国《くに》に在《あ》り
　吾《われ》さびしくも恋《こひ》に泣《な》くなり

ままならぬ花《はな》を恋《こ》ひつつ手《た》折《を》るべき
　よすがなき身《み》のかなしき吾《われ》なり

朝《あさ》月《づき》はいかがなしけむ夕《ゆふ》月《づき》は
　いづらにあるか御《み》空《そら》曇《くも》らふ

村《むら》肝《きも》の心《こころ》の空《そら》の雲《くも》霧《きり》を

いかに晴《は》らさむ五《さ》月《み》雨《だれ》の降《ふ》る

五《さ》月《み》雨《だれ》にしめりがちなる吾《わ》が袂《たもと》
知《し》る由《よし》もなくほととぎす鳴《な》く

百《もも》鳥《とり》も必《かなら》ず恋《こひ》を叫《さけ》ぶらむ
独《ひと》り身《み》吾《われ》の心《こころ》にも似《に》て

妻《つま》恋《こ》ふる尾《をの》上《へ》の鹿《しか》のそれならで
吾《わ》が面《おも》ざしに散《ち》る紅《もみ》葉《ぢ》かな

朝《あさ》夕《ゆふ》に青《あを》息《いき》吐《と》息《いき》つきながら
生《いの》命《ち》の恋《こひ》にあこがれにけり

吾《わ》が父《ちち》に恨《うら》みを買《か》ひしアヅミ王《わう》の
娘《むすめ》と思《おも》へば一《ひと》入《しほ》かなしき

11　五　月　闇

晴《は》れやらぬ五《さ》月《つき》の空《そら》に吾《われ》は只《ただ》
空《そら》を仰《あふ》ぎて吐《と》息《いき》するのみ

庭《には》の面《も》にあやめかきつばた匂《にほ》へども
吾《われ》には何《なん》の望《のぞ》みだになし

しとしとと降《ふ》る五《さ》月《み》雨《だれ》は吾《わ》が袖《そで》の
乾《かわ》く間《ま》もなき涙《なみだ》ならずや

かかる世《よ》に生《う》まれてかかるかなしさを
今《け》日《ふ》が日《ひ》までも悟《さと》らざりけり

木《き》田《た》川《がは》の水《みづ》とこしへに流《なが》るとも
吾《われ》の悩《なや》みを洗《あら》ふすべなき

捕《とら》はれし清《きよ》き女《をみな》はアヅミ王《わう》の

娘《むすめ》と聞《き》きて驚《おどろ》きしはや
ともかくも朝《あさ》月《づき》夕《ゆふ》月《づき》言《こと》霊《たま》の
露《つゆ》に匂《にほ》はむ朝《あさ》顔《がほ》夕《ゆふ》顔《がほ》

夕《ゆふ》顔《がほ》の花《はな》に心《こころ》を奪《うば》はれて
吾《わ》が魂《たましひ》は闇《やみ》となりける

恋《こひ》すてふ心《こころ》のかなしさ悟《さと》りけり
アヅミの王《きみ》の娘《むすめ》に会《あ》ひて

一《ひと》目《め》見《み》て吾《わ》が魂《たましひ》は乱《みだ》れたり
恋《こひ》の悪《あく》魔《ま》に捕《とら》はれにけむ

よしやよし吾《わ》が玉《たま》の緒《を》は消《き》ゆるとも
一《いち》夜《や》の語《かた》らひなさでおくべき

国《くに》も城《しろ》も吾《わ》が身《み》も総《すべ》てを忘《わす》れたり
　只《ただ》あこがるる夕《ゆふ》顔《がほ》の花《はな》
夕《ゆふ》暮《ぐ》れにふと眺《なが》めたる花《はな》なれば
　吾《われ》夕《ゆふ》顔《がほ》と名《な》づけてあこがる
夕《ゆふ》顔《がほ》の心《こころ》いかにと案《あん》じつつ
　吾《わ》が垂《たら》乳《ち》根《ね》の心《こころ》を恨《うら》むも
いたづらに平《へい》地《ち》に浪《なみ》を起《おこ》したる
　父《ちち》のすさびをかなしく思《おも》ふ
父《ちち》母《はは》の仇《あだ》なる敵《てき》に夕《ゆふ》顔《がほ》の
　君《きみ》は心《こころ》をまかさざるべし』

かく独《ひと》り述《じゆつ》懐《くわい》を述《の》べ居《ゐ》たる折《をり》もあれ、侍《じ》女《ぢよ》の滝津瀬《たきつせ》、山風《やまかぜ》の両人《りやうにん》は、各《おのも》自《おのも》茶《ちや》を汲《く》み菓子《くわし》を捧《ささ》げながら恭《うやうや》しくエームスの前《まへ》に進《すす》み来《き》たり、憂《うれ》ひに沈《しづ》める太子《わかぎみ》の態《てい》をいぶかりながら滝津瀬《たきつせ》は歌《うた》ふ。

『滝《たき》津《つ》瀬《せ》の清《し》水《みづ》を汲《く》みてわかしたる
お湯《ゆ》召《め》し上《あが》れエームスの君《きみ》』

山風《やまかぜ》は歌《うた》ふ。

『大《おほ》栄《さか》山《やま》なぞへに実《みの》りし果《くだ》実《もの》よ
いざ召《め》し上《あが》れ生《いの》命《ち》の桃《もも》の実《み》』

エームスは黙然《もくねん》として、侍女《じぢよ》が捧《ささ》ぐる茶《ちや》の湯《ゆ》にも、果実《このみ》にも、手《て》を付《つ》けようともせず俯《うつむ》いてゐる。

滝津瀬《たきつせ》は再《ふたた》び、

『若《わか》王《ぎみ》の御《おん》面《おも》ざしのすぐれぬは

11　五　月　闇

身《み》にいたづきのおはしますにや
若《わか》王《ぎみ》の今《け》日《ふ》のよそほひ見《み》るにつけて
かなしくなりぬ滝《たき》津《つ》瀬《せ》吾《われ》は

月《つき》も日《ひ》も隈《くま》なく照《て》れる世《よ》の中《なか》に
何《なに》歎《なげ》かすか太《ひつ》子《ぎ》の君《きみ》は

御《み》心《こころ》のなぐさむるならば吾《わ》が生《いの》命《ち》
若《き》王《み》に捧《ささ》ぐもいとはざるべし

朝《あさ》夕《ゆふ》に若《き》王《み》に仕《つか》ふる滝《たき》津《つ》瀬《せ》も
今《け》日《ふ》はさびしき思《おも》ひするなり

若《わか》王《ぎみ》のすぐれ給《たま》はぬ顔《かんばせ》を
拝《をが》みて吾《われ》はくだくる思《おも》ひす

一言《ひとこと》のいらへの言葉《ことば》願《ねが》はしや
　吾《われ》はなすべきすべもあらねば』
山風《やまかぜ》は歌《うた》ふ。
『若《わか》王《ぎみ》の御《おん》面《おも》いたく曇《くも》らへり
　いかなる悩《なや》みを持《も》たせ給《たま》ふか
咲《さ》き匂《にほ》ふ花《はな》をつれなく吹《ふ》き散《ち》らし
　梢《こずゑ》清《すが》しき山《やま》風《かぜ》の吾《われ》
いかならむ悩《なや》みおはすか知《し》らねども
　山《やま》風《かぜ》吾《われ》は吹《ふ》き払《はら》ふべし
大《おほ》栄《さか》の山《やま》の尾《をの》上《へ》の黒《くろ》雲《くも》も
　吹《ふ》き散《ち》らすべし小《さ》夜《よ》の山《やま》風《かぜ》

若王《わかぎみ》の心《こころ》の雲《くも》霧《きり》払《はら》はむと
　山《やま》風《かぜ》吾《われ》は心《こころ》くだきつ』

エームスはかすかに歌《うた》ふ。

『滝《たき》津《つ》瀬《せ》や山《やま》風《かぜ》の心《こころ》よみすれど
　吾《わ》が宣《の》る言《こと》葉《ば》なきがかなしき

朝《あさ》されば朝《あさ》顔《がほ》思《おも》ひ夕《ゆふ》されば
　夕《ゆふ》顔《がほ》思《おも》ひてしめらふ吾《われ》なり

木《き》田《た》川《がは》の水《みづ》とこしへに流《なが》るれど
　いつか晴《は》れなむ心《こころ》の闇《やみ》は

ほととぎす朝《あした》夕《ゆふ》べの分《わか》ちなく
　鳴《な》きつる空《そら》は吾《わ》が心《こころ》かも

月《つき》も日《ひ》も光《かげ》をかくせる五月《さつき》闇《やみ》に
　鳴《な》くほととぎす吾《われ》ならなくに
滝《たき》津《つ》瀬《せ》も早《はや》く寝《ね》よかし山《やま》風《かぜ》も
　吾《わ》が前《まへ》を去《さ》れ小《さ》夜《よ》更《ふ》けぬれば
吾《われ》は只《ただ》思《おも》ひの淵《ふち》に沈《しづ》みつつ
　闇《やみ》の水《みな》音《おと》聞《き》きて明《あ》かさむ』

滝津瀬《たきつせ》は歌《うた》ふ。

『若《わか》王《ぎみ》の御《み》言《こと》畏《かしこ》みいざさらば
　まかり退《さが》らむ貴《うづ》の御《み》前《まへ》を』

山風《やまかぜ》は歌《うた》ふ。

『若《わか》王《ぎみ》の悲《かな》しき心《こころ》ははかれども

　　　　せむすべもなき吾《わ》が身《み》なりけり』

かく歌《うた》ひて二人《ふたり》の侍女《じぢよ》は吾《わ》が居間《ゐま》にすごすごと帰《かへ》りゆく。

小夜更《さよふ》けの空《そら》に鳴《な》き渡《わた》るほととぎすの声《こゑ》、四方八方《しはうはつぱう》よりしきりに木田山城《きたやまじやう》の森《もり》をかすめて響《ひび》き来《き》たる。

（昭和九・八・一四　旧七・五　於水明閣　（谷前清子謹録）

○

神人《しんじん》は常住《じやうじう》不断《ふだん》言霊《ことたま》の
　助《たす》けを受《う》けて生《い》き栄《さか》ゆなり

第一二章 木《き》田《た》山《やま》颪《おろし》（二〇三九）

アヅミ王《わう》の娘《むすめ》チンリウ姫《ひめ》は、乳《う》母《ば》のアララギおよびアララギの娘《むすめ》センリウ女《ちよ》とともに敵《てき》城《じやう》に虜《とら》はれ、第一《だいいち》の牢獄《らうごく》に縄目《なはめ》の恥《はぢ》を忍《しの》びながら、世《よ》をはかなみつつ互《たが》ひに述懐《じゆつくわい》を歌《うた》ふ。

チンリウ姫《ひめ》の歌《うた》。

『あぢきなき浮《う》世《きよ》なるかなわれは今《いま》
　縄《なは》目《め》の恥《はぢ》にあひて苦《くる》しむ
垂《たら》乳《ち》根《ね》の如《い》何《かが》なりけむイドム城《じやう》は
　いづらに行《ゆ》きしか心許《こころもと》なや
思《おも》はざる敵《てき》の軍《いくさ》に攻《せ》められて

わが垂《たら》乳《ち》根《ね》は露《つゆ》と消《き》えしか
諸《もろ》々《もろ》の家臣《いへのこ》軍人《いくさびと》あれど
　いひ甲《が》斐《ひ》もなく滅《ほろ》び失《う》せけむ
祖《おや》々《おや》の賜《たま》ひし国《くに》はエールスの
　暴虐《ぼうぎやく》の手《て》に奪《うば》はれにけむ
わが力《ちから》尽《つ》きて敵《かたき》にとらへられ
　今《いま》は涙《なみだ》の淵《ふち》にただよふ
玉《たま》の緒《を》の生《いの》命《ち》もいつか量《はか》られずと
　思《おも》へば悲《かな》しき吾《わ》が身《み》なりけり
いかにしてこの苦《くる》しみを逃《のが》れむと
　神《かみ》を力《ちから》に時《とき》の間《ま》を生《い》くる

望《のぞ》みなき吾《わ》が身《み》となりぬ水《みな》乃《の》川《がは》の
　月《つき》に親《した》しむ術《すべ》もなければ

罪《つみ》もなき人《にん》魚《ぎよ》を捕《と》りし酬《むく》いにて
　わが垂《たら》乳《ち》根《ね》の国《くに》滅《ほろ》びしか

数《す》百《ひやく》里《り》の道《みち》をナイトに送《おく》られて
　寒《さむ》き牢《ひと》獄《や》に世《よ》を歎《なげ》くなり

天《あめ》地《つち》の神《かみ》のこの世《よ》にいますならば
　再《ふたた》び見《み》せよ水《みな》乃《の》川《がは》の月《つき》を

垂《たら》乳《ち》根《ね》のこの世《よ》に生《い》命《のち》在《おは》すならば
　夢《ゆめ》になりとも通《かよ》はせ給《たま》へ

望《のぞ》みなきわが身《み》と思《おも》へば悲《かな》しけれ

朝夕《あさゆふ》われは淋《さび》しさに泣《な》く』

アララギは歌《うた》ふ。

『姫《ひめ》君《ぎみ》の歎《なげ》き言《こと》葉《ば》を聞《き》くにつけ
　わが身《み》の置《お》き場《ば》無《な》きが悲《かな》しき
姫《ひめ》君《ぎみ》の御《み》供《とも》に仕《つか》へて二《に》十《じふ》年《ねん》
　われは御《み》側《そば》を離《はな》れざりける
はるばると敵《てき》の国《くに》まで送《おく》られて
　姫《ひめ》の憂《う》き目《め》を見《み》るが悲《かな》しき
情《なさ》け深《ふか》きイドムの王《わう》に生《い》き別《わか》れ
　苦《くる》しき憂《う》き目《め》を敵《てき》城《じやう》に見《み》るも
天《あめ》地《つち》の神《かみ》を祈《いの》りて今《け》日《ふ》の日《ひ》の

わが姫君《ひめぎみ》のなやみを晴《は》らさむ

姫《ひめ》君《ぎみ》を守《まも》る身《み》ながらかくのごと
憂《う》き目《め》を見《み》せしわが愚《おろ》かさよ

姫《ひめ》君《ぎみ》よ許《ゆる》させ給《たま》へ何事《なにごと》も
時《とき》の力《ちから》に刃《は》向《むか》ふ術《すべ》無《な》き

さりながら心安《こころやす》けくおはしませ
われには一《ひと》つの計略《たくらみ》持《も》ちぬ

吾《わ》が娘《むすめ》センリウもまた虜《とら》はれの
苦《くる》しき身《み》とぞ思《おも》へば悲《かな》しも

いかにしてアヅミの王《きみ》に詫《わ》びむかと
心《こころ》を砕《くだ》く吾《わ》が身《み》の悲《かな》しさ

12　木田山颪

水《みな》乃《の》川《がは》の水《みづ》は無《む》心《しん》の月《つき》光《かげ》を
　浮《うか》べて清《きよ》く流《なが》れゆくらむ

エールスはイドムの城《しろ》の高《たか》殿《どの》に
　月《つき》を賞《ほ》めつつ酒《さけ》を酌《く》むらむ

エールスのふるまひ思《おも》へば憎《にく》らしし
　イドムの国《くに》を手《て》もなく奪《うば》ひて

エールスは勝《か》ち誇《ほこ》りたる面《おも》もちに
　イドムの城《しろ》に横《は》暴《ば》り居《を》るらむ

邪《よこしま》は正《ただ》しきに勝《か》つ道《みち》はなし
　必《かなら》ず滅《ほろ》びむ神《かみ》の怒《いか》りに

今《いま》しばし縄《なは》目《め》の恥《はぢ》を忍《しの》びつつ

花《はな》咲《さ》く春《はる》を待《ま》たせ給《たま》はれ

必《かなら》ずやエールス王《わう》は滅《ほろ》ぶべし
　道《みち》に反《そむ》ける曲《まが》業《わざ》なれば

姫《ひめ》君《ぎみ》とともに牢《ひと》獄《や》に繋《つな》がれて
　朝《あさ》夕《ゆふ》怨《うら》むはエールス王《わう》なり

わが王《きみ》はいづらなるらむ妃《ひ》の君《きみ》は
　御《ご》無《ぶ》事《じ》にますか便《たよ》り聞《き》きたし

雁《かりがね》の便《たよ》りもがもと願《ねが》へども
　今《いま》は詮《せん》なし時鳥《ほととぎす》鳴《な》く

しとしとと五《さ》月《み》雨《だ》るる空《そら》に時鳥《ほととぎす》
　鳴《な》き渡《わた》るなり一《ひと》声《こゑ》落《おと》して

12　木田山颪

時鳥《ほととぎす》鳴《な》きつる空《そら》を眺《なが》むれば
　あやめもわかぬ五《さ》月《つき》闇《やみ》なり
姫《ひめ》君《ぎみ》はいふも更《さら》なりわが娘《むすめ》も
　われも闇《やみ》夜《よ》の時鳥《ほととぎす》なり
力《ちから》あらばこれの牢《ひと》獄《や》を破《やぶ》らむと
　思《おも》へど詮《せん》なし女《をみな》の腕《うで》には
罪《つみ》も無《な》きわが姫《ひめ》君《ぎみ》をかくのごとき
　牢《ひと》獄《や》に繋《つな》ぐは鬼《おに》か大《をろ》蛇《ち》か
鬼《おに》大《をろ》蛇《ち》伊《い》猛《たけ》り狂《くる》ふ世《よ》の中《なか》は
　神《かみ》ぞ誠《まこと》の力《ちから》なりける
木《き》田《た》川《がは》を隔《へだ》てしこれの牢《らう》獄《ごく》に

277－81

繋《つな》がれし吾《われ》等《ら》は袋《ふくろ》の鼠《ねずみ》よ
玉《たま》の緒《を》の生命《いのち》は敵《てき》に握《にぎ》られて
淋《さび》しき吾《わ》が身《み》に雨《あめ》の音《おと》聞《き》く』

センリウは歌《うた》ふ。

『姫君《ひめぎみ》の歎《なげ》き宜《うべ》なりわが母《はは》の
怨《うら》みも宜《うべ》よとわれも泣《な》くなり
平安《へいあん》の城《しろ》を屠《ほふ》りてエールスは
悪魔《あくま》の性《さが》を現《あら》はしにけり
悪神《あくがみ》の伊猛《いたけ》り狂《くる》ふ世《よ》の中《なか》と
思《おも》へど悲《かな》しき吾《われ》等《ら》ならずや
いかにして今日《けふ》の怨《うら》みを晴《は》らさむと

　思《おも》へど心曇《こころくも》るのみなる

肝《きも》向《むか》ふ心《こころ》は闇《やみ》にさまよひつ
　朝《あさ》夕《ゆふ》悲《かな》しく時鳥《ほととぎす》鳴《な》く

姫君《ひめぎみ》の生命《いのち》助《たす》くるよしあらば
　われは生命《いのち》を惜《を》しまざるべし

姫君《ひめぎみ》と母《はは》に代《かは》りてわが生命《いのち》
　捧《ささ》げむわれは神《かみ》に祈《いの》りて

わが生命《いのち》は軽《かる》し姫君《ひめぎみ》の御《おん》生命《いのち》
　大山《たいざん》よりも重《おも》くいませり

イドム国《こく》の世《よ》継《つぎ》といます姫君《ひめぎみ》の
　今日《けふ》のなやみを思《おも》へば悲《かな》しき

いかにして吾《わ》が姫《ひめ》君《ぎみ》を救《すく》はむと
朝《あした》夕《ゆふ》べを心《こころ》砕《くだ》きつ
五《さ》月《つき》闇《やみ》この牢《らう》獄《ごく》に迫《せま》り来《き》て
黒《あや》白《め》もわかず心《こころ》狂《くる》ふも』

チンリウ姫《ひめ》は歌《うた》ふ。

『天《あめ》地《つち》に神《かみ》はまさずや在《おは》さずや
かかる歎《なげ》きをみそなはさずや
わが父《ちち》は雄《を》々《を》しくませば必《かなら》ずや
生《いの》命《ち》保《たも》ちて再《ふたた》び立《た》たさむ
わが父《ちち》の輝《かがや》きましてこの国《くに》を
言《こと》向《む》け和《やは》せ給《たま》はむと思《おも》ふ

12　木田山颪

わが父《ちち》の軍《いくさ》勝《か》ちなば五《さ》月《つき》闇《やみ》
　晴《は》れて再《ふたた》び月《つき》日《ひ》を拝《をが》まむ
あてもなき望《のぞ》みながらも何《なん》となく
　わが魂《たましひ》に光《ひかり》見《み》るなり
罪《つみ》も無《な》き父《ちち》の国《くに》をば滅《ほろ》ぼして
　時《とき》めき渡《わた》る曲《まが》の忌《ゆ》々《ゆ》しさ
エールスの曲《まが》津《つ》の王《わう》は天《あめ》地《つち》の
　神《かみ》の光《ひかり》にふれて滅《ほろ》びむ
天《あめ》地《つち》に誠《まこと》の神《かみ》のいますならば
　必《かなら》ず父《ちち》を助《たす》け給《たま》はむ
滅《ほろ》ぶべき運《うん》命《めい》を持《も》つエールスの

281 – 81

行《ゆ》く末《すゑ》思《おも》へば憐《あは》れなりけり
今《いま》われは縄《なは》目《め》の恥《はぢ》を曝《さら》せども
やがて光《ひかり》と世《よ》に現《あら》はれむ
村《むら》肝《きも》の心《こころ》の奥《おく》に何《なに》か知《し》らず
われには一《ひと》つの光《ひかり》ありけり
来《き》たるべき世《よ》を楽《たの》しみて今日《けふ》の日《ひ》の
恥《はぢ》となやみを忍《しの》びまつべし』

アララギは歌《うた》ふ。

『姫《ひめ》君《ぎみ》の雄《を》々《を》しき御《み》心《こころ》聞《き》くにつけ
わが魂《たましひ》は輝《かがや》き初《そ》めたり
朝《あさ》夕《ゆふ》をなやみもだへしわが魂《たま》も

姫《ひめ》の言葉《ことば》に勇《いさ》み初《そ》めたり
闇《やみ》あれば光《ひかり》ある世《よ》と知《し》りながら
愚《おろ》か心《ごころ》に朝夕《あさゆふ》なやみし』

センリウは歌《うた》ふ。

『姫君《ひめぎみ》の御心《みこころ》聞《き》きてわれもまた
心《こころ》の駒《こま》は勇《いさ》みたちけり
われもまた月日《つきひ》の駒《こま》に跨《また》がりて
永久《とは》の安所《やすど》に進《すす》まむと思《おも》ふ
虜《とら》はれの悲《かな》しき身《み》にも天地《あめつち》の
便《たよ》り聞《き》くかな風《かぜ》のまにまに
身体《からたま》はよし縛《しば》るとも魂《たましひ》は

自由《じいう》自在《じざい》に天地《てんち》を駆《か》けるも
虜《とら》はれの自由《じいう》無《な》き身《み》も魂《たましひ》は
自由《じいう》に天地《てんち》を駆《か》けめぐるなり』

かかるところへ、朝月《あさづき》、夕月《ゆふづき》の両人《りやうにん》は足音《あしおと》を忍《しの》ばせながら静《しづ》かに寄《よ》り来《き》たり、朝月《あさづき》は先《ま》づ歌《うた》ふ。

『われこそはエームス王《わう》の御側近《みそばちか》く
仕《つか》ふる朝月《あさづき》夕月《ゆふづき》なるぞや
これの家《や》に忍《しの》ばせ給《たま》ふ姫君《ひめぎみ》は
チンリウ姫《ひめ》におはしまさずや
品《しな》高《たか》く装《よそほ》ひ清《すが》しき姫君《ひめぎみ》は
チンリウ姫《ひめ》と察《さつ》しまつりぬ

ほの暗《ぐら》き牢獄《ひとや》のうちになやみ給《たま》ふ
姫《ひめ》をあはれみわれは来《き》つるも
魚心《うをごころ》あれば必《かなら》ず水心《みづごころ》
ありと思《おぼ》せよわが言《こと》の葉《は》に
わが宣《の》らむ言《こと》葉《ば》に従《したが》ひ給《たま》ひなば
今日《けふ》の憂《う》き目《め》はさせまじものを
果《は》てしなく牢獄《ひとや》に苦《くる》しみ給《たま》ふよりも
早《はや》く安所《やすど》を望《のぞ》み給《たま》はずや
若王《わかぎみ》は姫《ひめ》に心《こころ》を寄《よ》せ給《たま》ふ
なびかせ給《たま》へチンリウ姫《ひめ》の君《きみ》』

チンリウ姫《ひめ》は、朝月《あさづき》の歌《うた》に憤慨《ふんがい》しながら、儼然《げんぜん》として歌《うた》ふ。

『怨《うら》み無《な》き人《ひと》の国《くに》をば奪《うば》ひてし
曲《まが》の言《こと》葉《ば》に従《したが》ふべしやは
玉《たま》の緒《を》のよしや生《いの》命《ち》はとらるとも
いかで靡《なび》かむ曲《まが》の言《こと》葉《ば》に
千《せん》秋《しう》の恨《うら》み重《かさ》なるエールスに
たとへ死《し》すともまつろはざるべし
いらざらむ繰《く》り言《ごと》宣《の》るないやしくも
われはアヅミの王《わう》の御《み》子《こ》ぞや
汝《な》がごとき賤《いや》しき司《つかさ》の言《こと》の葉《は》は
耳《みみ》にするさへけがらはしと思《おも》ふ
われは今《いま》生《いの》命《ち》を捨《す》つる覚《かく》悟《ご》なり

　仇《あだ》の王《こきし》にまつろふべしやは』

夕月《ゆふづき》は歌《うた》ふ。

『姫《ひめ》君《ぎみ》の言《こと》葉《ば》宜《うべ》よと思《おも》へども
　ここは一《ひと》先《ま》づ見《み》直《なほ》し給《たま》へ
玉《たま》の緒《を》の生命《いのち》死《し》すとも及《およ》ぶまじ
　御《おん》身《み》のためと聞《き》き直《なほ》しませ
アヅミ王《わう》の御《み》子《こ》とあれます君《きみ》なれば
　われは真《ま》心《ごころ》捧《ささ》げて仕《つか》へむ
わが若《き》王《み》の妃《きさき》となりて栄《さか》えませよ
　今《け》日《ふ》のなやみは直《ただ》にとけなむ』

チンリウ姫《ひめ》は歌《うた》ふ。

『いかほどに言葉《ことば》尽《つく》して誘《いざな》ふも
　われ承知《うけが》はじ曲《まが》の言葉《ことば》に
エームスの王妃《わうひ》となりて栄《さか》ゆより
　われは牢獄《ひとや》の鬼《おに》となるべし
玉《たま》の緒《を》の生命《いのち》を捨《す》てて鬼《おに》となり
　父《ちち》のうらみを晴《は》らさむと思《おも》ふ
わが父《ちち》のなやみ思《おも》へばいかにして
　敵《てき》の王妃《わうひ》となるべきものかは
わが父《ちち》にイドムの国《くに》を奉還《ほうくわん》し
　而《しか》して後《のち》にわれに当《あた》れよ
イドム城《じやう》父《ちち》の御手《おんて》に帰《かへ》るまでは

汝《なれ》が言《こと》葉《ば》をわれ耳《みみ》にせじ
望《のぞ》みなきわれに言《こと》葉《ば》をかくる前《まへ》に
　父《ちち》に御《み》国《くに》を返《かへ》しまつれよ
わが父《ちち》の御《み》許《ゆる》しあればわれとても
　王《わう》妃《ひ》となるを拒《いな》まざるべし』

朝月《あさづき》は歌《うた》ふ。

『姫《ひめ》君《ぎみ》の御《み》言《こと》畏《かしこ》しさりながら
　今《いま》暫《しば》時《らく》を待《ま》たせ給《たま》はれ
姫《ひめ》君《ぎみ》はエームス王《わう》の妃《ひ》となりて
　和《わ》睦《ぼく》の道《みち》を図《はか》らせ給《たま》へ
姫《ひめ》君《ぎみ》が王《わう》妃《ひ》とならせ給《たま》ひなば

両国《りやうこく》平《へい》和《わ》に治《をさ》まるべきを』

チンリウ姫《ひめ》は歌《うた》ふ。

『偽《いつは》りの多《おほ》き世《よ》なればいかにしても
汝《なれ》が言《こと》葉《ば》に従《したが》ふべしやは
わが父《ちち》の御《み》許《ゆる》しあればいつとても
汝《なれ》が勧《すす》めに応《こた》へまつらむ
わが父《ちち》の消《せう》息《そく》今《いま》にわからねば
エールス王《わう》を怨《うら》みこそすれ
エールス王《わう》わが前《まへ》に来《き》て詳《まつ》細《ぶさ》に
父《ちち》の消《せう》息《そく》語《かた》れと伝《つた》へよ
父《ちち》母《はは》の仇《あだ》にわが身《み》を任《まか》すべき

われは人《ひと》の子《こ》獣《けもの》にあらず
玉《たま》の緒《を》の生命《いのち》惜《を》しまぬわれなれば
　栄華《えいぐわ》の夢《ゆめ》は望《のぞ》まざるべし
ともかくもわが垂乳根《たらちね》を本城《ほんじやう》へ
　返《かへ》しまつりしその上《うへ》にせよ
われもまたサールの国《くに》には住《す》まはまじ
　イドムの国《くに》に送《おく》りとどけよ
エームス王《わう》われに恋《こひ》すと聞《き》きしより
　わが魂《たましひ》は砕《くだ》けむとせり
万斛《ばんこく》の涙《なみだ》をのみてわれは今《いま》
　これの牢獄《ひとや》に父母《ふぼ》をしのぶも』

夕月《ゆふづき》は歌《うた》ふ。

『姫《ひめ》君《ぎみ》の堅《かた》き心《こころ》を聞《き》くにつけ
　われは涙《なみだ》のとめどなきかな
姫《ひめ》君《ぎみ》の正《ただ》しき言《こと》葉《ば》聞《き》くよしも
　なきわれこそは悲《かな》しかりけり
玉《たま》の緒《を》の生《いの》命《ち》惜《を》しまぬ姫《ひめ》君《ぎみ》の
　堅《かた》き心《こころ》に動《うご》かされたり
さりながらエームス王《わう》の御《おん》なやみ
　晴《は》らさむとしてわれは来《き》つるも
千《せん》秋《しう》の恨《うら》みしのびて今《いま》暫《しば》し
　エームス王《わう》になびかせ給《たま》へ

姫《ひめ》君《ぎみ》の御《み》心《こころ》知《し》らぬにあらねども
　御《み》国《くに》を思《おも》ひてわれは勧《すす》むる
玉《たま》の緒《を》の生《いの》命《ち》限《かぎ》りに姫《ひめ》君《ぎみ》を
　恋《こ》はすエームス王《わう》の憐《あは》れさ
情《なさ》け心《ごころ》あらねば人《ひと》も木《ぼく》石《せき》に
　変《かは》らず思《おも》ひて靡《なび》かせ給《たま》へ』

チンリウ姫《ひめ》は歌《うた》ふ。

『むりやりに小《を》暗《ぐら》き牢《ひと》獄《や》に押《お》し込《こ》めて
　恋《こひ》を語《かた》らふ不《ふ》甲《が》斐《ひ》なき若《き》王《み》よ
エームスに情《なさ》け心《ごころ》のあるならば
　なぜに吾《わ》が身《み》を牢《ひと》獄《や》に苦《くる》しむる

第《だい》一《いち》にこの解《かい》決《けつ》をつけざれば
　われは否《いな》やの応《いら》へなすまじ
わが耳《みみ》は汚《けが》れ果《は》てたりエームスの
　敵《かたき》の王《きみ》の焦《こ》がるると聞《き》きて』

朝月《あさづき》は歌《うた》ふ。

『姫《ひめ》君《ぎみ》の心《こころ》の誠《まこと》察《さつ》すれど
　われは進《すす》まむ道《みち》さへもなし
姫《ひめ》君《ぎみ》のやさしき言《こと》葉《ば》聞《き》くまでは
　われはこの場《ば》を去《さ》らずと思《おも》ふ
くやしさをしばし忍《しの》びて姫《ひめ》君《ぎみ》よ
　末《すゑ》の光《ひかり》と諾《うべな》ひ給《たま》はれ』

チンリウ姫《ひめ》は歌《うた》ふ。

『いかならむ甘《あま》き言《こと》葉《ば》も承《う》知《け》はじ
　われは死《し》すべき生命《いのち》なりせば
エームスの王《きみ》の言《こと》葉《ば》を聞《き》くにつけ
　われは一《ひと》入《しほ》死《し》にたくなりぬ』

朝月《あさづき》、夕月《ゆふづき》は、梃《てこ》でも棒《ぼう》でも動《うご》かぬチンリウ姫《ひめ》の強《つよ》き心《こころ》に返《かへ》す言葉《ことば》もなく、すごすごとしてこの場《ば》を立《た》ち去《さ》り、いろいろと相談《さうだん》の結果《けつくわ》、水責《みづぜ》め、食責《しよくぜ》め、火責《ひぜ》めをもつて、エームス王《わう》の恋心《こひごころ》に靡《なび》かせむかと、種々浅《しゆじゆあさ》はかなる計画《けいくわく》をめぐらしつつありける。

（昭和九・八・一四　旧七・五　於水明閣　林弥生謹録）

第一三章　思《おも》ひの掛《かけ》川《がは》（二〇四〇）

木《き》田《た》山城《やまじやう》の奥殿《おくでん》には、エームス王《わう》ただ一人《ひとり》黙然《もくねん》として恋《こひ》に悩《なや》みながら、微《かす》かな声《こゑ》にて述《じゆつ》懐《くわい》を歌《うた》ひつつありぬ。

『この世《よ》に生《う》まれて二《に》十《じふ》年《ねん》
父《ちち》と母《はは》との膝《ひざ》下《もと》に
貴《うづ》の御《み》子《こ》よと育《はぐく》まれ
朝《あさ》な夕《ゆふ》なに諸《もろ》々《もろ》の
司《つかさ》や側《そば》女《め》にかしづかれ
楽《たの》しき春《しゆん》秋《じう》おくり来《き》て

13　思ひの掛川

ここに二十年《はたち》の春《はる》を迎《むか》へ
もののあはれを知《し》り初《そ》めて
悩《なや》みの淵《ふち》に沈《しづ》みつつ
あらぬ恋《こひ》路《ぢ》にとらはれて
朝《あさ》な夕《ゆふ》なの苦《くる》しみを
語《かた》らふ術《すべ》も泣《な》くばかり
わが身《み》は恋《こひ》にとらはれて
日《ひ》に夜《よ》に身《から》体《だ》細《ほそ》りつつ
玉《たま》の生《いの》命《ち》も朦《もう》朧《ろう》と
行《ゆく》方《へ》知《し》らずの思《おも》ひなり
あゝいかにせむわが恋《こ》ふる

姫《ひめ》はまさしく敵《てき》国《こく》の
アヅミの王《きみ》の娘《むすめ》とかや
わが父《ちち》の力《ちから》はいかに勝《まさ》るとも
情《なさ》けはいかに深《ふか》くとも
この恋《こひ》のみはいかにして
成《な》りとげ得《う》べき由《よし》もなし
玉《たま》の緒《を》の生命《いのち》消《き》えむと思《おも》ふまで
朝《あさ》な夕《ゆふ》なにこがれたる
生命《いのち》をかけての恋人《こひびと》は
げに悲《かな》しもよ敵《てき》国《こく》の
アヅミの王《きみ》の愛娘《まなむすめ》と

13　思ひの掛川

思《おも》へばいかに焦《こ》がるとも
わが思《おも》ひねのとどくべき
かくなる上《うへ》はわが父《ちち》の
イドムの国《くに》を滅《ほろ》ぼせし
礼《ゐや》なき業《わざ》もにくらしく
且《か》つ恨《うら》めしく思《おも》はるる
生命《いのち》をかけて焦《こ》がれたる
姫《ひめ》の恨《うら》みをいかにして
はらさむ由《よし》も夏《なつ》の夜《よ》の
空《そら》をふさげる五《さ》月《つき》闇《やみ》
鳴《な》く時鳥《ほととぎす》声《こゑ》かれて

血《ち》を吐《は》く思《おも》ひのわが身《み》なり
朝《あさ》月《づき》 夕《ゆふ》月《づき》二《ふたはしら》柱
心《こころ》づくしも今《いま》となりて
何《なん》の答《いら》へも夏《なつ》の夜《よ》の
短《みじか》き心《こころ》をいかにして
われはつながむ百《もも》鳥《とり》の
清《きよ》きなく音《ね》も百《もも》花《ばな》の
香《かを》りも吾《われ》には醜《しこ》の声《こゑ》
醜《しこ》の小《を》草《ぐさ》の花《はな》なれや
見《み》るもの聞《き》くもののことごとく
悲《かな》しみの種《たね》憂《う》さの種《たね》

13 思ひの掛川

歎《なげ》きの種《たね》と泣《な》くばかり
かくなる上《うへ》はわが生《いの》命《ち》
生《い》きて詮《せん》なし木《き》田《た》川《がは》の
水《みづ》の藻《も》屑《くづ》になり果《は》てて
水《みな》底《そこ》深《ふか》くひそみつつ
恋《こひ》の悩《なや》みを流《なが》さむか
あゝ悲《かな》しけれわが恋《こひ》路《ち》
あゝ恨《うら》めしもわが父《ちち》の
礼《ゐや》なき振《ふる》舞《ま》ひ今《いま》となりて
吾《われ》を恋《こひ》路《ぢ》に泣《な》かしむるか
果《はか》なき浮《うき》世《よ》のありさまや

情《つれ》なきこの世《よ》のたよりかな。

わが恋《こ》ふる人《ひと》は敵《てき》ゆゑ真《ま》心《ごころ》を
　うたがひかへりて恨《うら》みかへせり
恋《こひ》人《びと》はわが敵《てき》国《こく》の王《きみ》の御《み》子《こ》と
　聞《き》けば聞《き》くほど悲《かな》しかりけり
かなはざる恋《こひ》と思《おも》へどわが力《ちから》
　もちて靡《なび》けむ心《こころ》ならずも
心《こころ》なき花《はな》の香《か》愛《め》づる不《ふ》甲《が》斐《ひ》なさ
　思《おも》へば恋《こひ》はかなしかりけり
わが恋《こひ》を許《ゆる》さぬ娘《むすめ》の真《ま》心《ごころ》を
　思《おも》へばふかく憎《にく》まれもせず

われは今《いま》恋《こひ》の悪魔《あくま》にとらはれて
　行《ゆ》く手《て》も見《み》えず闇《やみ》にさまよふ
手《た》折《を》るべき花《はな》にあらずと思《おも》へども
　思《おも》ひかへせぬ術《すべ》なき吾《われ》なり
よしや身《み》は川《かは》の藻《も》屑《くづ》となるとても
　この恋心《こひごころ》永《と》久《は》に失《う》せざらむ
朝《あさ》月《づき》の生《い》言《くこと》霊《たま》も夕《ゆふ》月《づき》の
　情《なさ》け言《こと》葉《ば》も聞《き》かぬ姫《ひめ》かな
腰《こし》元《もと》のアララギうまくとりこみて
　姫《ひめ》の心《こころ》を動《うご》かさむかな』

かく歌《うた》ふ折《をり》しも、朝月《あさづき》、夕月《ゆふづき》は恭《うやうや》しくも御前《みまへ》に進《すす》み来《き》たりて歌《うた》ふ。

朝月《あさづき》『いろいろと言霊戦《ことたまいくさ》射向《いむか》へど
千引《ちび》きの巌《いは》の動《うご》くともせず
チンリウの姫《ひめ》の心《こころ》は大岩《おほいは》の
装《よそほ》ひなしてびくとも動《うご》かず
村肝《むらきも》の心《こころ》つくしてかけ合《あ》へど
よろしき便《たよ》りなく由《よし》もなき
わが王《きみ》に会《あ》はさむ顔《かほ》もなきままに
悩《なや》みて居《を》りぬ夕月《ゆふづき》と共《とも》に』

夕月《ゆふづき》は歌《うた》ふ。

『若王《わかぎみ》の清《きよ》き心《こころ》を照《て》らさむと
思《おも》ひしことも夢《ゆめ》となりける

御《おん》父《ちち》を恨《うら》む心《こころ》の深《ふか》くして
　チンリウ姫《ひめ》は少《すこ》しも動《うご》かず
わが力《ちから》もはや尽《つ》きたりこの上《うへ》は
　手《て》玉《だま》を替《か》へてのぞまむと思《おも》ふ』

エームス王《わう》は歌《うた》ふ。

『さまざまと汝《なれ》等《ら》二《ふ》人《たり》が働《はたら》きを
　吾《われ》よみすれど心《こころ》さみしき
この上《うへ》は侍《じ》女《ぢよ》のアララギ呼《よ》び出《い》だし
　先《ま》づは言《こと》向《む》け和《やは》すべきかな
利《り》を以《もつ》てさそへば侍《じ》女《じよ》のアララギは
　必《かなら》ず靡《なび》かむいかに思《おも》ふぞ』

朝月《あさづき》は手《て》を拍《う》つて歌《うた》ふ。

『若《わか》王《ぎみ》の御《み》言《こと》かしこみアララギを
　招《まね》きて姫《ひめ》の心《こころ》をさそはむ』

夕月《ゆふづき》は歌《うた》ふ。

『アララギの心動《こころうご》かば必《かなら》ずや
　チンリウ姫《ひめ》もまつろひ来《き》たらむ』

かくて朝月《あさづき》、夕月《ゆふづき》は獄吏《ごくり》に命《めい》じ、アララギを縛《しば》りたるまま、王《わう》の前《まへ》に引《ひ》き来《き》たらしめければ、万事《ばんじ》に抜《ぬ》け目《め》なきアララギは、かくやと早合点《はやがてん》しつつエームス王《わう》の前《まへ》に引《ひ》き出《だ》され、平《へい》然《ぜん》として控《ひか》へ居《ゐ》る。朝月《あさづき》は先《ま》づアララギに向《むか》ひて歌《うた》ふ。

『チンリウの姫《ひめ》に仕《つか》ふる汝《な》は乳母《うば》の
　アララギなるかいざ言《こと》問《と》はむ

苦《くる》しかる獄舎《ひとや》につながれうごかぬ姫《ひめ》は
　汝《なれ》を力《ちから》にたのむなるらむ
さまざまの責苦《せめく》にあふより安《やす》らけく
　位《くらゐ》と栄《さか》えを欲《ほ》りせざるにや
汝《な》が心一《こころひと》つによりてチンリウ姫《ひめ》
　センリウ姫《ひめ》も花《はな》と栄《さか》ゆべきを
チンリウの姫《ひめ》を殺《ころ》すも永遠《とことは》に
　花《はな》と活《い》かすも汝《なれ》の力《ちから》よ
アララギよ心《こころ》しづめて答《いら》へせよ
　汝《なれ》が生死《せいし》の境《さかひ》なるぞや
わが王《きみ》の厚《あつ》き心《こころ》をなみすれば

三人《みたり》の生命《いのち》は危《あや》ふかるべし』

アララギは怖《おそ》れ気《げ》もなく満面《まんめん》に笑《え》みを湛《たた》へつつ歌《うた》ふ。

『及《およ》ばざる吾《われ》なりながら姫君《ひめぎみ》に
　王《きみ》の心《こころ》を伝《つた》へ奉《まつ》らむ
二十年《はたとせ》を仕《つか》へ来《き》たりし姫《ひめ》なれば
　わが言霊《ことたま》をうべなひ給《たま》はむ
さりながら姫《ひめ》は御父《おんちち》御母《おんはは》を
　恨《うら》ませ給《たま》へば受《う》け合《あ》ひがたし
言霊《ことたま》のあらむ限《かぎ》りを打《う》ち出《だ》して
　姫《ひめ》の心《こころ》を動《うご》かして見《み》む』

朝月《あさづき》は面《おも》をやはらげながら、

『アララギの言葉《ことば》よろしも若王《わかぎみ》の
御為《おんため》誠《まこと》をつくし給《たま》はれ
若《わか》王《ぎみ》の心《こころ》にかなひ奉《まつ》りなば
汝《なれ》も御《み》国《くに》の花《はな》と栄《さか》えむ
永《とこ》遠《しへ》の生《いの》命《ち》保《たも》ちてこの城《しろ》に
花《はな》と匂《にほ》ひつ清《きよ》く栄《さか》えよ』

エームス王《わう》は歌《うた》ふ。

『さかしかる汝《なれ》アララギを力《ちから》とし
姫《ひめ》のよろしき便《たよ》りを待《ま》たむ
わが思《おも》ひ汝《なれ》が力《ちから》になるならば
吾《われ》は報《むく》いむ位《くらゐ》を与《あた》へて』

アララギは歌《うた》ふ。

『ありがたし若王《わかぎみ》さまの御《み》言《こと》宣《のり》

生命《いのち》捨《す》ててもかなはせ奉《まつ》らむ』

これよりアララギは、王《わう》の御前《みまへ》をさがり、朝月《あさづき》、夕月《ゆふづき》の従神《じうしん》に送《おく》られ、チンリウ姫《ひめ》が押《お》し込《こ》められて居《ゐ》る獄舎《ひとや》に帰《かへ》り来《き》たり、チンリウ姫《ひめ》の心《こころ》を動《うご》かすべく、言葉《ことば》をつくして歌《うた》ふ。

『チンリウ姫《ひめ》よ聞《きこ》し召《め》せ

われは御《み》前《まへ》に引《ひ》き出《だ》されさも恐《おそ》ろしきくさぐさの

王《きみ》の御《み》言《こと》を目《ま》のあたり

宣《の》り聞《き》かされて驚《おどろ》きぬ

吾等《われら》三《み》人《たり》は今《こ》宵《よひ》限《かぎ》り

13　思ひの掛川

夕《ゆふ》べの露《つゆ》と消《き》ゆる身《み》よ
水《みづ》責《ぜ》め火《ひ》責《ぜ》めはまだ愚《おろ》か
あらゆる責《せめ》苦《く》にあはされて
なぶり殺《ごろ》しにあふところ
わが言《こと》霊《たま》を善《ぜん》用《よう》し
エームス王《わう》の御心《おんこころ》
和《なご》め奉《まつ》ると百《もも》千《ち》々《ぢ》に
心《こころ》を砕《くだ》きし甲《か》斐《ひ》ありて
姫《ひめ》君《ぎみ》さまの返辞《いらへごと》
一《ひと》つによりて生《い》き死《し》にの
別《わか》るる際《きは》となりにけり

チンリウ姫《ひめ》の御《おん》君《きみ》よ
生《い》命《のち》ありての物《もの》種《だね》よ
いかなる恨《うら》みはおはすとも
生《い》命《のち》なければ報《むく》ゆべき
術《すべ》は絶《ぜっ》対《たい》なかるべし
ここは暫《しばら》く御《み》心《こころ》を
和《なご》め給《たま》ひてエームスの
王《きみ》の心《こころ》にまつろひて
惜《を》しき生《いの》命《ち》を保《たも》ちませ
アラギ吾《われ》も姫《ひめ》君《ぎみ》と
同《おな》じ心《こころ》に恨《うら》めども

13　思ひの掛川

何《なん》とせむ術《すべ》なきままに
恐《おそ》れ多《おほ》くも姫《ひめ》さまを
エームス王《わう》の妃《ひ》の君《きみ》に
奉《たてまつ》らむと誓《ちか》ひけり
許《ゆる》させ給《たま》へ姫《ひめ》君《ぎみ》よ
恋《こひ》しき御《おん》父《ちち》御《おん》母《はは》に
会《あ》はせ奉《まつ》るとアララギが
真《ま》心《ごころ》こめての仕《し》組《ぐみ》なり
必《かなら》ず悪《あ》しく思《おぼ》すまじ
忠《ちう》義《ぎ》一《いち》途《づ》に固《かた》まりし
このアララギの真《ま》心《ごころ》を

可怜《うまら》に委曲《つばら》に聞《きこ》し召《め》し
エームス王《わう》の恋心《こひごころ》
満《み》たさせ給《たま》へ惟神《かむながら》
神《かみ》の仕組《しぐみ》と思《おも》ふゆゑ
真心《まごころ》こめて願《ね》ぎ奉《まつ》る
もしも諾《うべな》ひ給《たま》はずば
アヅミの王《きみ》の御娘《おんむすめ》
尊《たふと》き御身《おんみ》はたちまちに
重《おも》き生命《いのち》を奪《うば》はれて
仇《あだ》をかへさむ由《よし》もなく
恨《うら》みの鬼《おに》となり下《さが》り

千《ち》代《よ》に八《や》千《ち》代《よ》に浮《うか》ぶ瀬《せ》は
泣《な》くなく歎《なげ》きに沈《しづ》むらむ
まげて吾《われ》等《ら》が願《ねが》ひをば
許《ゆる》させ給《たま》へと願《ね》ぎ奉《まつ》る。

姫《ひめ》君《ぎみ》の心《こころ》知《し》らずにあらねども
　生《いの》命《ち》のためにすすめ奉《まつ》るも
姫《ひめ》君《ぎみ》の生《いの》命《ち》を無《ぶ》事《じ》にささへつつ
　御《み》親《おや》の恨《うら》みはらさむと思《おも》ふ』

チンリウ姫《ひめ》はわづかに歌《うた》ふ。

『情《なさ》けなき乳《う》母《ば》アララギの言《こと》葉《ば》かな
　敵《てき》にわが身《み》を任《まか》すべきやは

武《もの》士《のふ》の娘《むすめ》と生《う》まれし吾《われ》なれば
　よしや死《し》すとも惜《を》しまざるべし
アララギの礼《ゐや》なき言《こと》葉《ば》聞《き》くにつけ
　わが魂《たましひ》は死《し》せむとするも
玉《たま》の緒《を》の生《いの》命《ち》惜《を》しみて父《ちち》母《はは》の
　仇《あだ》にまつろふ不《ふ》孝《かう》はなさじ
千《ち》万《よろづ》の甘《あま》き言《こと》葉《ば》も吾《わ》が身《み》には
　濁《にご》れる曲《まが》のささやきなりける』

センリウ女《ぢよ》は歌《うた》ふ。

『姫《ひめ》君《ぎみ》の言《こと》葉《ば》宜《うべ》よと思《おも》へども
　ここしばらくを忍《しの》ばせ給《たま》へ

姫《ひめ》君《ぎみ》の心《こころ》一《ひと》つにつながりし
　吾《われ》等《ら》が生《いの》命《ち》あはれみ給《たま》へ
姫《ひめ》君《ぎみ》の答《いら》への如《い》何《かん》は三《さん》人《にん》の
　玉《たま》の生《いの》命《ち》にかかはるものぞや
わが母《はは》と吾《われ》等《ら》が生《いの》命《ち》もろともに
　救《すく》はせ給《たま》へチンリウの姫《ひめ》君《ぎみ》』

チンリウ姫《ひめ》は歌《うた》ふ。

『恨《うら》めしき仇《あだ》なりながら汝《なれ》等《ら》母《おや》子《こ》の
　生《いの》命《ち》思《おも》へばためらひ心《ごころ》湧《わ》く
いかにせむ行《ゆ》きもかへりもならぬ身《み》の
　吾《われ》は死《し》すより苦《くる》しかりけり

アララギやセンリウ姫《ひめ》を殺《ころ》すかと
思《おも》へばかなしき生命《いのち》のわが身《み》よ
わが心《こころ》かなはずまでも今《いま》暫《しば》し
エームス王《わう》の御《み》言《こと》にかなはむ』

かく歌《うた》ひ終《をは》るや、朝月《あさづき》、夕月《ゆふづき》は物蔭《ものかげ》より現《あら》はれ来《き》たり、声《こゑ》もさはやかに歌《うた》ふ。

朝月《あさづき》の歌《うた》。

『あはれあはれ姫《ひめ》の心《こころ》の大《おほ》きさに
木《き》田《た》山城《やまじやう》は甦《よみがへ》りたり
エームスの王《きみ》はさぞかし御《み》心《こころ》の
清《きよ》きを聞《き》きて歓《よろこ》ぎ給《たま》はむ
吾《われ》もまたチンリウ姫《ひめ》の御《おん》言《こと》葉《ば》

聞《き》きて生命《いのち》の栄《さか》えを思《おも》ふ』

夕月《ゆふづき》は歌《うた》ふ。

『ありがたし心《こころ》つくしの海《うみ》の面《も》に
冴《さ》えたる月《つき》は浮《うか》ばせ給《たま》へり
チンリウ姫《ひめ》雄《を》々《を》しき心《こころ》聞《き》くにつけ
吾《われ》はかげより男《をとこ》泣《な》きせり
ありがたき御《み》代《よ》の栄《さか》えのためしかな
エームス王《わう》に妃《きさき》迎《むか》へて
いざさらば王《きみ》の御《み》前《まへ》にまつぶさに
姫《ひめ》の真《ま》心《ごころ》伝《つた》へ奉《まつ》らむ
アララギよチンリウ姫《ひめ》よセンリウよ

心安《こころやす》かれやがて迎《むか》へむ』

アララギは歌《うた》ふ。

『ありがたしチンリウ姫《ひめ》の真《ま》心《ごころ》に
われ等《ら》が生命《いのち》救《すく》はれしはや
エームスの王《きみ》の御《み》前《まへ》にわが宣《の》りし
生《いく》言《こと》霊《たま》を伝《つた》へ給《たま》へよ』

朝月《あさづき》は歌《うた》ふ。

『アララギの心《こころ》づくしの功績《いさを》を
うまらに王《きみ》に伝《つた》へ奉《まつ》らむ
よき便《たよ》り待《ま》たせ給《たま》へよ吾《われ》は今《いま》
王《きみ》の御《み》前《まへ》にかへりごとせむ』

かくしてエームス王《わう》の恋《こひ》は漸《やうや》く曙光《しよくわう》見《み》えたれば、王《わう》は直《ただ》ちにチンリウ姫《ひめ》以下《いか》を牢獄《らうごく》より開放《かいはう》し、立派《りつぱ》なる衣装《いしやう》に着替《きか》へさせ、王《わう》の宮殿《きうでん》に参入《さんにふ》せしむることとはなりぬ。

（昭和九・八・一四　旧七・五　於水明閣　内崎照代謹録）

○

みちのくの雪《ゆき》を見《み》ながら我《わ》が魂《たま》は
いやますますに振《ふる》ひ立《た》つなり

身《み》を忘《わす》れ家《いへ》を忘《わす》れて国《くに》の為《ため》に
雪《ゆき》の陸奥路《むつぢ》に獅子吼《ししく》するなり

（昭和九・一二・五）

第一四章　鷺《さぎ》と烏《からす》（二〇四一）

　ここにチンリウ姫《ひめ》は乳母《うば》アララギの、ことを解《わ》けての懇願《こんぐわん》により、敵《てき》の大将《たいしやう》エールスの太子《たいし》エームスの妃《きさき》となる事《こと》を心《こころ》ならずも承諾《しようだく》し、一時《いちじ》の難《なん》を免《まぬが》れむとしたるこそ憐《あは》れなれ。エームス王《わう》は欣喜《きんき》雀躍《じやくやく》しながら、群臣《ぐんしん》に命《めい》じ、奥殿《おくでん》に於《おい》てめでたく結婚式《けつこんしき》を行《おこな》ふ事《こと》を厳命《げんめい》せしにぞ、木田山城内《きたやまじやうない》は鼎《かなへ》の沸《わ》くがごとく、上《うへ》を下《した》への大騒《おほさわ》ぎ、若王《わかぎみ》のめでたき結婚《けつこん》なりと、尊《たか》きもひくきも歓《あら》ぎ喜《よろこ》ばむものはなかりけり。中《なか》にもチンリウ姫《ひめ》は結婚《けつこん》の花形役者《はながたやくしや》として、今日《けふ》までの牢獄住《らうごくず》まひに引《ひ》き替《か》へ、地獄《ぢごく》より天国《てんごく》に上《のぼ》りしごとくなれど、心中《しんちう》やや悲歎《ひたん》の涙《なみだ》に暮《く》れ居《ゐ》たりけり。エームス王《わう》はチンリウ姫《ひめ》を奥殿《おくでん》に招《まね》き温顔《をんがん》を満面《まんめん》に湛《たた》へながら歌《うた》ふ。

エームス王《わう》の歌《うた》。

『夕《ゆふ》顔《がほ》の匂《にほ》へる庭《には》に汝《な》が姿《すがた》
　認《みと》めて吾《われ》は悩《なや》みに落《お》ちたり
何《なに》事《ごと》も時《とき》世《よ》時《じ》節《せつ》と諦《あきら》めて
　吾《われ》に許《ゆる》せし君《きみ》は愛《かな》しも
君《きみ》が心《こころ》吾《われ》にあはずば玉《たま》の緒《を》の
　生《いの》命《ち》死《し》せむと悩《なや》み来《き》しよな
天《あめ》地《つち》の神《かみ》の恵《めぐ》みの露《つゆ》浴《あ》びて
　今《け》日《ふ》は嬉《うれ》しく君《きみ》に会《あ》ふかも
玉《たま》の緒《を》の生《いの》命《ち》も吾《われ》は惜《を》しむまじ
　君《きみ》の心《こころ》に抱《いだ》かるる身《み》は

父《ちち》母《はは》の礼《ゐや》なき業《わざ》を許《ゆる》しませ
　やがて酬《むく》いむ君《きみ》の心《こころ》に
汝《な》が父《ちち》を安《やす》きに救《すく》ひまゐらせて
　イドムの城《しろ》に迎《むか》へ奉《まつ》らむ
吾《わ》が心《こころ》君《きみ》の御《み》前《まへ》に打《う》ち明《あ》けて
　二心《ふたごころ》なきを誓《ちか》ひ置《お》くべし』

チンリウ姫《ひめ》は歌《うた》ふ。

『若《わか》王《ぎみ》の大《おほ》御《み》心《こころ》に叶《かな》ひたる
　吾《わ》が幸《さちは》ひを神《かみ》に感《ゐや》謝《ひ》す
永《とこ》久《しへ》に王《きみ》の御《み》側《そば》に仕《つか》へつつ
　吾《わ》が垂《たら》乳《ち》根《ね》に会《あ》ふ日《ひ》を待《ま》たむ

垂乳根《たらちね》の心《こころ》の悩《なや》み思《おも》ひつつ
　はからず王《きみ》に伊添《いそ》ひ奉《まつ》るも』

エームス王《わう》は歌《うた》ふ。

『玉《たま》の緒《を》の生命《いのち》をかけし恋《こひ》ゆゑに
　天《てん》にも昇《のぼ》る思《おも》ひするかな
朝月《あさづき》や夕月《ゆふづき》 アララギ センリウの
　真心《まごころ》照《て》りて今日《けふ》は楽《たの》しも』

アララギは歌《うた》ふ。

『若王《わかぎみ》の清《きよ》き御前《みまへ》に招《まね》かれて
　嬉《うれ》しさゆゑに吾《わ》が魂《たま》震《ふる》ふも
チンリウの姫《ひめ》の心《こころ》を慰《なぐさ》めつ

今日《けふ》の吉《よ》き日《ひ》に吾《われ》は逢《あ》ひにき
若王《わかぎみ》に永久《とは》に仕《つか》へて吾《われ》もまた
御国《みくに》の栄《さか》えを祈《いの》り奉《まつ》らむ』

朝月《あさづき》は歌《うた》ふ。

『若王《わかぎみ》の御言《みこと》畏《かしこ》みさまざまと
言霊《ことたま》打《う》ちて破《やぶ》れけるかな
いかにして姫《ひめ》の心《こころ》を迎《むか》へむと
千々《ちぢ》に心《こころ》を砕《くだ》きけるかや
チンリウ姫《ひめ》心《こころ》うごきて吾《わ》が魂《たま》は
いや新《あたら》しく光《ひか》りそめたり』

夕月《ゆふづき》は歌《うた》ふ。

『吾《われ》もまた如何《いかが》なるやと危《あや》ぶみし
　姫《ひめ》の心《こころ》は動《うご》き初《そ》めたり
　アララギの生言霊《いくことたま》の助《たす》けにて
　　今日《けふ》の吉日《よきひ》に逢《あ》ふぞ嬉《うれ》しき』

いよいよここに盛大《せいだい》なる結婚《けっこん》の式《しき》を挙《あ》げる事《こと》となり、城《しろ》の内外《ないぐわい》には国津神等《くにつかみたち》の歓呼《くわんこ》の声《こゑ》、天地《てんち》を動《ゆる》がすばかりなり。殿中《でんちう》には荘厳《さうごん》なる結婚式《けっこんしき》が開《ひら》かれてゐる。媒介役《ばいかいやく》たるアララギは祝歌《しゆくか》を歌《うた》ふ。

『天《あめ》地《つち》の開《ひら》き初《そ》めてゆ例《ためし》なき
　今《け》日《ふ》の吉《よき》日《ひ》に逢《あ》ふぞめでたき
　大《おほ》栄《さか》山《やま》に日《ひ》は昇《のぼ》り
　木《き》田《た》川《がは》面《おもて》に月《つき》浮《うか》ぶ

木《き》田《た》山城《やまじやう》の清《すが》庭《には》に
大《おほ》宮柱《みやばしら》太《ふと》知《し》りて
備《そな》へも堅《かた》きこの城《しろ》に
エールス王《わう》の若《わか》王《ぎみ》は
アヅミの王《きみ》の愛娘《まなむすめ》
チンリウ姫《ひめ》を迎《むか》へまし
今《け》日《ふ》の夕《ゆふ》べの吉《よき》時《とき》に
華燭《くわしよく》の典《てん》を挙《あ》げ給《たま》ひ
夫《ふう》婦《ふ》仲《なか》よく睦《むつ》まじく
千《ち》代《よ》の堅《かた》めを永《とこ》久《しへ》に
サールの国《くに》の国《こく》王《わう》と

14　鷺と烏

国《くに》津《つ》神《かみ》等《ら》に敬《うやま》はれ
堅《かき》磐《は》常《とき》磐《は》の巌《いは》が根《ね》に
果《は》てなき広《ひろ》き国《くに》原《はら》を
領《うし》有《は》ぎ給《たま》ふ代《よ》となりぬ
父《ちち》大《だい》王《わう》は大《おほ》栄《さか》の
御《み》山《やま》を越《こ》えて今《いま》ははや
イドムの国《くに》の王《わう》となり
アヅミの王《きみ》を退《しりぞ》けて
時《とき》めき給《たま》ふ尊《たふと》さよ
さはさりながら吾《わ》が王《きみ》は
仁《じん》慈《じ》無《む》限《げん》にましまして

329 - 81

国《くに》津《つ》神《かみ》等《ら》を愍《あは》れまし
恵《めぐ》みの露《つゆ》に霑《うるほ》ひて
鳥《てう》獣《じう》虫《ちう》魚《ぎよ》にいたるまで
王《きみ》の御《み》徳《とく》に服《まつ》従《ろ》ひて
今《け》日《ふ》の吉《よき》日《ひ》を歌《うた》ふなり
木《き》田《た》山城《やまじやう》の茂《しげ》森《もり》の
梢《こずゑ》に潜《ひそ》む田《た》鶴《づ》の声《こゑ》
いともさやかに聞《きこ》ゆなり
松《まつ》は千《ち》歳《とせ》の色《いろ》深《ふか》く
常《とき》磐《は》の状《さま》を現《あら》はせり
チンリウ姫《ひめ》は賢女《さかしめ》よ

また細女《くはしめ》よこの国《くに》の
妃《きさき》の君《きみ》と現《あ》れまして
四方《よも》に輝《かがや》き給《たま》ふべし
吾《われ》は二《は》十《た》年《とせ》姫《ひめ》君《ぎみ》の
御《み》側《そば》に侍《はべ》り仕《つか》へ来《き》て
今《け》日《ふ》の吉《よき》日《ひ》に逢《あ》ひけるも
神《かみ》の恵《めぐ》みの露《つゆ》なれや
あゝ有《あり》難《がた》しめでたしと
今《け》日《ふ》の吉《よき》日《ひ》を祝《ほ》ぎ奉《まつ》る』

エームス王《わう》は歌《うた》ふ。

『昔《むかし》より例《ためし》も聞《き》かぬ喜《よろこ》びに

逢《あ》ひにけらしな姫《ひめ》を娶《めと》りて

天《あめ》地《つち》は清《きよ》く晴《は》れつつ吾《わ》が胸《むね》も
御《み》空《そら》の月《つき》と晴《は》れ渡《わた》りつつ

大《おほ》栄《さか》山《やま》尾《をの》上《へ》に澄《す》める月《つき》光《かげ》も
今《け》日《ふ》は一《ひと》入《しほ》清《すが》しかりけり

野《の》辺《べ》を吹《ふ》く風《かぜ》の響《ひび》きも何《なん》となく
今《け》日《ふ》の喜《よろこ》び歌《うた》ふがに聞《きこ》ゆ

大《おほ》栄《さか》山《やま》尾《を》根《ね》にかがよふ月《つき》影《かげ》も
木《き》田《た》の流《なが》れに浮《うか》びて祝《いは》ふ

小《さざ》波《なみ》も立《た》たぬ夕《ゆふ》べの川《かは》の面《も》に
月《つき》影《かげ》円《まる》く澄《す》みきらひたり

吾《わ》が心《こころ》とみに勇《いさ》みて天地《あめつち》に
　生《い》きの生命《いのち》の尊《たふと》さ思《おも》ふ

吾《わ》が父《ちち》の心《こころ》和《なご》めて妻《つま》の為《ため》に
　イドムの国《くに》を蘇《よみがへ》らせむ

かくならばアヅミの王《きみ》は吾《わ》が父《ちち》よ
　エールスもまた父《ちち》なりにけり

イドム国《こく》サールの国《くに》と手《て》を引《ひ》きて
　伊《い》佐《さ》子《ご》の島《しま》に永《なが》く栄《さか》えむ』

チンリウ姫《ひめ》は歌《うた》ふ。

『何《なに》事《ごと》も皆《みな》打《う》ち忘《わす》れ今日《けふ》の日《ひ》の
　吾《われ》は嫁《とつ》ぎを楽《たの》しむものなり

時《とき》まちて父《ちち》の御《み》国《くに》を返《かへ》さむと
思《おも》ふは吾《わ》が身《み》の願《ねが》ひなりけり

情《なさ》けあるエームス王《わう》の妃《ひ》となりて
親《おや》に孝《かう》養《やう》尽《つ》くさむと思《おも》ふ

木《き》田《た》山城《やまじやう》照《て》らす夕《ゆふ》べの月《つき》見《み》れば
笑《ゑ》ませ給《たま》へり王《きみ》の面《おも》に似《に》て』

朝月《あさづき》は歌《うた》ふ。

『国《くに》津《つ》神《かみ》山《やま》のごとくに集《あつ》まりて
今《け》日《ふ》の吉《よき》日《ひ》を歌《うた》ふ声《こゑ》すも

幾《いく》万《まん》の国《くに》津《つ》神《かみ》等《ら》の関《とき》の声《こゑ》
天《あめ》と地《つち》とに響《ひび》き渡《わた》れり』

夕月《ゆふづき》は歌《うた》ふ。

『夕《ゆふ》月《づき》の光《ひかり》冴《さ》えにつ若《わか》王《ぎみ》の
　今《け》日《ふ》の喜《よろこ》び祝《いは》ふがに見《み》ゆ

吾《われ》もまたこれの蓆《むしろ》に列《つら》ねられ
　嬉《うれ》しさあまりて言《こと》の葉《は》もなし

山《やま》も川《かは》も歓《あら》ぎ喜《よろこ》ぶ状《さ》況《ま》見《み》えて
　五《さ》月《つき》の雨《あめ》は晴《は》れ上《あが》りたり』

センリウは歌《うた》ふ。

『姫《ひめ》君《ぎみ》の雄《を》々《を》しき心《こころ》の幸《さちは》ひに
　安《やす》けく異《い》邦《はう》の月《つき》を見《み》しかな

前《さき》の日《ひ》にイドムの城《しろ》に眺《なが》めてし

月《つき》にも増《ま》して清《すが》しかりけり
吾《わ》が姿面《すがたおも》ざしまでも姫君《ひめぎみ》に
似《に》たりと人《ひと》の言《い》ふぞあやしき』

アララギは歌《うた》ふ。

『姫君《ひめぎみ》も汝《なれ》も吾《わ》が乳呑《ちちの》み足《た》りて
はぐくまれたる為《ため》なりにけり
端女《はしため》といへども汝《なれ》は乳姉妹《ちきやうだい》
姫《ひめ》にまがひて美《うるは》しきかも』

いよいよチンリウ姫《ひめ》は結婚《けつこん》の儀式《ぎしき》を済《す》ませ、これより王《わう》の寝室《しんしつ》に進《すす》み入《い》る事《こと》となりけるが、乳母《うば》のアララギは勝《すぐ》れざる面《おもも》持ちにて、密《ひそ》かにチンリウ姫《ひめ》を一間《ひとま》に招《お》ぎ語《かた》るらむ。

『姫《ひめ》さま、大変《たいへん》な私《わたし》には心配事《しんぱいごと》が出来《でき》ました。如何致《いかがいた》しませうかと思案《しあん》に暮《く》れて居《を》りますが、どうか御許《おゆる》し下《くだ》さいませ。乳母《うば》が一生《いつしやう》の過《あやま》ちですから』

と、チンリウ姫《ひめ》は意外《いぐわい》の乳母《うば》の言葉《ことば》に胸《むね》を轟《とどろ》かせながら、

『今《いま》となり怪《あや》しき言葉《ことば》聞《き》くものか
　汝《なれ》の面《おもて》に愁《うれ》ひ漂《ただよ》ふ』

乳母《うば》のアララギはひとしほ声《こゑ》を潜《ひそ》めて、

『姫《ひめ》さま、これが心配《しんぱい》せずに居《を》られませうか。滝津瀬《たきつせ》、山風《やまかぜ》の側女《そばめ》に承《うけたまは》りますれば、今《いま》まで王《わう》さまは幾度《いくたび》も美《うるは》しき妃《きさき》をお迎《むか》へになつたさうでありますが、いづれも一晩《ひとばん》きりでお生命《いのち》がなくなるさうで、その噂《うはさ》が遠近《をちこち》に伝《つた》はり、それゆゑにこの国《くに》では王《わう》さまの妃《きさき》になるものはないさうでございます。いかに高貴《かうき》な身《み》になつても生命《いのち》がなくてはなりませぬからなあー。かくなる上《うへ》は逃《に》げ出《い》ださうとしても蟻《あり》の這《は》ひ出《で》る隙間《すきま》もありませぬから』

と、息《いき》はずませて耳打《みみう》ちする。

チンリウ姫《ひめ》は歌《うた》ふ。

『恐《おそ》ろしき事《こと》を聞《き》くかもアララギの
言《こと》葉《ば》も真《ま》言《こと》と思《おも》へば恐《おそ》ろし
いかにしてこの場《ば》を逃《のが》れ永《とこ》遠《しへ》の
吾《われ》は生《いの》命《ち》をながらへむかな
アララギによき智《ち》慧《ゑ》あればかしてたべ
吾《わ》が玉《たま》の緒《を》の生《いの》命《ち》は重《おも》し』

アララギはひとしほ声《こゑ》を潜《ひそ》めて言《い》ふ。

『姫《ひめ》さま、この王《わう》さまは熊《くま》と虎《とら》との中《なか》から出《で》来《き》た猛《まう》獣《じう》の化《ば》け物《もの》で、あんな優《やさ》しい姿《すがた》はして居《ゐ》られますが、夜《や》分《ぶん》になつて抱《だ》き付《つ》かれますと、余《あま》りに腕《うで》の力《ちから》が強《つよ》いため、か弱《よわ》き姫《ひめ》君《ぎみ》さまは一《ひと》息《いき》に締《し》め殺《ころ》されて、亡《な》くなるとの事《こと》、私《わたし》も二《に》十年間《じふねんかん》お仕《つか》へしまして、今《いま》この所《ところ》で大切《たいせつ》な姫君《ひめぎみ》さまを殺《ころ》されたら申《まを》し訳《わけ》が立《た》たず、いろいろ考《かんが》へた結果《けつくわ》、一《ひと》つのよき智《ち》慧《ゑ》を搾《しぼ》り出《だ》しました。つまり吾《わ》が娘《むすめ》センリウは乳姉妹《ちきやうだい》の間柄《あひだがら》ゆゑ、姫《ひめ》さまと面貌《おもざし》、姿《すがた》寸分違《すんぶんたが》はず、菖蒲《あやめ》と燕子花《かきつばた》との区別《くべつ》が分《わか》らぬと申《まを》しますから、これを幸《さいは》ひ姫《ひめ》さまの御装束《ごしやうぞく》を着替《きか》へさせ、姫《ひめ》さまはセンリウの着物《きもの》を召《め》して暗《くら》がりに隠《かく》れ、今晩一夜《こんばんいちや》だけ様子《やうす》を考《かんが》へることに致《いた》しませう。センリウはいやしき私《わたし》の娘《むすめ》でございますから、貴賤《きせん》の差《さ》は天地《てんち》に比《くら》ぶべきものでございます。それで今夜《こんや》の替《か》へ玉《だま》を御許《おゆる》し下《くだ》さらば、きつと姫《ひめ》さまの危難《きなん》をお救《すく》ひ申《まを》し上《あ》げます』

と、言葉巧《ことばたく》みに説《と》き立《た》つれば、チンリウ姫《ひめ》は乳母《うば》アララギの黒《くろ》き心《こころ》を少《すこ》しも覚《さと》らず、盛装《せいさう》を脱《ぬ》ぎ捨《す》てセンリウ姫《ひめ》に着替《きか》へさせ、自分《じぶん》はセンリウ女《ぢよ》の着物《きもの》を着《ちやく》し一間《ひとま》に潜《ひそ》み待《ま》ち居《ゐ》たりける。しかるにその夜《よ》は余《あま》り変《かは》りたる様《さま》もなく、センリウ女《ぢよ》は欣然《きんぜん》として朝庭《あさには》を逍遥《せうえう》して居《ゐ》る。チンリウ姫《ひめ》は乳母《うば》の袖《そで》を引《ひ》きて小声《こごゑ》になりながら、

『乳母《うば》、夜前《やぜん》は何《なに》も事《こと》がなかつたさうだが、王《わう》さまはいつたい何《なん》と思《おぼ》し召《め》してござらうぞ。替《か》へ玉《だま》を使《つか》はれて御心《みこころ》が付《つ》かないのであらうか』

と、やや心配気《しんぱいげ》に言《い》ひければ、乳母《うば》アララギはチンリウ姫《ひめ》の耳《みみ》に口《くち》を寄《よ》せ、

『この祭壇《さいだん》に飾《かざ》りある水晶《すいしやう》の花瓶《くわびん》を庭《には》に持《も》ち出《だ》し、小石《こいし》を持《も》ちて静《しづ》かに打《う》つ時《とき》は、たちまち王《わう》さまの歓心《くわんしん》を得《え》て、必《かなら》ず姫《ひめ》さまを愛《あい》し給《たま》ふと言《い》ふ事《こと》でござります。王《わう》さまは吾《わ》が娘《むすめ》センリウを真正《まこと》の姫《ひめ》さまと思《おも》うて居《ゐ》られますさうですから、夜前《やぜん》の替《か》へ玉《だま》を恐《おそ》れ多《おほ》くて申《まを》されませぬから、この花瓶《くわびん》を庭《には》に持《も》ち出《だ》し、少《すこ》しくお打《う》ち下《くだ》さいませ。清《きよ》き音《ね》が出《で》ますから』

と、いと懇切《ねんごろ》に説《と》き諭《さと》せば、おぼこ娘《むすめ》のチンリウ姫《ひめ》は深《ふか》き計略《けいりやく》のあるとは知《し》らず、水晶《すいしやう》の花瓶《くわびん》を庭《には》に持《も》ち出《だ》し打《う》ち給《たま》ひければ、水晶《すいしやう》の花瓶《くわびん》はポカリと二《ふた》つに破《わ》れたり。これを見《み》るより乳母《うば》アララギは、チンリウ姫《ひめ》の髻《たぶさ》をグッと握《にぎ》りて引《ひ》き摺《ず》り廻《まは》しながら、

『汝《なんぢ》は姫《ひめ》さまの侍女《じぢよ》でありながら、お家《いへ》の重宝《たから》を石《いし》をもつて叩《たた》き破《わ》るとは言語《ごんご》道断《だうだん》、吾《わ》が子《こ》であつて吾《わ》が子《こ》でない。皆《みな》さま、大罪人《だいざいにん》が現《あら》はれました』

と、大音声《だいおんじやう》に呼《よ》ばはるや、あまたの司等《つかさたち》が集《あつ》まり来《き》たり、十重《とへ》二十重《はたへ》に取《と》り巻《ま》き、狼藉者《らうぜきもの》を逃《のが》すなと手《て》ん手《で》に得物《えもの》をもつて攻《せ》め来《き》たる。

チンリウ姫《ひめ》は事《こと》の意外《いぐわい》に驚《おどろ》き、乳母《うば》アララギに向《むか》ひ、

『汝《なんぢ》の娘《むすめ》にあらず』

と呼《よ》ばはりければ、アララギは発覚《はつかく》しては大事《おほごと》と、姫《ひめ》の口《くち》に真綿《まわた》を含《ふく》ませ猿轡《さるぐつわ》をかませ、頭部《とうぶ》面部《めんぶ》を打《う》ち据《す》ゑければ、血《ち》にじみ上《あが》り似《に》ても似《に》つかぬ醜悪《しうあく》なる面《おも》となりければ、ここに憐《あは》れや大罪人《だいざいにん》としてチンリウ姫《ひめ》は遠島《ゑんたう》の刑《けい》に処《しよ》せられけり。

（昭和九・八・一四　旧七・五　於水明閣　森良仁謹録）

第一五章　厚《こう》顔《がん》無《む》恥《ち》（二〇四二）

大奥《おほおく》に於《お》けるエームス王《わう》とチンリウ姫《ひめ》の結婚式《けつこんしき》の余《あま》り荘厳《さうごん》なるに、乳母《うば》のアララギは俄《には》かにねたましく野心《やしん》むらむらと起《おこ》り、いかにもしてチンリウ姫《ひめ》のセンリウに酷似《こくじ》せるを幸《さいは》ひ、悪計《わるだくみ》を捻《ひね》り出《だ》し、うまうま姫《ひめ》を罠《わな》に陥《おとしい》れ、これを遠島《ゑんたう》の刑《けい》に処《しよ》せしめしは、憎《にく》みても余《あま》りある奸佞邪智《かんねいじやち》の曲者《くせもの》なりける。エームス王《わう》は姫《ひめ》の替《か》へ玉《だま》とは知《し》らず、贋物《にせもの》をつかまされ、チンリウ姫《ひめ》と深《ふか》く思《おも》ひ込《こ》み、昼夜《ちうや》心《こころ》を用《もち》ゐて寵愛《ちようあい》してゐる。アララギは、しすましたりと王妃《わうひ》となりしわが娘《こ》と、密《ひそ》かに顔《かほ》を見合《みあは》せ、舌《した》を吐《は》き出《だ》し微笑《ほほゑ》んでゐる。いよいよ結婚式《けつこんしき》は済《す》み、十日《とをか》を経《へ》たる月明《げつめい》の夜《よ》、殿内《でんない》に於《おい》て重臣《ぢうしん》を集《あつ》め、祝賀会《しゆくがくわい》を開《ひら》かるる事《こと》となりぬ。

エームス王《わう》始《はじ》めあまたの重臣《ぢうしん》は、アララギの公平《こうへい》なる処置《しよち》に感激《かんげき》し、各《おのおの》口《くち》を極《きは》めて讃辞《さんじ》を呈《てい》し、エームス王《わう》もまた、アララギの公平《こうへい》なる処置《しよち》に感嘆《かんたん》の余《あま》り、一切万事《いつさいばんじ》を委託《ゐたく》して殿《でん》内《ない》の総《すべ》ての事務《じむ》を処理《しより》せしめたれば、アララギの声望《せいばう》は旭日昇天《きよくじつしようてん》のごとく、彼《かれ》が意《い》に少《すこ》しにても逆《さか》らふ者《もの》あらば、ことごとく手打《てう》ちにされ、投獄《とうごく》され、あるいは遠島《ゑんたう》の刑《けい》に処《しよ》せらるるのおそれありければ、いづれも恐《おそ》れを為《な》してアララギの事《こと》を口《くち》にする者無《ものな》かりける。

祝賀《しゆくが》の宴《えん》は開《ひら》かれた。エームス王《わう》は立《た》つて歌《うた》ふ。

『公《おほやけ》の心《こころ》を持《も》ちて私《わたくし》を
　捨《す》てしアララギいそしかりける
最愛《さいあい》の吾《わ》が子《こ》の罪《つみ》を包《つつ》まずに
　島《しま》に流《なが》せと宣《の》りし素《す》直《なほ》さ
アララギの娘《むすめ》の事《こと》を思《おも》ひ出《い》で
　われは憐《あは》れを催《もよほ》しにけり』

アララギは立《た》つて歌《うた》ふ。

『吾《わ》が王《きみ》の御《み》言《こと》葉《ば》畏《かしこ》しさりながら
　国《くに》の掟《おきて》を乱《みだ》し給《たま》ふな
吾《わ》が子《こ》とはいへど天《てん》地《ち》の罪《つみ》人《びと》よ
　依《え》怙《こ》なき王《きみ》は許《ゆる》し給《たま》ふな
吾《わ》が娘《むすめ》国《くに》の宝《たから》を打《う》ち破《やぶ》り
　いかでその罪《つみ》逃《のが》るべしやは
吾《わ》が王《きみ》はよし許《ゆる》すとも国《くに》津《つ》神《かみ》は
　この過《あやま》ちを許《ゆる》すべきかは
わが娘《むすめ》許《ゆる》さるる事《こと》あるならば
　われは代《かは》りて罪《つみ》に服《ふく》せむ』

王妃《わうひ》は歌《うた》ふ。

『二《は》十《た》年《とせ》をわれに仕《つか》へしアララギの
　公心《おほやけごころ》を神《かみ》は知《し》るらむ
二《は》十《た》年《とせ》の長《なが》き月《つき》日《ひ》を育《はぐく》みし
　吾《わ》が子《こ》の罪《つみ》をさばく雄《を》々《を》しさ
センリウの罪《つみ》重《おも》ければいつまでも
　かくれの島《しま》に閉《と》ぢこめ置《お》かむ
万《ばん》死《し》にも値《あたひ》するなる大《だい》罪《ざい》を
　許《ゆる》さむ掟《おきて》我《わ》が国《くに》に無《な》し
われは今《いま》聖《ひじり》の君《きみ》に伊《い》添《そ》ひつつ
　サールの闇《やみ》を照《て》らさむと思《おも》ふ

アララギよ汝《なれ》が清《きよ》けき心《こころ》もて
　わが政治《まつりごと》補《たす》けまつれよ
男《を》の子《こ》にも勝《まさ》りて雄《を》々《を》しきアララギは
　サールの国《くに》の力《ちから》なるかも』

アララギは歌《うた》ふ。

『ありがたしチンリウ姫《ひめ》の御《み》言《こと》宣《のり》
　たしに守《まも》りて違《たが》はざるべし
今日《けふ》よりは百《もも》の司《つかさ》の上《うへ》に立《た》ち
　王《きみ》の政治《せいぢ》を補《おぎな》ひまつらむ
吾《わ》が王《きみ》よ罪《つみ》を造《つく》りしセンリウに
　必《かなら》ず心配《こころくば》らせ給《たま》ふな

血《ち》を別《わ》けし吾《わ》が子《こ》なりとて許《ゆる》しなば
　サールの国《くに》の掟《おきて》は乱《みだ》れむ
王《きみ》思《おも》ひ御《み》国《くに》を思《おも》ふ誠《ま》心《ごころ》に
　歎《なげ》きの涙《なみだ》われはしぼらじ』

朝月《あさづき》は歌《うた》ふ。

『けなげなるアララギの君《きみ》ましまして
　王《きみ》の御《み》心《こころ》照《て》らし給《たま》へり
チンリウ姫《ひめ》堅《かた》き心《こころ》を和《なご》めつつ
　今《け》日《ふ》の歓《よろこ》び招《まね》きし君《きみ》はも
チンリウ姫《ひめ》の崇《け》高《だか》き御《み》姿《すがた》朝《あさ》夕《ゆふ》に
　拝《をが》みまつりて国《くに》の秀《ほ》をおもふ

若王《わかぎみ》はいと健《すこ》やかにおはしまして
御機嫌《ごきげん》よきが嬉《うれ》しかりけり
さりながらかくれの島《しま》にやらはれし
センリウ姫《ひめ》は悲《かな》しかりけり
大君《おほぎみ》の清《きよ》き心《こころ》に宣《の》り直《なほ》し
許《ゆる》させ給《たま》へセンリウ姫《ひめ》を』

アララギは、むつくと立《た》つて歌《うた》ふ。

『わが王《きみ》よ必《かなら》ず許《ゆる》し給《たま》ふまじ
国《くに》の掟《おきて》は厳《おごそ》かなりせば
朝《あさ》月《づき》の司《つかさ》の言《こと》葉《ば》聞《き》くにつけ
われは御《み》国《くに》の為《ため》に悲《かな》しむ』

夕月《ゆふづき》は歌《うた》ふ。

『過《あやま》ちて国《くに》の宝《たから》をこはしたる
　センリウ姫《ひめ》は悲《かな》しき人《ひと》かも
国《くに》の掟《おきて》厳《おごそ》かなりとはいひながら
　無《む》心《しん》の過《あやま》ち許《ゆる》すべきかは
知《し》らず識《し》らず過《あやま》ちし罪《つみ》をきためなば
　かへりて国《くに》は治《をさ》まらざるべし
夕《ゆふ》月《づき》は生命《いのち》をかけて吾《わ》が王《きみ》に
　センリウ姫《ひめ》の許《ゆる》しを願《ねが》ふ』

王妃《わうひ》は歌《うた》ふ。

『朝《あさ》月《づき》や夕《ゆふ》月《づき》二《ふ》人《たり》の言《こと》の葉《は》は

宜《うべ》よと思《おも》へど永《と》久《は》に許《ゆる》さじ
畏《おそ》れ多《おほ》くも国《くに》の宝《たから》を壊《こは》したる
罪《つみ》に勝《まさ》れる罪《つみ》はなからむ
いや古《ふる》きサールの国《くに》の魂《たましひ》を
打《う》ち砕《くだ》きたる罪《つみ》は重《おも》けれ
祖《おや》々《おや》の世《よ》より伝《つた》はる水晶《すいしやう》の
花瓶《くわびん》を割《わ》りし憎《にく》き罪《つみ》人《びと》
手《て》に触《ふ》るるさへも畏《かしこ》き御宝《おんたから》
打《う》ち砕《くだ》きたるセンリウ憎《にく》しも
吾《わ》が生《いの》命《ち》あらむ限《かぎ》りは許《ゆる》すまじ
国《くに》の宝《たから》を砕《くだ》きたる罪《つみ》』

アララギは歌《うた》ふ。

『姫君《ひめぎみ》の実《げ》にも明《あか》るき御言宣《みことのり》
　サールの国《くに》の闇《やみ》を照《て》らさむ
夜《よる》の鶴《つる》焼野《やけの》の雉子《きぎす》わが御子《みこ》を
　思《おも》はぬものは世《よ》にあらじかし
さりながらいかに吾《わ》が子《こ》といひつれど
　この罪《つみ》ばかりは許《ゆる》す術《すべ》なし』

滝津瀬《たきつせ》は歌《うた》ふ。

『アララギの君《きみ》の雄《を》々《を》しき志《こころざし》
　聞《き》くにつけても涙《なみだ》こぼるる
かくのごと公《こう》平《へい》無《む》私《し》のアララギの

たたす御《み》国《くに》は安《やす》けかるべし

たをやめの女《をんな》ながらも鬼《おに》まさり
雄《を》々《を》しき君《きみ》は国《くに》の光《ひかり》よ

若《わか》王《ぎみ》の朝《あさ》な夕《ゆふ》なの政治《まつりごと》
補《たす》けて君《きみ》は永《と》久《は》にましませ

常《とこ》闇《やみ》のサールの国《くに》も今《け》日《ふ》よりは
天《あま》津《つ》日《ひ》のごと輝《かがや》き渡《わた》らむ

姫《ひめ》君《ぎみ》はイドムの王《わう》の愛娘《まなむすめ》
さかしく雄《を》々《を》しく世《よ》に臨《のぞ》みますも

やがて今《いま》イドム　サールの両国《りやうごく》は
至《し》治《ち》太《たい》平《へい》の御《み》代《よ》と栄《さか》えむ

木《き》田《た》川《がは》の広《ひろ》き流《なが》れも今日《けふ》よりは
澄《す》みきり渡《わた》らむ姫《ひめ》の光《ひかり》に

大《おほ》栄《さか》の山《やま》の尾上《をのへ》ゆ吹《ふ》き下《おろ》す
風《かぜ》暖《あたた》かくなりにけらしな

虎《とら》熊《くま》や獅《し》子《し》狼《おほかみ》のやからまで
王《きみ》の恵《めぐ》みに伊《い》寄《よ》り集《つど》ふも

有《あり》難《がた》き御《み》代《よ》となりけりアララギの
司《つかさ》のいますサールの国《くに》原《はら》

時鳥《ほととぎす》雨《あめ》になきたる国《くに》原《はら》も
今《いま》は隈《くま》なく晴《は》れて清《すが》しき

大《おほ》栄《さか》山《やま》樹《じゆ》海《かい》を渡《わた》る山《やま》風《かぜ》は

これの館《やかた》に涼《すず》しく渡《わた》れり』

山風《やまかぜ》は歌《うた》ふ。

『昔《むかし》より例《ためし》も知《し》らぬこの国《くに》の
栄《さか》えを見《み》たるわれぞ嬉《うれ》しき
野《の》も山《やま》も緑《みどり》の衣《ころもき》着飾《かざ》りて
サールの国《くに》を寿《ことほ》ぎ渡《わた》らふ
さ緑《みどり》の樹《じゆ》海《かい》を渡《わた》る山《やま》風《かぜ》の
涼《すず》しき心《こころ》王《きみ》は持《も》たせり』

朝月《あさづき》は再《ふたた》び歌《うた》ふ。

『波《なみ》の奥《おく》かくれの島《しま》に送《おく》りてし
姫《ひめ》の心《こころ》を思《おも》へば悲《かな》し

畏《おそ》れながら誠《まこと》の姫《ひめ》に非《あら》ずやと
　わが魂《たましひ》はささやきて居《を》り』

チンリウ姫《ひめ》は目《め》に角《かど》を立《た》てながら、言葉《ことば》せはしく歌《うた》ふ。

『朝《あさ》月《づき》のゐやなき言《こと》葉《ば》聞《き》くにつけ
　わが魂《たましひ》は打《う》ちふるふなり
朝《あさ》月《づき》のゐやなき言《こと》葉《ば》をきためませよ
　吾《わ》が王《きみ》われを愛《め》しと思《おぼ》さば
似《に》たりとはいへどもわれとセンリウは
　貴《き》賤《せん》尊《そん》卑《び》の別《べつ》あるものを』

エームス王《わう》は歌《うた》ふ。

『チンリウ姫《ひめ》の言《こと》葉《ば》は宜《うべ》よ朝《あさ》月《づき》の

ゐやなき言葉《ことば》われはとがめむ
朝月《あさづき》のかげは真《ま》白《しろ》に薄《うす》れつつ
やがて消《き》えなむわが言《こと》の葉《は》に
朝月《あさづき》に重《おも》き罪《つみ》をば負《お》はせつつ
人《ひと》なき島《しま》に遠《とほ》く流《なが》せよ』

ここに王命《わうめい》もだし難《がた》く、朝月《あさづき》は王《わう》と王妃《わうひ》の怒《いか》りにふれ、たちまち宴会《えんくわい》の席上《せきじやう》より全身《ぜんしん》を荒縄《あらなは》に縛《しば》られながら、大罪人《だいざいにん》として遠島《ゑんたう》の刑《けい》に処《しよ》せられしこそ是非《ぜひ》なけれ。

あはれ、朝月《あさづき》はチンリウ姫《ひめ》を疑《うたが》ひし廉《かど》により即座《そくざ》に重《おも》き刑《けい》に処《しよ》せられ、衆人環視《しうじんくわんし》の中《なか》を引立《ひった》てられ、城外《じやうぐわい》におびき出《だ》され、遂《つひ》には島流《しまなが》しの憂《う》き目《め》を見《み》るに到《いた》れり。

エームス王《わう》、チンリウ、アララギはその後姿《うしろすがた》を打《う》ち見《み》やりながら、愉快《ゆくわい》げに微笑《ほほゑ》みつつアララギは歌《うた》ふ。

『明《あき》らけき王《きみ》のさばきに朝《あさ》月《づき》は
　返《かへ》す言《こと》葉《ば》もなかりけるかな
姫《ひめ》君《ぎみ》を陥《おとしい》れむと朝《あさ》月《づき》は
　言《こと》葉《ば》かまへて乱《みだ》さむとせし
天《あめ》地《つち》の神《かみ》のきためは眼《ま》のあたり
　朝《あさ》月《づき》今《いま》はかげだにもなし
我《わ》が国《くに》の掟《おきて》厳《きび》しくなさざれば
　やがて乱《みだ》れむ上《うへ》と下《した》とに
吾《わ》が王《きみ》の正《ただ》しき判《さば》決《き》見《み》るにつけ
　末《すゑ》頼《たの》もしく思《おも》はるるかな』

チンリウ姫《ひめ》は、

『心《ここ》地《ち》よき事《こと》を見《み》るかなゐやなくも
　われをなみせし罪《つみ》酬《むく》い来《き》て
わが前《まへ》に疑《うたが》ひあれば何《なに》事《ごと》も
　言《こと》挙《あ》げせよや直《ただ》に判《さ》決《ば》かむ』

エームス王《わう》は歌《うた》ふ。

『木《き》田《た》山城《やまじやう》の内《うち》外《と》を乱《みだ》し破《やぶ》らむと
　謀《たく》みし曲《まが》は看《み》破《やぶ》られたり
朝《あさ》月《づき》は表《うは》面《べ》に誠《まこと》を装《よそほ》ひつ
　爪《つめ》をかくせし虎《とら》なりにけり
曲《まが》神《かみ》はわが館《やかた》より追《お》ひ出《だ》され
　荒《あら》浪《なみ》の上《へ》にただよふなるらむ

チンリウ姫《ひめ》の身《み》の上《うへ》につき疑《うたが》ひの
　言《こと》葉《ば》出《い》ださば追《お》ひやらふべし
かくのごと正《ただ》しき姫《ひめ》を贋《にせ》物《もの》と
　疑《うたが》ふやからの心《こころ》は曇《くも》れる』

滝《たき》津《つ》瀬《せ》は歌《うた》ふ。

『われは今《いま》正《ただ》しき判《さば》決《き》を眼《ま》のあたり
　眺《なが》めて心《こころ》戦《をのの》きしはや
日《じつ》月《げつ》は空《そら》に照《て》れども中《なか》空《ぞら》に
　黒《くろ》雲《くも》起《おこ》りて地《ち》上《じやう》にとどかず
黒《くろ》雲《くも》を払《はら》ひ給《たま》ひしわが王《きみ》の
　清《きよ》き判《さば》決《き》は尊《たふと》かりけり

御姿《おんすがた》崇《け》高《だか》くいます姫《ひめ》君《ぎみ》を
疑《うたが》ふ司《つかさ》の心《こころ》あやしも』

山風《やまかぜ》は歌《うた》ふ。

『かくのごと明《あか》るき姫《ひめ》に疑《うたが》ひを
かくる心《こころ》は曲《まが》津《つ》なりけり
わが王《きみ》と姫《ひめ》の命《みこと》に服《まつ》従《ろ》ひて
身《み》も魂《たましひ》も千《ち》代《よ》に仕《つか》へむ
アララギの君《きみ》の明《あか》るき魂《たましひ》を
われは力《ちから》と謹《つつし》み仕《つか》へむ』

これより木《き》田《た》山《やま》城《しやう》内《ない》はアララギが権《けん》威《ゐ》を振《ふる》ひ、奸佞邪智《かんねいじやち》の輩《ともがら》を重用《ぢうよう》し、正義《せいぎ》の士《し》はことごとく難癖《なんくせ》をつけ、あるいは殺《ころ》し、あるいは流《なが》し、あるいは牢獄《らうごく》に投《とう》じければ、悪人《あくにん》ますます跋扈《ばつこ》して、サールの国内各所《こくないかくしよ》に暴動勃発《ばうどうぼつぱつ》し、怨嗟《ゑんさ》の声《こゑ》は山野《さんや》に満《み》ち、国家《こくか》の危《あやふ》き情勢《じやうせい》を馴致《じゆんち》したるぞ是非《ぜひ》なけれ。

ここにチンリウ姫《ひめ》は、乳母《うば》アララギの奸計《かんけい》にかかり、吾《わ》が子《こ》のセンリウと強《し》ひられ、且《か》つ国宝破壊《こくほうはくわい》の罪《つみ》を負《お》はされ、かくれ島《じま》に流《なが》されけるが、この島《しま》は夕《ゆふ》さり来《く》れば荒浪《あらなみ》のために全《ぜん》島没《たうぼつ》し、これにある人畜《じんちく》は溺死《できし》するといふ魔《ま》の島《しま》なりけり。アララギは奸計《かんけい》の発覚《はつかく》をおそれ、特《とく》にこの島《しま》に主人《しゆじん》のチンリウ姫《ひめ》を送《おく》らせたるにぞありける。また朝月《あさづき》は王《わう》の怒《いか》りにふれて、かくれ島《じま》より約五十《やくごじふ》哩《マイル》ばかり沖《おき》にある荒島《あらしま》といふ岩石《がんせき》のみにて固《かた》まりし一孤島《いちこたう》に捨《す》てられ、歎《なげ》きの月日《つきひ》を送《おく》りつつ魚介《ぎよかい》を餌食《ゑじき》として、天《てん》の時《とき》を待《ま》ち居《ゐ》たりける。

アララギの悪《あ》しき謀計《たくみ》に乗《の》せられて
チンリウ姫《ひめ》は流《なが》されにけり
朝月《あさづき》もまたアララギの計略《けいりやく》に

荒《あら》島《しま》さして流《なが》されにけり
悪《あく》神《がみ》は一《いち》度《ど》は花《はな》咲《さ》き栄《さか》ゆとも
時《とき》の到《いた》ればもろく滅《ほろ》びむ
（昭和九・八・一四　旧七・五　於水明閣　林弥生謹録）

○

主《ス》の神《かみ》は宇《う》宙《ちう》にありとしあるものに
栄《さか》えの御《み》霊《たま》を宿《やど》らせ給《たま》へり

草《くさ》の根《ね》にすだく虫《むし》の音《ね》消《き》え果《は》てて
冬《ふゆ》来《き》たりつつゆきつまりたり
みはるかす陸《む》奥《つ》の大《おほ》野《の》は白《しら》雪《ゆき》の
外《ほか》に見《み》るものなかりかりけり
警《けい》笛《てき》の音《おと》聞《きこ》ゆなり夕《ゆふ》庭《には》に
神《しん》聖《せい》発《はつ》会《くわい》の迎《むか》へなるらむ

（昭和九・一二・五）

壇上《だんじやう》に立《た》ち上《あが》りたる反対者《はんたいしや》を
傍観《ばうくわん》したる昭青《せうせい》弱《よわ》しも

妨害《ばうがい》に対《たい》して司会者《しくわいしや》一言《いちごん》を
たしなめざりしは迂闊《うくわつ》ならずや

政党解消聯盟支部長《せいたうかいせうれんめいしぶちやう》と名告《なの》りつつ
発会式《はつくわいしき》を妨《さまた》げむとせり

第四篇　猛《まう》獣《じう》思《し》想《さう》

第一六章　亀《き》神《しん》の救《すく》ひ　（二〇四三）

山川《やまかは》は清《きよ》く爽《さや》けく果実《くだもの》は
豊《ゆた》かに実《みの》る伊佐子《いさご》の島《しま》の真秀良場《まほらば》や
天国楽土《てんごくらくど》と聞《きこ》えたる
イドムの国《くに》に名《な》も高《たか》き
イドムの城《しろ》の御主《おんあるじ》
アヅミ　ムラジが二人《ふたり》が仲《なか》に
昇《のぼ》る朝日《あさひ》ともろともに
初声《うぶごゑ》挙《あ》げしチンリウ姫《ひめ》は
こよなき宝《たから》と両親《りやうしん》が
日夜《にちや》心《こころ》をつくしつつ
育《はぐく》みここに二十年《にじふねん》
花《はな》の盛《さか》りの春《はる》の宵《よひ》
サールの国《くに》のエールスが
暴虐無道《ばうぎやくぶだう》の魔軍《まいくさ》に
攻《せ》め破《やぶ》られて父母《ちちはは》は
遠《とほ》くイドムの城《しろ》を捨《す》て

月光山《つきみつやま》に逃《のが》れまし
『かなしき吾《われ》はいかにして
天地《てんち》の神《かみ》のいますならば
救《すく》はせ給《たま》へ惟神《かむながら》
春《はる》の夜《よ》の暖《あたた》かき夢《ゆめ》を破《やぶ》られて
主従三人《しうじうみたり》遇《あ》ひながら
背《せな》に運《はこ》ばれはるばると
大栄山《おほさかやま》の嶮《けん》を越《こ》え
囲《かこ》まれサールの国中《くになか》の
歎《なげ》きの月日《つきひ》を送《おく》る折《をり》
またも一《ひと》きは悩《なや》みしが

一陽来復時待《いちやうらいふくときま》ち給《たま》ふ。
かかる憂《う》き目《め》に遇《あ》ふものか
吾等《われら》が今日《けふ》の悲《かな》しみを
偏《ひとへ》に願《ねが》ひ奉《たてまつ》る
敵《てき》に捕《とら》はれ縄目《なはめ》の恥《はぢ》を
さも荒々《あらあら》しき駿馬《はやこま》の
恋《こひ》しき故国《ここく》を後《あと》にして
前《まへ》も後《うしろ》も魔軍《まいくさ》に
木田山城《きたやまじやう》の牢獄《らうごく》に
仇《かたき》の太子《たいし》の恋慕《れんぼ》より
賢《さか》しき乳母《うば》の忠言《ちうげん》を

心《こころ》ならずも諾《うべな》ひて
エームス王《わう》と結婚《けつこん》の
乳母《うば》アララギの奸計《かんけい》に
大罪人《だいざいにん》にと強《し》ひられて
撃《ぶ》ち打擲《ちやうちやく》のその揚《あ》げ句《く》
見《み》るかげもなき吾《わ》が姿《すがた》
あまたの騎士《ナイト》に送《おく》られて
送《おく》られこれより独木舟《まるきぶね》
身《み》を捨小舟《すてをぶね》たちまちに
これのさびしき島《しま》が根《ね》に
あゝいかにせむ今《いま》となりて

木田山城《きたやまじやう》の奥《おく》の間《ま》に
儀式《ぎしき》を挙《あ》ぐる間《ま》もあらず
うまうま乗《の》せられたちまちに
口《くち》には嵌《は》ます猿轡《さるぐつわ》
血潮《ちしほ》したたり面破《おもやぶ》れ
センリウ侍女《じぢよ》とさげすまれ
荒浪猛《あらなみたけ》る磯《いそ》ばたに
潮《しほ》の流《なが》れのそのままに
逆《さか》まく波《なみ》のゆくままに
知《し》らず識《し》らずに着《つ》きにけり
言問《ことと》ふ由《よし》も泣《な》く涙《なみだ》

空《そら》ゆく雁《かり》の影《かげ》あらば　吾《わ》が憂《う》きことを垂乳根《たらちね》の
御側近《おんそばちか》く伝《つた》へむと　思《おも》へど望《のぞ》みは水《みづ》の泡《あわ》
消《き》えてあとなき泡沫《うたかた》の　闇路《やみぢ》を辿《たど》る心地《ここち》かな
闇路《やみぢ》にさまよふ心地《ここち》かな』

独木舟《まるきぶね》をあやつり、ここに送《おく》り来《き》たりし一人《ひとり》の毛武者《けむしや》の騎士《ナイト》は、隠《かく》れの島《しま》に姫《ひめ》を上陸《じやうりく》させ、声《こゑ》もあらあらしく、

『こりや尼《あま》つちよ、端女《はしため》の分際《ぶんざい》としてお国《くに》の宝《たから》を打《う》ち毀《こは》した天罰《てんばつ》によつて、その方《はう》はこの隠《かく》れ島《じま》に捨《す》てられたのだ。もうかうなる上《うへ》は、今日《けふ》ぎりの生命《いのち》だ、覚悟《かくご》するがよからう。この島《しま》は隠《かく》れの島《しま》と言《い》つて、昼《ひる》は水面《すいめん》にポッカリと浮《うか》んでゐるが、そろそろ陽《ひ》が沈《しづ》み出《だ》すと潮《しほ》が高《たか》まり来《き》たり、この島《しま》はずんぼりと波《なみ》の底《そこ》に沈《しづ》んでしまふのだ。この島《しま》に捨《す》てられたが最後《さいご》、魚《さかな》でない限《かぎ》り到底《たうてい》生命《いのち》の助《たす》かりつこはない。てもさてもいぢらしいものだ。

俺《おれ》も内密《ないみつ》で貴様《きさま》のやうな美人《びじん》を助《たす》け出《だ》し、女房《にようばう》にしたいは山々《やまやま》なれど、磯端《いそばた》にはたくさんの目付《めつけ》が騎士《ナイト》を引《ひ》き連《つ》れて監視《かんし》してゐるから、それも仕方《しかた》がない。可哀《かはい》さうだが、もうしばらくの生命《いのち》だ。いづれ鮫《さめ》がやつて来《き》て腹《はら》の中《なか》へ葬《はうむ》つてくれるだらう。まあ感謝《かんしや》したがよからう。泣《な》いても叫《さけ》んでも、かうなりや仕方《しかた》がない。しかしながら貴様《きさま》をこの島《しま》に捨《す》てたと言《い》ふ標《しるし》がなくては承知《しようち》せまい。肉《にく》の付《つ》いた一握《ひとにぎ》りの髪《かみ》の毛《け》を持《も》つて帰《かへ》るか、お前《まへ》の耳《みみ》をそいで帰《かへ》るか、それでなくちや袖《そで》でも捩《ね》ぢ断《き》つて、隠《かく》れ島特有《じまとくいう》の貝《かひ》でも持《も》ち帰《かへ》り、証《しよう》拠《こ》にせなくつちや今日《けふ》の勤《つと》めが果《は》たせぬのだ。可哀《かはい》さうだが、たつた今《いま》死《し》ぬる生命《いのち》だ。耳《みみ》の一《ひと》つくらゐ取《と》つたつて惜《を》しくもあるまい』

と言《い》ひながら石刀《いしがたな》を懐《ふところ》より取《と》り出《だ》し、姫《ひめ》を矢庭《やには》に地上《ちじやう》に打《う》ち倒《たふ》し、しきりと泣《な》き叫《さけ》ぶ姫《ひめ》に目《め》もくれず、鋸《のこぎり》引《び》きにして左《ひだり》の耳《みみ》を切《き》りとり、血《ち》の滴《したた》る姫《ひめ》の顔《かほ》を冷《ひや》やかに打《う》ち眺《なが》めながら、

『ヤアもう時刻《じこく》が迫《せま》つた、ぐづぐづしてゐると、俺《おれ》の舟《ふね》までどうなるか解《わか》らない』

と言《い》ひながら足早《あしばや》に独木舟《まるきぶね》に飛《と》び乗《の》り、艪《ろ》をあやつり夕靄《ゆふもや》の包《つつ》む海原《うなばら》を急《いそ》ぎ帰《かへ》りゆく。

姫《ひめ》は進退維谷《しんたいいこれきは》まり悲歎《ひたん》やる方《かた》なく、運《うん》を天《てん》にまかせて、死期《しき》を待《ま》つより何《なん》の手段《てだて》もなかりける。

姫《ひめ》は刻々《こくこく》に沈《しづ》みゆく島《しま》の頂上《ちやうじやう》に立《た》ち微《かす》かに歌《うた》ふ。

『思《おも》ひ廻《まは》せば廻《まは》すほど
吾《われ》ほど悲《かな》しき者《もの》は世《よ》に
またとあらうか父母《ちちはは》は
敵《てき》に城《しろ》をば落《おと》されて
今《いま》は行方《ゆくへ》も白雲《しらくも》の
遙《はる》かの国《くに》に出《い》でましぬ

16　亀神の救ひ

妾《わらは》は騎士《ナイト》に送《おく》られて
敵《てき》の本城《ほんじやう》木《き》田《た》山《やま》に
縄《なは》目《め》の恥《はぢ》を忍《しの》びつつ
昼夜《ちうや》の別《わか》ちもあら涙《なみだ》
泣《な》き暮《くら》したる折《をり》もあれ
エームス王《わう》の恋慕《れんぼ》より
いろいろさまざま言《こと》問《と》はれ
止《や》むを得《え》ざれば本心《ほんしん》を
まげて仇《あだ》なるエームスに
仕《つか》へむとせしは一生《いつしやう》の
あやまりなりしか村《むら》肝《きも》の

373 - 81

心汚《こころきたな》き乳母《うば》母子《おやこ》に
うまうま計《はか》られ今《いま》ここに
吾《わ》が身《み》は悲《かな》しき捨小舟《すてをぶね》
鳥《とり》の声《こゑ》さへ絶《た》えはてし
隠《かく》れの島《しま》に捨《す》てられて
今《いま》に知死期《ちしご》を待《ま》たむより
果《はか》なき吾《わ》が身《み》となりにけり
この世《よ》に生《い》きて仇人《あだびと》の
牢獄《ひとや》に繋《つな》がれ朝夕《あさゆふ》を
縄目《なはめ》の恥《はぢ》をさらすより
いつそ死《し》なむと思《おも》ひつつ

16　亀神の救ひ

また父《ちち》母《はは》の御《おん》上《うへ》に
心《こころ》くばりて再会《さいくわい》を
望《のぞ》みしことも仇《あだ》なれや
浪《なみ》はつぎつぎ高《たか》まりて
吾《わ》が立《た》つ島《しま》は荒《あら》潮《しほ》に
その大《おほ》方《かた》は呑《の》まれたり
あゝさびしもよ　かなしもよ
夢《ゆめ》になりともこの歎《なげ》き
父《ちち》と母《はは》とに知《し》らせたや
歎《なげ》きの涙《なみだ》つきはてて
今《いま》は知《ち》死《し》期《ご》を待《ま》つのみぞ

375 – 81

浪《なみ》の音《おと》いや高《たか》まりて寄《よ》せ来《く》るは
吾《わ》が身《み》の生命《いのち》を奪《うば》ひ去《さ》る
猛《たけ》き獣《けもの》の声《こゑ》にして
さも恐《おそ》ろしき夕《ゆふ》べかな』

かく歎《なげ》きの歌《うた》を歌《うた》ふ折《をり》しも、隠《かく》れ島《じま》の最頂上《さいちやうじやう》に立《た》てる姫《ひめ》の膝《ひざ》を没《ぼつ》するまで水量《みづかさ》まさりけるが、姫《ひめ》はもはやこれまでなりと覚悟《かくご》を極《きは》むる折《をり》もあれ、大《おほ》いなる亀《かめ》いづくよりか現《あら》はれ来《き》たり、姫《ひめ》の前《まへ》にポツカリと甲羅《かふら》を浮《う》かせ、わが背《せ》に乗《の》り給《たま》へと言《い》はむばかり頭《あたま》をもたげてひかへ居《ゐ》る。チンリウ姫《ひめ》はこれこそ神《かみ》の助《たす》けと矢庭《やには》に亀《かめ》の背《せ》に打《う》ち乗《の》れば、亀《かめ》は荒浪《あらなみ》をくぐりながら南《みなみ》へ南《みなみ》へと泳《およ》ぎゆく。

チンリウ姫《ひめ》は亀《かめ》の背《せ》に立《た》ちながら微《かす》かに歌《うた》ふ。

『この亀《かめ》は神《かみ》の使《つかひ》かわが生命《いのち》

16　亀神の救ひ

恫《うま》怜《ら》に委《つば》曲《ら》に救《すく》ひたるはや

大《おほ》いなる海《うみ》亀《がめ》の背《せ》にのせられて
故《く》郷《に》に帰《かへ》ると思《おも》へば嬉《うれ》しも

さまざまの悩《なや》みに遇《あ》ひて海《うみ》亀《がめ》の
助《たす》けの舟《ふね》にのせられにける

亀《かめ》よ亀《かめ》よサールの国《くに》に近《ちか》よらず
イドムの磯《いそ》辺《べ》に吾《われ》を送《おく》れよ

独《まる》木《き》舟《ぶね》にまして大《おほ》けきこの亀《かめ》は
海《うみ》の旅《たび》路《ぢ》も安《やす》けかるべし

海《うな》原《ばら》に立《た》ちのぼりたる靄《もや》も晴《は》れて
御《み》空《そら》の月《つき》は輝《かがや》き初《そ》めたり

377 – 81

天《あめ》地《つち》の神《かみ》も憐《あは》れみ給《たま》ひしか
助《たす》けの舟《ふね》を遣《つか》はし給《たま》へり

何《なに》事《ごと》も神《かみ》の心《こころ》にまかせつつ
浪《なみ》路《ぢ》を渡《わた》りて国《くに》に帰《かへ》らむ

曲《まが》神《かみ》の伊《い》猛《たけ》り狂《くる》ふ醜《しこ》国《くに》に
送《おく》られ吾《われ》は悩《なや》みてしかな

アララギの深《ふか》き奸《たく》計《み》は憎《にく》けれど
吾《われ》は忘《わす》れむ今《け》日《ふ》を限《かぎ》りに

たのみなき人《ひと》の心《こころ》を悟《さと》りけり
乳《う》母《ば》アララギの為《な》せし仕《し》業《わざ》に

センリウは吾《わ》が身《み》に全《まつた》くなりすまし

妃《きさき》となりてゐらぎ居《ゐ》るらむ
外《とつ》国《くに》の仇《あだ》の王《こきし》の妻《つま》となる
センリウ姫《ひめ》は憐《あは》れなりけり
吾《わ》が霊《み》魂《たま》身《から》体《たま》共《とも》に汚《けが》さるる
真《ま》際《ぎは》を救《すく》ひし彼《かれ》なりにけり
かく思《おも》へばアララギとても憎《にく》まれじ
吾《わ》が操《みさを》をば守《まも》りたる彼《かれ》
しばらくの栄《えい》華《ぐわ》の夢《ゆめ》を結《むす》ばむと
仇《あだ》に従《したが》ふ心《こころ》の憐《あは》れさ
吾《われ》はまた心《こころ》の弱《よわ》きそのままに
仇《あだ》に身《み》魂《たま》をまかさむとせし

ありがたし神《かみ》の恵《めぐ》みの深《ふか》くして
　吾《わ》が身《から》体《たま》は汚《けが》さずありけり
夕《ゆふ》されば波《なみ》間《ま》に沈《しづ》む島《しま》が根《ね》に
　捨《す》てられし吾《われ》も救《すく》はれにけり
この亀《かめ》は次《し》第《だい》次《し》第《だい》に太《ふと》りつつ
　海《うな》原《ばら》安《やす》くなりにけらしな
大《おほ》空《ぞら》に水《み》底《そこ》に月《つき》は輝《かがや》きて
　海《うな》原《ばら》明《あか》るく真《ま》昼《ひる》のごとし
亀《かめ》よ亀《かめ》イドムの国《くに》に送《おく》れかし
　アヅミの王《きみ》のいます国《くに》まで』

亀《かめ》は無《む》言《ごん》のまま荒《あら》浪《なみ》を分《わ》け、一《いつ》瀉《しや》千《せん》里《り》の勢《いきほ》ひにてサールの国《くに》の方《はう》面《めん》へは頭《かしら》を向《む》けず、南《みなみ》へ南《みなみ》へと、イドムの海岸《かいがん》さして走《はし》りつつありける。

暁《あかつき》近《ちか》き頃《ころ》、大亀《おほかめ》は数百《すうひやく》ノットで海面《かいめん》を乗《の》りきり、イドムの国《くに》の真《ま》砂ケ《さごが》浜《はま》に安着《あんちやく》した。

チンリウ姫《ひめ》は無事《ぶじ》浜辺《はまべ》に上陸《じやうりく》し、亀《かめ》に向《むか》つて感謝《かんしや》の心《こころ》を歌《うた》ふ。

『汝《なれ》こそは尊《たふと》き神《かみ》の化身《けしん》かな
　玉《たま》の生命《いのち》を救《すく》ひ給《たま》ひし

いつの世《よ》か汝《なれ》が功《いさを》を忘《わす》れまじ
　海原《うなばら》守《まも》る神《かみ》とあがめて

あぢ気《き》なき吾《わ》が身《み》をここに送《おく》り来《こ》し
　汝《なれ》は生命《いのち》の親《おや》なりにけり』

かく歌《うた》ひ終《をは》るや、亀《かめ》は二《に》、三回《さんくわい》頷《うなづ》きながら水中《すいちう》にズボリと沈《しづ》み、跡白浪《あとしらなみ》となりにける。

この地点《ちてん》は月光山《つきみつやま》の峰伝《みねづた》ひ、遠《とほ》く西方《せいはう》に延長《えんちやう》したる丘陵《きうりよう》近《ちか》き森林《しんりん》なりけるが、姫《ひめ》はイドムの国《くに》とはほぼ察《さつ》すれども、現在父母《げんざいふぼ》の隠生《いんせい》せる月光山《つきみつやま》の麓《ふもと》の森林《しんりん》とは夢《ゆめ》にも知《し》らず、不《ふ》案内《あんない》のまま雨露《うろ》をしのぎ、木《こ》の実《み》を探《さぐ》らむと森林深《しんりんふか》く忍《しの》び入《い》りける。

（昭和九・八・一五　旧七・六　於水明閣　〈谷前清子謹録〉）

○

行《ゆ》くとして可《か》ならざるなき我《わ》が旅《たび》も
陸奥路《むつぢ》の雪《ゆき》に屁古垂《へこた》れにけり

屁《へ》古《こ》垂《た》れて我《われ》止《や》むべきや国《くに》の為《ため》
神聖運動《しんせいうんどう》に邁進《まいしん》するのみ

（昭和九・一二・五）

第一七章　再《さい》生《せい》再《さい》会《くわい》（二〇四四）

エームス王《わう》の妃《きさき》チンリウ姫《ひめ》は贋物《にせもの》である。その実《じつ》は、侍女《じぢよ》のセンリウ女《ぢよ》がアララギと腹《はら》を合《あは》せ、エームス王始《わうはじ》めあまたの重臣《ぢうしん》どもを籠絡《ろうらく》してゐることを覚《さと》つた朝月《あさづき》は、宴会《えんくわい》の席《せき》に於《おい》てその事《こと》をほのめかしたので、たちまちアララギ、センリウ等《ら》の激怒《げきど》を買《か》ひ、即座《そくざ》に重《ぢう》罪《ざい》に処《しよ》せられ、海洋万里《かいやうばんり》の荒浪《あらなみ》にただよふ荒島《あらしま》に流《なが》された。朝月《あさづき》は、慷慨悲憤《かうがいひふん》のあまり述《じゆつ》懐《くわい》を歌《うた》ふ。

潮《しほ》の響《ひび》きは滔々《たうたう》と岩間《いはま》に木霊《こだま》し、寄《よ》せ来《く》る浪《なみ》は白馬《はくば》の鬣《たてがみ》を打《う》ちふり、岸辺《きしべ》の岩石《がんせき》に噛《か》みつくごとき物凄《ものすさ》まじき光景《くわうけい》なりけり。朝月《あさづき》はこの島《しま》に王者然《わうじやぜん》として貝《かひ》などを採集《さいしふ》し、餓《う》ゑを凌《しの》ぎつつ運《うん》を天《てん》に任《まか》せながら縹緲《へうべう》たる海原《うなばら》を眺《なが》めて歌《うた》ふ。

『仰《あふ》げば高《たか》し久方《ひさかた》の
雲《くも》井《ゐ》の空《そら》は果《は》てもなく
青《あを》に解《と》け入《い》る吾《わ》がみたま
ふくれふくれて月《つき》となり
また別《わか》れては星《ほし》となり
極《きは》みも知《し》らぬ大《だい》宇《う》宙《ちう》
わが物《もの》顔《がほ》に渡《わた》りゆく
われは朝《あさ》月《づき》のかげなれや
波《なみ》を分《わ》けつつ昇《のぼ》りゆく
朝《あさ》日《ひ》の光《かげ》に照《て》らされて
昼《ひる》は姿《すがた》をかくせども

17　再生再会

夜《よる》さり来《く》れば夕《ゆふ》月《づき》の
光《かげ》はきらきら波《なみ》間《ま》を照《て》らし
千《ち》尋《ひろ》の海《うみ》の底《そこ》ひには
清《きよ》く澄《す》みきる夕《ゆふ》月《づき》や
朝《あした》の月《つき》のゆらゆらに
波《なみ》にたゆたふ雄《を》々《を》しさよ
伊《い》佐《さ》子《ご》の島《しま》を後《あと》にして
千《ち》重《へ》の荒《あら》浪《なみ》渡《わた》りつつ
独《まる》木《き》の舟《ふね》に来《き》て見《み》れば
音《おと》に名《な》高《だか》き荒《あら》島《しま》は
ただ一《いっ》本《ぽん》の木《き》も草《くさ》も

荒《あら》風《かぜ》浪《なみ》に吹《ふ》かれつつ
生《お》ふるひまなき岩《いは》の島《しま》
堅《かき》磐《は》常《とき》磐《は》に海《わだ》中《なか》に
浮《うか》ぶも雄《を》々《を》しこの島《しま》根《ね》
朝《あさ》月《づき》はここに流《なが》されて
世《せ》塵《ちん》を知《し》らず安《やす》々《やす》と
堅《かき》磐《は》常《とき》磐《は》に栄《さか》ゆなり
荒《あら》浪《なみ》いかに猛《たけ》るとも
暑《あつ》さ寒《さむ》さは襲《おそ》ふとも
何《なに》か恐《おそ》れむ大《ます》丈《ら》夫《を》が
弥《や》猛心《たけごころ》をくじくべき

17　再生再会

あゝ面《おも》白《しろ》や面《おも》白《しろ》や
この荒《あら》島《しま》は広《ひろ》ければ
永《と》久《は》の住《すみ》処《か》と定《さだ》めつつ
百《もも》の魚《うろ》族《くづ》友《とも》として
竜《りう》宮《ぐう》の王《わう》とうたはれむ
さはさりながらあはれなるかな
チンリウ姫《ひめ》は曲《くせ》者《もの》の
奸《たく》計《み》の罠《わな》に陥《おちい》りて
似《に》ても似《に》つかぬ替《かへ》玉《だま》の
センリウ侍《じ》女《ぢょ》と強《し》ひられて
思《おも》はぬ罪《つみ》をかぶせられ

387 − 81

隠《かく》れの島《しま》に流《なが》されし
その憐《あは》れさの身《み》に迫《せま》り
木《き》田《た》山城《やまじやう》に開《ひら》かれし
祝賀《しゆくが》の宴《えん》に出席《しゆつせき》し
うち出《い》だしたる言《こと》霊《たま》の
激《はげ》しき矢《や》玉《だま》に怖《お》ぢおそれ
心《こころ》きたなきアララギは
わが言《こと》の葉《は》をさへぎりつ
疑《ぎ》惑《わく》の罪《つみ》と強《し》ひながら
恋《こひ》に狂《くる》へる若《わか》王《ぎみ》や
娘《むすめ》のセンリウ女《ぢよ》とともに

17　再生再会

わが身《み》を憎《にく》めるそのあまり
高《たか》手《て》や小《こ》手《て》にいましめて
この荒《あら》島《しま》に流《なが》したり
われは大《ます》丈《ら》夫《を》覚《かく》悟《ご》はすれど
隙《すき》間《ま》の風《かぜ》にもあてられず
宮《きう》中《ちう》深《ふか》く育《そだ》ちたる
チンリウ姫《ひめ》を魔《ま》の島《しま》に
流《なが》したるこそ憎《にく》らしき
さはさりながら魔《ま》の島《しま》の
名《な》を負《お》ふ隠《かく》れの島《しま》が根《ね》は
夕《ゆふ》さり来《く》れば荒《あら》浪《なみ》に

全《ぜん》島《たう》姿《すがた》をかくすなる
危《き》険《けん》の島《しま》に捨《す》てたるは
姫《ひめ》が生命《いのち》をとらむための
アララギどもの謀計《はかりごと》
思《おも》へば思《おも》へば憎《にく》らしや
今《いま》となりては
泣《な》けど悔《くや》めど姫《ひめ》君《ぎみ》の
姿《すがた》はもはや荒《あら》浪《なみ》の
腹《はら》に呑《の》まれて影《かげ》もなし
神《かみ》の恵《めぐ》みの幸《さちは》ひて
もしもこの世《よ》に在《おは》すならば

17　再生再会

水《み》底《そこ》を潜《くぐ》りてこの島《しま》に
来《き》たらせ給《たま》へ惟神《かむながら》
天《てん》地《ち》の神《かみ》に願《ね》ぎまつる
あゝされど
不《ふ》思《し》議《ぎ》なるかな
昨夜《ゆふべ》の夢《ゆめ》にチンリウ姫《ひめ》は
亀《かめ》の背《せ》中《なか》に乗《の》せられて
とある磯《いそ》辺《べ》にたどりつき
茂《しげ》樹《き》の森《もり》にささやけき
庵《いほり》を造《つく》りて住《す》み給《たま》ふ
夢《ゆめ》か現《うつつ》か幻《まぼろし》か

心《こころ》にかかるは姫《ひめ》の上《うへ》
可怜《うまら》に委曲《つばら》に御《み》在処《ありか》を
知《し》らむと思《おも》へど是《ぜ》非《ひ》もなし
あゝ惟神《かむながら》惟神《かむながら》
恩頼《みたまのふゆ》を賜《たま》へかし。

天《てん》青《あを》く海原《うなばら》青《あを》きこの島《しま》に
　姫《ひめ》を偲《しの》びて青《あを》息《いき》つくも
伊《い》佐《さ》子《ご》島《じま》遠《とほ》く離《さか》れる荒《あら》島《しま》に
　一人《ひとり》住《す》む身《み》は淋《さび》しかりけり
さりながら世《よ》の憂《う》さごとを聞《き》かずして
　一人《ひとり》楽《たの》しき今日《けふ》のわれなり

木《き》田《た》山《やま》の城《しろ》は間《ま》もなく滅《ほろ》ぶべし
　アララギ母子《おやこ》の暴虐《ぼうぎやく》の手《て》に
チンリウ姫《ひめ》隠《かく》れの島《しま》に流《なが》されて
　水《み》泡《なわ》と消《き》えしは果《はか》なかりけり
さりながら姫《ひめ》は生命《いのち》を保《たも》たすと
　われは聞《き》けるも夢《ゆめ》の枕《まくら》に
悪人《あくにん》の栄《さか》えて善人《ぜんにん》の滅《ほろ》ぶべき
　例《ためし》は神代《かみよ》にあらじとぞ思《おも》ふ
憎《にく》みても余《あま》りありけりアララギの
　いやしき心《こころ》に出《い》でし曲業《まがわざ》』

かく歌《うた》ふ折《をり》しも、チンリウ姫《ひめ》を真砂《まさご》の浜《はま》に送《おく》りとどけたる巨大《きよだい》なる神亀《しんき》は、波打《なみう》ち際《ぎは》にポカリと浮《う》き上《あが》り、頸《くび》を上下《じやうげ》に振《ふ》りながら朝月《あさづき》を招《まね》くもののごとく見《み》えける。朝月《あさづき》はこれぞ全《まつた》く海《うみ》の守護神《しゆごじん》琴平別命《ことひらわけのみこと》の化身《けしん》ぞと勇《いさ》み喜《よろこ》び、直《ただ》ちに丘《をか》を下《くだ》りて汀辺《みぎはべ》に走《はし》りつき、

『有《あり》難《がた》し琴《こと》平《ひら》別《わけ》の御《おん》迎《むか》へ
　伊《い》佐《さ》子《ご》の島《しま》に送《おく》らせ給《たま》へ』

と、合掌《がつしやう》しながら神亀《しんき》の背《せ》に飛《と》び乗《の》れば、亀《かめ》は波上《はじやう》に大《だい》なる頭《あたま》をもたげ、南《みなみ》へ南《みなみ》へと波《なみ》をかきわけながら、まつしぐらに進《すす》みゆく。

朝月《あさづき》は歌《うた》ふ。

『有《あり》難《がた》し天《てん》地《ち》の神《かみ》の御《み》恵《めぐ》みに
　琴《こと》平《ひら》別《わけ》は現《あ》れましにけり
一《いつ》本《ぽん》の草《くさ》も木《き》もなき荒《あら》島《しま》に
　われは淋《さび》しく暮《くら》し居《ゐ》たるを

琴《こと》平《ひら》別《わけ》神《かみ》の化《け》身《しん》に救《すく》はれて
　千《ち》重《へ》の波《なみ》路《ぢ》を渡《わた》らふ今日《けふ》かな

大《おほ》栄《さか》の山《やま》は雲《くも》間《ま》に霞《かす》みつつ
　天《あま》津《つ》日《ひ》のかげ朧《おぼろ》に見《み》ゆるも

北《きた》を吹《ふ》く風《かぜ》に送《おく》られわれは今《いま》
　神《しん》亀《き》の背《せな》に乗《の》りて帰《かへ》るも

チンリウ姫《ひめ》もわれと同《おな》じくこの亀《かめ》に
　救《すく》はれにけむ聞《き》かまほしさよ』

かく歌《うた》ひつつ、亀《かめ》のゆくままに任《まか》せ居《ゐ》たりしが翌日《あくるひ》の暁頃《あかつきごろ》、空《そら》に朝月《あさづき》白《しら》けて、海風《うなかぜ》おもむろに袖《そで》を吹《ふ》く頃《ころ》、真砂《まさご》の浜辺《はまべ》に着《つ》きにける。

朝月《あさづき》は、亀《かめ》の背《せ》より汀《みぎは》に飛《と》び下《お》り、神亀《しんき》に向《むか》つて合掌《がつしやう》しながら歌《うた》ふ。

『波《なみ》荒《あら》き孤《こ》島《たう》になげきし朝月《あさづき》も
汝《なれ》の功《いさを》に救《すく》はれにけり
いつまでも汝《なれ》の恵《めぐ》みは忘《わす》れまじ
わが歎《なげ》かひはまたく晴《は》れけり
東《とう》北《ほく》の空《そら》に霞《かす》める高山《たかやま》は
大《おほ》栄《さか》山《やま》かなつかしき山《やま》
この聖《すが》所《ど》イドムの国《くに》の浜《はま》ならむ
大《おほ》栄《さか》山《やま》の北《きた》に見《み》ゆれば』

ここに朝月《あさづき》は亀《かめ》に感謝《かんしや》し、別《わか》れを告《つ》げて汀《みぎは》の真砂《まさご》をザクザクふみならしながら、遙《はる》か前《ぜん》方《ぱう》にこんもりと古木《こぼく》の茂《しげ》りたる茂樹《しげき》の森《もり》を目当《めあ》てに辿《たど》り行《ゆ》く。

朝月《あさづき》は只一人《ただひとり》、茂樹《しげき》の森蔭《もりかげ》をあてどもなく辿《たど》り行《ゆ》くにぞ、目《め》立《だ》ちて太《ふと》き槻《つき》の根《ね》元《もと》に萱《かや》を以《もつ》て結《むす》びたる矮屋《わいをく》を認《みと》め、足音《あしおと》を忍《しの》ばせ近《ちか》より、中《なか》の様子《やうす》を窺《うかが》ひ居《ゐ》たりける。矮屋《わいをく》の中《なか》よりは微《かす》かなる女《をんな》の歌《うた》ふ声響《こゑひび》き来《き》たる。

『わが国《くに》は敵《てき》に奪《うば》はれわが父母《ふぼ》は
　行方《ゆくへ》知《し》れぬぞ悲《かな》しかりけり
エールスの醜《しこ》の司《つかさ》にわが父《ちち》は
　城《しろ》を奪《うば》はれかくれましけむ
妾《わらは》またか弱《よわ》き身《み》もて敵軍《てきぐん》に
　とらはれ遠《とほ》く送《おく》られにけり
水濁《みづにご》る木田山城《きたやまじやう》にとらへられ
　なげきの月日《つきひ》を泣《な》き暮《くら》したり
二十年《にじふねん》われに仕《つか》へしアララギは

悪《あく》魔《ま》となりてわれに反《そむ》きぬ

いかならむ罪《つみ》犯《をか》せしか知《し》らねども
今《け》日《ふ》の吾《わ》が身《み》は淋《さび》しかりけり

玉《たま》の緒《を》の生《いの》命《ち》とらむとアララギは
われを隠《かく》れの島《しま》に送《おく》りし

荒《あら》浪《なみ》に呑《の》まれむとする折《をり》もあれ
琴《こと》平《ひら》別《わけ》に救《すく》はれしはや

大《おほ》栄《さか》山《やま》遥《はる》かに高《たか》く北《きた》の空《そら》に
霞《かす》むを見《み》ればわが国《くに》なるらむ

さりながらイドムの国《くに》も今《いま》ははや
サールの配《はい》下《か》となれる悲《かな》しさ

隠《かく》れ島《じま》漸《やうや》く逃《のが》れわれは今《いま》
　茂《しげ》樹《き》の森《もり》にかくれ泣《な》くかも
父《ちち》母《はは》に一《いち》度《ど》会《あ》はまく欲《ほ》りすれど
　今《け》日《ふ》の吾《わ》が身《み》はせむ術《すべ》もなき
万《ばん》斛《こく》の涙《なみだ》湛《たた》へてわれは今《いま》
　泣《な》くより外《ほか》に術《すべ》なかりけり
いたづらに森《もり》の木《こ》蔭《かげ》に朽《く》ちむかと
　思《おも》へば悲《かな》しき吾《わ》が身《み》なりけり』

朝月《あさづき》はこの歌《うた》を聞《き》きて、正《まさ》しく隠《かく》れ島《じま》に流《なが》されしチンリウ姫《ひめ》なることを覚《さと》り、雀躍《こをど》りしながら声高《こゑたか》らかに歌《うた》ふ。

『われこそは木《き》田《た》山《やま》城《じやう》に仕《つか》へたる

朝《あさ》月《づき》司《つかさ》のなれの果《は》てぞや
この家《いへ》に忍《しの》ばせ給《たま》ふは正《まさ》しくも
チンリウ姫《ひめ》と覚《さと》らひにけり
アララギのきたなき心《こころ》の謀《たく》計《らみ》に
かくなりませし姫《ひめ》を悲《かな》しむ
われもまたチンリウ姫《ひめ》を贋《にせ》物《もの》と
言《こと》挙《あ》げなしてやらはれにけり
アララギやセンリウ姫《ひめ》の憤《いきどほ》りに
われ荒《あら》島《しま》に流《なが》されしはや
姫《ひめ》君《ぎみ》を案《あん》じわづらひ荒《あら》島《しま》ゆ
隠《かく》れの島《しま》が根《ね》遙《はる》かに仰《あふ》ぎぬ

琴《こと》平《ひら》別《わけ》神《かみ》の化《け》身《しん》に送《おく》られて
　われは真《ま》砂《さご》の浜《はま》に着《つ》きぬる』

中《なか》よりチンリウ姫《ひめ》の声《こゑ》として、

『いぶかしや茂《しげ》樹《き》の森《もり》に人《ひと》の声《こゑ》
　聞《きこ》ゆは狐《こ》狸《り》の仕《し》業《わざ》なるらめ

わが住《すみ》処《か》破《あばら》家《や》なれど表《おもて》戸《ど》は
　魔《ま》神《がみ》のためには開《ひら》かざるべし

朝《あさ》月《づき》は木《き》田《た》山《やま》城《じやう》の左《さ》守《もり》神《がみ》
　ここに来《き》たらむ理《り》由《いう》はあらじ

いろいろと言《こと》葉《ば》構《かま》へてたぶらかす
　狐《こ》狸《り》の謀《たく》計《み》の浅《あさ》はかなるも

アララギやセンリウ姫《ひめ》と相共《あひとも》に
　われをはかりし朝《あさ》月《づき》の曲律《まが》
よしやよし真《まこと》の朝《あさ》月《づき》なればとて
　われは死《し》すともまみえざるべし』

朝《あさ》月《づき》は悲《かな》しげに、

『思《おも》ひきや茂《しげ》樹《き》の森《もり》にたどり来《き》て
　姫《ひめ》の怒《いか》りの言《こと》葉《ば》聞《き》くとは
姫《ひめ》君《ぎみ》を陰《かげ》に日《ひ》向《なた》にかばひつつ
　誠尽《まことつ》くせし朝《あさ》月《づき》なるよ
やさしげに見《み》ゆるアララギ　センリウの
　類《たぐひ》と思《おぼ》すが悲《かな》しかりけり

姫君《ひめぎみ》をかばひし言葉《ことば》にたたられて
　われ荒島《あらしま》に流《なが》されしはや
かくなればサールの国《くに》へは帰《かへ》れまじ
　忍《しの》びて住《す》まむ茂樹《しげき》の森《もり》に
木田山《きたやま》の城《しろ》は滅《ほろ》びむアララギの
　人《ひと》もなげなるその振舞《ふるま》ひに
城内《じやうない》の司《つかさ》は四《し》分《ぶん》五《ご》裂《れつ》して
　アララギ母子《おやこ》を呪《のろ》はぬものなし
隣《りん》国《ごく》のイドムを攻《せ》めたる酬《むく》いにて
　サールの国《くに》は今《いま》に滅《ほろ》びむ
御《おん》父《ちち》のアヅミの王《きみ》はやがて今《いま》

伊佐子《いさご》の島根《しまね》を領有《うしは》ぎ給《たま》はむ
朝月《あさづき》の清《きよ》き心《こころ》をさとりませ
姫《ひめ》に仕《つか》ふと慕《した》ひ来《き》しものを』

チンリウ姫《ひめ》は歌《うた》ふ。

『いろいろの汝《な》が言霊《ことたま》にわが胸《むね》の
雲《くも》は晴《は》れたりとく入《い》りませよ
なよ草《ぐさ》の女一人《をみなひとり》のこの庵《いほ》に
汝《な》が訪《と》ひ来《き》しも不思議《ふしぎ》なるかな
汝《なれ》もまた琴平別《ことひらわけ》に救《すく》はれしか
われも神亀《しんき》に送《おく》られ来《き》たりぬ』

かく歌《うた》ひながら、柴《しば》の戸《と》を中《なか》よりパッと押《お》し開《ひら》けば、朝月《あさづき》は大地《だいち》にひれ伏《ふ》し、ハラハラと

落涙《らくるい》しながら、

『姫《ひめ》さま、御懐《おなつ》かしうございます。私《わたし》は貴女《あなた》の御身《おみ》の上《うへ》を気《き》の毒《どく》に存《ぞん》じ、大祝賀会《だいしゆくがくわい》の席《せき》上《じやう》に於《おい》て、今《いま》のチンリウ姫《ひめ》さまは贋物《にせもの》にして、アララギの奸計《かんけい》よりかくなれるものとの諷刺《ふうし》を歌《うた》ひましたため、アララギ母子《おやこ》およびエームス王《わう》の激怒《げきど》にふれ、奸佞邪智《かんねいじやち》の心《こころ》きたなき司《つかさ》どもに審判《さば》かれ、遂《つひ》に海中《かいちう》の荒島《あらしま》といふ無人島《むじんたう》に流《なが》され、孤独《こどく》を託《かこ》ちつつあるところへ、琴平別《ことひらわけ》の神《かみ》、亀《かめ》と化《くわ》して現《あら》はれ給《たま》ひ、たつた今《いま》の先《さき》、真砂《まさご》の浜辺《はまべ》に私《わたし》を送《おく》りとどけて下《くだ》さつたのです。必《かなら》ずや姫《ひめ》さまも隠《かく》れ島《じま》より琴平別《ことひらわけ》の神《かみ》に救《すく》はれて、この辺《あた》りにおしのびのことと察知《さつち》致《いた》しまして、森林《しんりん》を彷徨《さまよ》ふうち、フツとこの御住居《おすまひ》が目《め》にとまり、足音《あしおと》をしのばせ近《ちか》より、屋内《をくない》の様子《やうす》を窺《うかが》へば、かすかに聞《きこ》ゆる御歌《おんうた》のふしに、てつきり姫《ひめ》さまと打《う》ち喜《よろこ》び、畏《おそ》れながら屋外《をくぐわい》に立《た》ち、歌《うた》もて御尋《おたづ》ね致《いた》した次第《しだい》でございます。なにとぞ姫《ひめ》さまの御仁慈《ごじんじ》によりまして、私《わたし》を僕《しもべ》として御使《おつか》ひ下《くだ》さらうならば、有難《ありがた》い仕合《しあは》せと存《ぞん》じます。私《わたし》は再《ふたた》びサールの国《くに》に足《あし》を踏《ふ》み入《い》れる考《かんが》へはございませぬ。この島《しま》も御父《おんちち》の領分《りやうぶん》とは言《い》ひながら、サールの国王《こくわう》エールスが暴威《ばうゐ》を振《ふる》ふ領域内《りやうゐきない》でございますれば、彼等《かれら》が手下《てした》の奴輩《やつばら》に見《み》つかつては危険《きけん》でございますから、この森林《しんりん》を幸《さいは》ひ、姫《ひめ》さまの御側《おそば》に仕《つか》へて時待《ときま》つ事《こと》と致《いた》しませう。一時《いちじ》は御父王《おんちちぎみ》は城《しろ》を捨《す》てて退却《たいきやく》されましたなれど、賢《けん》明《めい》なるアヅミ王《わう》さまは必《かなら》ず軍備《ぐんび》を整《ととの》へ、捲土重来《けんどちやうらい》して、イドム城《じやう》を回復《くわいふく》し、善政《ぜんせい》を敷《し》き給《たま》ふものと、私《わたし》は今《いま》より期待《きたい》いたして居《を》ります。次《つぎ》にサールの国《くに》はもはや滅亡《めつばう》の徴現《きざしあら》はれ居《を》りますれば、伊佐子《いさご》の島《しま》は全部《ぜんぶ》アヅミ王《わう》さまの治下《ちか》に復《ふく》することと存《ぞん》じます。姫《ひめ》さま、御安心《ごあんしん》なさいませ』

と、いろいろと言葉《ことば》を尽《つ》くして、朝月《あさづき》はチンリウ姫《ひめ》を慰《なぐさ》めながら、暫時《しばし》この森林《しんりん》を住処《すみか》として時《とき》を待《ま》ち居《ゐ》たりける。

（昭和九・八・一五　旧七・六　於水明閣　林弥生謹録）

第一八章　蠑螈《いもり》の精《せい》　（二〇四五）

主人《しゆじん》のチンリウ姫《ひめ》を計略《けいりやく》を以《もつ》て退《しりぞ》け、自《みづか》らチンリウ姫《ひめ》と名告《なの》りてエームス王《わう》の妃《きさき》となり、母《はは》のアララギと共《とも》に権勢並《けんせいなら》ぶものなく、あまたの群臣《ぐんしん》の上《うへ》に君臨《くんりん》して、意気揚々《いきやうやう》たりしチンリウ姫《ひめ》は、木田山城内《きたやまじやうない》の森林《しんりん》を徒然《つれづれ》のまま、彼方此方《あなたこなた》に咲《さ》き匂《にほ》ふ花《はな》を賞《ほ》めつつ逍遥《せうえう》して居《ゐ》る。

『前《さき》や後《あと》右《みぎ》も左《ひだり》も芳《かんば》しき
　花《はな》に包《つつ》まれ吾《われ》は遊《あそ》ぶも

回天《くわいてん》の望《のぞ》みを遂《と》げて吾《われ》は今《いま》
　木《き》田《た》山城《やまじやう》の花《はな》と匂《にほ》ふも

百《もも》千《ち》花《ばな》咲《さ》けど匂《にほ》へどいかにして
　わが花《はな》の香《か》に及《およ》ぶべきかは

燕《かき》子《つば》花《た》花《はな》の紫《むらさき》水《みづ》の面《も》に
　写《うつ》るを見《み》れば夏《なつ》さりにけり

木《き》田《た》山《やま》の城《しろ》は広《ひろ》けし山《さん》水《すい》の
　景《け》色《しき》あつめて清《きよ》き真《ま》秀《ほ》良《ら》場《ば》

この城《しろ》の花《はな》と世《よ》人《びと》に讃《たた》へられ
　吾《われ》は楽《たの》しく世《よ》に生《い》くるかも

天《あめ》地《つち》は残《のこ》らず吾《わ》が手《て》に入《い》りしかと
　思《おも》へば楽《たの》しき吾《わ》が身《み》なるかも

エールスの王《きみ》はイドムの国《くに》にあり

われ若《わか》王《ぎみ》の妃《きさき》となりぬ
何《なに》ものの制《せい》縛《ばく》もなくこの城《しろ》に
時《とき》じくかをると思《おも》へば楽《たの》し
国《くに》津《つ》神《かみ》のあらむ限《かぎ》りを統《す》べ治《をさ》め
王《きみ》に仕《つか》へて御《み》代《よ》を照《て》らさむ
わが母《はは》は賢《さか》しくませばチンリウ姫《ひめ》を
わが身《み》となして退《やら》ひましけり
心《ここ》地《ち》よやチンリウ姫《ひめ》は魔《ま》の島《しま》に
漂《ただよ》ひながら滅《ほろ》び失《う》せけむ
かくならば世《よ》に恐《おそ》るべきものはなし
エームス王《わう》を力《ちから》とたのめば

エームス王《わう》われに恋《こ》ふるを幸《さいは》ひに
　いかなる事《こと》も遂《と》げざるはなし
朝《あさ》風《かぜ》にゆらるる百《ゆ》合《り》の花《はな》見《み》れば
　清《すが》しきわれの姿《すがた》なるかな
赤《あか》に白《しろ》に匂《にほ》へる花《はな》も世《よ》の人《ひと》は
　あふひの花《はな》と称《たた》へ来《き》にけり
チンリウ姫《ひめ》の贋《にせ》にはあれど吾《われ》もまた
　あふひに匂《にほ》ふ花《はな》にあらずや
雪《ゆき》といふ字《じ》も黒《くろ》々《ぐろ》と墨《すみ》で書《か》く
　例《ためし》ある世《よ》ぞ何《なに》を恐《おそ》れむ
贋《にせ》物《もの》と看《み》破《やぶ》りたりし朝《あさ》月《づき》は

王《きみ》の威《ゐ》勢《せい》に退《やら》はれにけり

朝《あさ》月《づき》は千《せん》里《り》の海《うみ》の島《しま》が根《ね》に
流《なが》され生《いの》命《ち》失《う》せにけむかも

妨《さまた》ぐる何《なに》ものもなき吾《われ》なれば
心《こころ》のままに世《よ》にふれまはむ

水《みづ》濁《にご》る木《き》田《た》山《やま》城《じやう》の司等《つかさら》は
吾《わ》が言《こと》霊《たま》に苦《く》もなくまつろふ

吾《わ》が威《ゐ》勢《せい》日《ひ》に日《ひ》に高《たか》まりゆく見《み》れば
智《ち》慧《ゑ》の力《ちから》の現《あら》はれなるべし

イドム城《じやう》に長《なが》く仕《つか》へしわが王《きみ》の
行《ゆく》方《へ》はいづくもはや影《かげ》なし

わが王《きみ》の滅《ほろ》びによりて今《いま》ここに
　木《き》田《た》山城《やましやう》の花《はな》と匂《にほ》ふも
よき事《こと》に曲《まが》事《こと》いつき曲《まが》事《こと》に
　よき事《こと》いつくは吾《われ》の身《み》にしる
かくならば世《よ》に恐《おそ》るべきものはなし
　エームス王《わう》を操《あやつ》りゆきなば』
かく歌《うた》ひながら、人《ひと》もなげに逍遙《せうえう》して居《ゐ》る。後《うしろ》の方《はう》より容姿《ようし》端麗《たんれい》なる美男子《びだんし》、すつくと現《あら》はれ、
『姫《ひめ》さまのみあと慕《した》ひて来《き》たりけり
　エームス王《わう》の吾《われ》は従弟《いとこ》よ
御《み》姿《すがた》の気《け》高《だか》さ美々《びび》しさに見《み》惚《と》れつつ

心《こころ》の駒《こま》に引《ひ》かれ来《こ》しはや
汝《な》が姿《すがた》ふと見《み》初《そ》めてゆ朝《あさ》夕《ゆふ》を
うつつともなく過《す》ぎにけらしな
傍《かたは》らに人影《ひとかげ》なければわが思《おも》ひ
君《きみ》の御《み》前《まへ》に匂《にほ》はせ奉《まつ》らむ』

この声《こゑ》に贋《にせ》のチンリウ姫《ひめ》は驚《おどろ》き振《ふ》り返《かへ》れば、エームス王《わう》に幾倍《いくばい》とも知《し》れぬ美男子《びだんし》、チンリウ姫《ひめ》は恋《こひ》の悪魔《あくま》にとらはれ、恍惚《くわうこつ》として男《をとこ》の側《そば》に進《すす》み寄《よ》り、右手《みぎて》をしつかと握《にぎ》りながら、頬《ほほ》を赤《あか》らめて歌《うた》ふ。

『思《おも》ひきやかく麗《うるは》しき艶人《あでびと》の
この国原《くにはら》におはしますとは
エームスの王《きみ》に仕《つか》へし吾《われ》なれば

汝《なれ》に答《こた》ふる言《こと》の葉《は》もなし
さりながら汝《なれ》が愛《いと》しき心根《こころね》を
われ忝《かたじけ》なみて胸《むね》にしるさむ
かかる世《よ》にこのうるはしき大丈夫《ますら》を
いますとは夢《ゆめ》にも知《し》らざりにけり
ままならば君《きみ》と千《ち》歳《とせ》を契《ちぎ》りつつ
木《き》田《た》山城《やまじやう》に住《す》みたく思《おも》ふ』

美男《びなん》は歌《うた》ふ。

『吾《われ》こそはエームス王《わう》の従弟《いとこ》にて
セームスといふ軽《かる》きものなり
御心《みこころ》に叶《かな》ひ奉《まつ》らば今日《けふ》よりは

人《ひと》目《め》を忍《しの》びて千《ち》代《よ》を語《かた》らむ

われは今《いま》エームス王《わう》の目《め》を忍《しの》び
姫《ひめ》を恋《こ》ひつつここに来《き》たりし
名《な》も位《くら》も生《いの》命《ち》も吾《われ》は惜《を》しからじ
君《きみ》と会《あ》ふ夜《よ》のありと思《おも》へば』

チンリウ姫《ひめ》は歌《うた》ふ。

『懐《なつ》かしの君《きみ》に会《あ》ひてゆわが胸《むね》は
高《たか》鳴《な》り止《や》まず面《おも》ほてりけり
明《あ》日《す》さればこの森《しん》林《りん》に君《きみ》と吾《われ》と
千《ち》代《よ》の契《ちぎ》りを語《かた》らはむかも』

セームスは歌《うた》ふ。

『ありがたき情《なさ》けの言葉《ことば》聞《き》くにつけ
心《こころ》の駒《こま》の雄《を》猛《たけ》びやまずも』
かく歌《うた》ひつつ、何処《いづこ》へか煙《けむり》のごとく消《き》え失《う》せにける。
チンリウ姫《ひめ》は茫然《ばうぜん》として佇《たたず》みながら歌《うた》ふ。
『いぶかしき事《こと》の限《かぎ》りよ麗《うるは》しき
恋《こひ》のセームス煙《けむり》と消《き》えたり
エームスの王《きみ》にいやまし麗《うるは》しき
セームスこそはわが生命《いのち》かも』
かく歌《うた》ひながら、しづしづと殿内《でんない》に帰《かへ》り来《き》たる。
アララギは玄関《げんくわん》に迎《むか》へながら、
『汝《なれ》は今《いま》いづらにありし供人《ともびと》も

つれずひとり身《み》危《あや》ふからずや

汝《な》が姿見《すがたみ》えぬに吾《われ》は驚《おどろ》きて
千《ち》々《ぢ》に心《こころ》を砕《くだ》きたりしよ

明日《あす》よりは御《み》供《とも》をつれて出《い》でませよ
一人《ひとり》歩《あゆ》みは危《あや》ふかるらむ』

チンリウ姫《ひめ》は歌《うた》ふ。

『百《もも》花《ばな》の清《きよ》きかをりに誘《さそ》はれて
知《し》らず識《し》らずに一人《ひとり》遊《あそ》びぬ

水《みづ》をもてめぐれる木《き》田《た》山城《やまじやう》内《ない》に
恐《おそ》るべきものいかであるべき

この城《しろ》は吾《われ》等《ら》が心《こころ》のままなれば

心安《こころやす》んじ遊《あそ》ぶとよし』
かく歌《うた》へる折《をり》しも、エームス王《わう》は姫《ひめ》の姿《すがた》なきにやや待《ま》ちかまへ気味《ぎみ》なりしが、その場《ば》に
現《あら》はれ来《き》たりて、
『汝《なれ》は今《いま》帰《かへ》り来《き》たるか吾《わ》が心《こころ》
いたくさやぎてありけるものを
明日《あす》よりは侍女《じちよ》を伴《ともな》ひ遊《あそ》ぶべし
一人《ひとり》歩《あゆ》みは吾《わ》が意《い》に叶《かな》はじ』
チンリウ姫《ひめ》は微笑《ほほゑ》みながら歌《うた》ふ。
『吾《わ》が王《きみ》の幸《さち》を祈《いの》ると裏庭《うらには》に
佇《たたず》み神言《かみごと》白《まを》し居《ゐ》たりき』
かくてその日《ひ》は黄昏《たそがれ》の闇《やみ》に包《つつ》まれ、夫婦《ふうふ》睦《むつ》まじく寝《しん》に就《つ》きけるが、その翌日《あくるひ》はチンリウ姫《ひめ》

の提言《ていげん》として、城内《じやうない》の菖蒲《あやめ》池《いけ》に舟《ふね》を浮《うか》べ、半日《はんにち》の清遊《せいいう》を試《こころ》むる事《こと》となりぬ。

菖蒲《あやめ》池《いけ》に舟遊《ふなあそ》びの準備《じゆんび》は整《ととの》うた。しかしながら舟《ふね》と言《い》っても大木《たいぼく》の幹《みき》を石鑿《いしのみ》を以《もつ》てゑぐりたるものなりければ、余《あま》り多《おほ》くの人《ひと》の乗《の》るべき余地《よち》なく、エームス王《わう》はじめ、チンリウ姫《ひめ》、アララギその他《た》二《ふ》人《たり》の侍女《じぢよ》のみなりける。

王《わう》は菖蒲《あやめ》池《いけ》の汀《みぎは》に匂《にほ》へる紫《むらさき》の花《はな》を打《う》ち見《み》やりつつ愉快《ゆくわい》げに歌《うた》ふ。

『菖蒲《あやめ》咲《さ》くこの池《いけ》水《みづ》に棹《さを》さして
　ものいふ花《はな》と遊《あそ》ぶ楽《たの》しさ
水底《みなそこ》にうつろふ花《はな》の紫《むらさき》を
　見《み》つつ床《ゆか》しき舟《ふな》遊《あそ》びかな
八《や》千《ち》尋《ひろ》の深《ふか》き地《ち》底《てい》にひそむなる
　真《ま》鯉《ごひ》緋《ひ》鯉《ごひ》も驚《おどろ》きにけむ

この池《いけ》に初《はじ》めて舟《ふね》を浮《うか》べつつ
　遊《あそ》ぶは昔《むかし》ゆ例《ためし》なきかな
この池《いけ》に魔《ま》神《がみ》の棲《す》むと昔《むかし》より
　伝《つた》へ来《き》たれど今日《けふ》の安《やす》けさ
アララギの雄《を》々《を》しき女《をみな》ともろともに
　遊《あそ》ぶ御《み》舟《ふね》は楽《たの》しかりけり』

アララギは歌《うた》ふ。

『吾《わ》が王《きみ》の言《こと》葉《ば》の巧《たく》みさあきれたり
　アララギならでチンリウならずや
年《とし》老《お》いしこのアララギは花《はな》の香《か》も
　はや失《う》せぬればかをらひもなし』

エームス王《わう》は歌《うた》ふ。

『春《はる》匂《にほ》ふ花《はな》もよけれどまた秋《あき》の
　花《はな》のかをりも捨《す》て難《がた》く思《おも》ふ
五月雨《さみだれ》の空《そら》晴《は》れにつつ燕子花《かきつばた》
　菖蒲《あやめ》匂《にほ》へる清《すが》しき今日《けふ》なり
チンリウの姫《ひめ》の装《よそほ》ひ清《きよ》ければ
　菖蒲《あやめ》もかきつも恥《は》ぢらひ顔《がほ》なる』

チンリウ姫《ひめ》は歌《うた》ふ。

『わが王《きみ》の言《こと》葉《ば》嬉《うれ》しやたのもしや
　われは生命《いのち》を捧《ささ》げて仕《つか》へむ
わが王《きみ》の手《て》活《い》けの花《はな》と匂《にほ》ひつつ

木《き》田《た》山城《やまじやう》の要《かなめ》と仕《つか》へむ』

かく歌《うた》ふ折《をり》しも、不思議《ふしぎ》や池水《いけみづ》は俄《には》かに煮《に》えくり返《かへ》り、水柱《みづばしら》各処《かくしよ》に立《た》ち狂乱怒濤《きやうらんどたう》のために独木舟《まるきぶね》はたちまち顛覆《てんぷく》し、エームス王《わう》は真逆様《まつさかさま》に水中《すいちう》に落《お》ちたるまま遂《つひ》に姿《すがた》を現《あら》はさざりける。

ここに生命《いのち》からがら、アララギ、チンリウその他《た》の侍女《じぢよ》は汀辺《みぎはべ》に這《は》ひ上《あが》り、玉《たま》の生命《いのち》をつなぎける。

先《さき》の日《ひ》、チンリウ姫《ひめ》の前《まへ》に現《あら》はれし、セームスといふ美男《びなん》はこの池《いけ》の主《ぬし》にして、巨大《きよだい》なる蠑螈《いもり》の精《せい》なりけるが、俄《には》かに池水《いけみづ》を躍《をど》らせて舟《ふね》を顛覆《てんぷく》せしめ、王《わう》の生命《いのち》を奪《うば》ひとり、チンリウ姫《ひめ》の夫《をつと》となりてこの城《しろ》にはばらむとする計略《たくみ》なりける。

これより不思議《ふしぎ》や、アララギおよび二人《ふたり》の侍女《じぢよ》は、生命《いのち》は助《たす》かりたれども、眼眩《まなこくら》み喉塞《のどふさ》がりて何一《なにひと》つ見《み》る事《こと》を得《え》ず、また語《かた》らふ事《こと》も得《え》ずなりにける。それゆゑ王《わう》の水中《すいちう》に陥《おちい》りて溺《でき》死《し》したる事《こと》も知《し》らずに居《ゐ》たりしなり。

ここに蠑螈《いもり》の精《せい》は、エームス王《わう》となりて奥殿《おくでん》に端然《たんぜん》と控《ひか》へ、チンリウ姫《ひめ》を側近《そばちか》く侍《はべ》らせ不《ふ》義《ぎ》の快楽《けらく》に耽《ふけ》りつつ、国政《こくせい》日《ひ》に月《つき》に乱《みだ》れゆくこそ浅《あさ》ましかりける。

チンリウ姫《ひめ》は、どこともなくエームス王《わう》に似《に》たれども、やや様子《やうす》の異《こと》なれるに不審《ふしん》の眉《まゆ》をひそめながら歌《うた》ふ。

『エームスの王《きみ》は池《ち》中《ちう》に陥《おちい》りて
　生命《いのち》死《し》せしと思《おも》ひたりしを
エームスの王《きみ》と思《おも》へどどこやらに
　わが腑《ふ》に落《お》ちぬ節《ふし》のあるかも
先《さき》の日《ひ》に吾《われ》と語《かた》りし艶人《あでびと》に
　もしあらずやと疑《うたが》はれぬる』

蠑螈《いもり》の精《せい》は歌《うた》ふ。

『愚《おろ》かなりチンリウ姫《ひめ》よ吾《われ》こそは
先《さき》の日《ひ》会《あ》ひしセームスなるぞや
幸《さいは》ひにエームス王《わう》は滅《ほろ》びたり
いざやこれより汝《なれ》と住《す》みなむ
歎《なげ》くとも逝《ゆ》きたる人《ひと》は帰《かへ》らまじ
吾《われ》に伊《い》添《そ》ひて暮《くら》させ給《たま》へ』

チンリウ姫《ひめ》は歌《うた》ふ。

『思《おも》ひきや汝《なれ》はセームス優男《やさをとこ》
わがたましひを蘇《よみがへ》らせり
われもまたエームス王《わう》にあき居《ゐ》たり

汝《なれ》が姿《すがた》を見《み》初《そ》めてしより
汝《なれ》こそは常世《とこよ》の夫《つま》よ恋《こひ》の夫《つま》よ
生命《いのち》捧《ささ》げて吾《われ》は仕《つか》へむ』

蠑螈《いもり》の精《せい》は歌《うた》ふ。

『汝《なれ》とても誠《まこと》のチンリウ姫《ひめ》ならず
センリウ姫《ひめ》の贋玉《にせだま》なりけむ
吾《われ》もまた誠《まこと》のエームス王《わう》ならず
従弟《いとこ》のセームス優男《やさをとこ》なり
贋物《にせもの》と贋物《にせもの》二人《ふたり》がこの城《しろ》に
二世《にせ》を契《ちぎ》るも面白《おもしろ》からずや
アララギは眼失《まなこうしな》ひ唖《あ》者《しや》となり

わがたくらみを悟《さと》らであるらし
今日《けふ》よりは汝《なれ》に免《めん》じてアララギの
病《やまひ》は癒《い》やし永《と》久《は》に救《すく》はむ』

チンリウ姫《ひめ》は歌《うた》ふ。

『吾《わ》が母《はは》を救《すく》ひ給《たま》ふかありがたし
さすがは吾《わ》が背《せ》の君《きみ》なりにけり
よき事《こと》のいやつぎつぎに重《かさ》なりて
恋《こひ》しき汝《なれ》に伊《い》添《そ》ひ居《ゐ》るかも
どこまでもエームス王《わう》となりすまし
木《き》田《た》山城《やまじやう》に臨《のぞ》ませ給《たま》へよ』

蠑螈《いもり》の精《せい》は歌《うた》ふ。

『汝《な》が言葉《ことば》宜《うべ》なり吾《われ》はどこまでも
　エームス王《わう》となりて臨《のぞ》まむ
面《おも》白《しろ》き吾《わ》が世《よ》なるかも木《き》田《た》山《やま》の
　城《しろ》の主《あるじ》となれる思《おも》へば』

かくして贋《にせ》のチンリウ姫《ひめ》と、蠑螈《いもり》の精《せい》の化身《けしん》なる贋《にせ》のエームス王《わう》は、木田山城内奥深《きたやまじやうないおくふか》く住《す》み込《こ》みて、国政《こくせい》は日《ひ》に月《つき》に乱《みだ》れ衰《おとろ》へ、遂《つひ》には収拾《しうしふ》すべからざるに至《いた》りたるこそ是非《ぜひ》なけれ。

（昭和九・八・一五　旧七・六　於水明閣　白石恵子謹録）

第一九章　悪魔《あくま》の滅亡《めつばう》（二〇四六）

サールの国王《こくわう》エールスは大軍率《たいぐんひき》ゐて、大栄山《おほさかやま》の嶮《けん》を越《こ》え、イドムの城《しろ》に一挙《いつきよ》に攻《せ》め寄《よ》せて、アヅミ王《わう》、その他《た》の重臣共《ちやうしんども》を追《お》ひ散《ち》らし、意気揚々《いきやうやう》としてイドムの城《しろ》の主《あるじ》となり、軍師《ぐんし》、左守《さもり》を残《のこ》し、サールの国《くに》を監督《かんとく》せしめむと右守《うもり》のナーリスにあまたのナイトを従《したが》へさせ帰国《きこく》を命《めい》じけり。ナーリスは意気揚々《いきやうやう》として数百《すうひやく》のナイトを従《したが》へながら、馬上豊《ばじやうゆた》かに歌《うた》ふ。

『サールの国《くに》の御主《おんあるじ》
エールス王《わう》に従《したが》ひて
あまたのナイトを引率《いんそつ》し
大栄山《おほさかやま》を乗《の》り越《こ》えて

19　悪魔の滅亡

人《にん》魚《ぎよ》の里《さと》に攻《せ》め寄《よ》せつ
難《なん》なくここを占領《せんりやう》し
勢《いきほ》ひあまつてイドム城《じやう》
あまた軍《いくさ》の守《まも》りたる
要《えう》害《がい》堅《けん》固《ご》の鉄城《てつじやう》を
何《なん》の苦《く》もなく占領《せんりやう》し
アヅミの王《きみ》を追《お》ひ散《ち》らし
風《ふう》塵《ぢん》全《まつた》く治《をさ》まりて
馬《うま》の嘶《いなな》き関《とき》の声《こゑ》
松《まつ》吹《ふ》く風《かぜ》となりにけり
エールス王《わう》は欣《きん》然《ぜん》と

イドムの城《しろ》におはしまし
山《さん》河《が》の景《け》色《しき》を眺《なが》めつつ
御《み》代《よ》太《たい》平《へい》を謳《うた》ひまし
汝右《なんじう》守《もり》のナーリスよ
イドムの国《くに》は治《をさ》まりぬ
汝《なれ》はこれより数百《すうひやく》の
ナイトを従《したが》へ堂《だう》々《だう》と
大《おほ》栄《さか》山《やま》を乗《の》り越《こ》えて
サールの国《くに》にかへれよと
よさし給《たま》ひし畏《かしこ》さよ
王《きみ》の軍《いくさ》の勝《かち》関《どき》を

みとめて吾《われ》はかへりゆく
駒《こま》の嘶《いなな》き勇《いさ》ましく
蹄《ひづめ》の音《おと》もかつかつと
山路《やまぢ》を分《わ》けて進《すす》むなり
イドムの国《くに》は漸《やうや》くに
平定《へいてい》したれど村肝《むらきも》の
心《こころ》にかかるはサールなり
サールの国《くに》に残《のこ》したる
エームス太子《たいし》は只《ただ》一人《ひとり》
国《くに》の政治《せいぢ》を握《にぎ》りつつ
心《こころ》を悩《なや》ませ給《たま》ふらむ

あまたの捕虜《ほりよ》は木田山《きたやま》の
城《しろ》の牢獄《ひとや》に満《み》ちぬらむ
この制裁《せいさい》もなかなかに
容易《ようい》のことにあらざらむ
急《いそ》げよ進《すす》めよナイト等《たち》
一日《ひとひ》も早《はや》く木田山《きたやま》の
お城《しろ》の馬場《ばば》に到《いた》るまで』

かく歌《うた》ひながら、夜《よ》を日《ひ》についで漸《やうや》く木田川《きたがは》を打《う》ち渡《わた》り、城内《じやうない》に旗鼓《きこ》堂々《だうだう》とかへり来《き》たりしさま威風《ゐふうりんりん》凛々と四辺《あたり》を払《はら》ひ、物々《ものもの》しさの限《かぎ》りなりけり。右守《うもり》のナーリスは、わが出征《しゆつせい》の後《あと》にエームス太子《たいし》に妃《ひ》の定《さだ》まりたる事《こと》も知《し》らず、城門《じやうもん》を潜《くぐ》り、太子《たいし》の君《きみ》の御前《ごぜん》に罷《まか》り出《い》で、軍状《ぐんじやう》を具《つぶ》さに奏上《そうじやう》せむとして歌《うた》ふ。

エームス王《わう》は王座《わうざ》にあらはれ、儼然《げんぜん》としてナーリスを打《う》ち見《み》やりながら、

『親《おや》王《ぎみ》に仕《つか》へてイドムに向《むか》ひたる
　汝《なれ》はナーリス司《つかさ》ならずや』

この歌《うた》にナーリスはハツと頭《かうべ》を下《さ》げながら、歌《うた》もて奏上《そうじやう》する。

『親《おや》王《ぎみ》の功《いさを》尊《たふと》く御軍《みいくさ》は
　イドムの国《くに》を打《う》ち滅《ほろ》ぼしぬ
寄《よ》せ来《き》たるあまたの敵《てき》を御軍《みいくさ》は
　斬《き》り払《はら》ひつつ進《すす》みたりけり
石垣《いしがき》を高《たか》く廻《めぐ》らすイドム城《じやう》は
　攻《せ》むるに難《かた》く守《まも》るにやすし
さりながらわが親《おや》王《ぎみ》の功績《いさをし》に

敵《てき》はもろくも滅《ほろ》び失《う》せたり

われこそは右《う》守《もり》の神《かみ》と仕《つか》へつつ
御《おん》側《そば》近《ちか》くまもらひにけり

御《おん》父《ちち》の功績《いさをし》高《たか》くイドム城《じやう》は
平安《へいあん》無事《ぶじ》の今日《けふ》となりけり

まつぶさにこのありさまを若王《わかぎみ》に
伝《つた》へむとしてかへり来《き》たりぬ

左《さ》守《もり》軍師《ぐんし》その他《た》の兵士《つはもの》残《のこ》しおき
吾《われ》はナイトを率《ひき》ゐてかへりし

若王《わかぎみ》のまめな御《おん》顔《かほ》拝《はい》しつつ
嬉《うれ》し涙《なみだ》に吾《われ》くれにけり

名《な》にし負《お》ふイドムの国《くに》の真《ま》秀《ほ》良《ら》場《ば》は
　親《おや》王《ぎみ》住《す》ますによろしき国《くに》なり
若《わか》王《ぎみ》はサールの国《くに》に留《とど》まりて
　国《くに》につくせと宣《の》らせ給《たま》ひし
親《おや》王《ぎみ》の仰《おほ》せなりせば若《わか》王《ぎみ》も
　必《かなら》ずうけがひ給《たま》ふなるべし』

エームス王《わう》は歌《うた》ふ。

『待《ま》ちわびしわが親《おや》王《ぎみ》の消《せう》息《そく》を
　つぶさに聞《き》ける今《け》日《ふ》の嬉《うれ》しさ
親《おや》王《ぎみ》のいまさぬうちに止《や》むを得《え》ず
　吾《われ》は妻《つま》をば娶《めと》りたりけり

親《おや》王《ぎみ》は戦《いくさ》の場《には》にましますと
思《おも》ひて一人《ひとり》ことゝとりにけり
親《おや》王《ぎみ》の御《み》前《まへ》よしなに計《はか》らへよ
わが新《にひ》妻《づま》を娶《めと》りたるよし』

ナーリスは歌《うた》ふ。

『若《わか》王《ぎみ》の妻《つま》を娶《めと》らすめでたさを
いかで親《おや》王《ぎみ》さまたげ給《たま》はむ
この国《くに》も若《き》王《み》の御《み》稜《い》威《づ》に安《やす》々《やす》と
治《をさ》まる思《おも》へば楽《たの》しかりけり
今《け》日《ふ》よりは右《う》守《もり》の吾《われ》はこの国《くに》の
左《さ》守《もり》となりて仕《つか》へまつらむ

父君《ちちぎみ》の依《よ》さし言葉《ことば》にしたがひて
われは左守《さもり》と仕《つか》へまつるも』
チンリウ姫《ひめ》は初《はじ》めて右守《うもり》のナーリスを見《み》たるとて、驚《おどろ》きの色《いろ》を見《み》せながら、さすが曲者《くせもの》、平然《へいぜん》として、そしらぬ態《さま》を装《よそほ》ひ、
『われこそはエームス王《わう》の妃《きさき》ぞや
汝《なれ》は左守《さもり》かよくもかへりし
アヅミ　ムラジ二人《ふたり》が仲《なか》に生《う》まれたる
われはチンリウ姫《ひめ》にぞありける』
ナーリスは、
『ありがたしサールの国《くに》に臨《のぞ》みます
妃《きさき》の君《きみ》の雄々《をを》しき御心《みこころ》

今日《けふ》よりは赤《あか》き心《こころ》を捧《ささ》げつつ
　若王《きみ》と妃《きさき》に仕《つか》へ奉《まつ》らむ』

チンリウ姫《ひめ》は歌《うた》ふ。

『ナーリスの左守《さもり》の言葉《ことば》聞《き》くにつけ
　わが魂《たましひ》の光《ひか》りかがよふ

わが王《きみ》の政治《せいぢ》をたすけ今日《けふ》よりは
　国《くに》のことごと眼《まなこ》くばれよ

治《をさ》まれる国《くに》にはあれど彼方《あち》此方《こち》に
　波風《なみかぜ》立《た》つと聞《き》くが忌々《ゆゆ》しき

汝《な》が帰《かへ》り久《ひさ》しく待《ま》ちぬ今日《けふ》こそは
　盲亀《まうき》の浮木《ふぼく》にあへるがごとし』

かかるところへ乳母《うば》のアララギは、さも横柄《わうへい》な面《つら》がまへにて出《い》で来《き》たり、

『吾《われ》こそはチンリウ姫《ひめ》に仕《つか》へたる
　乳《う》母《ば》アララギよナーリスの君《きみ》
陰《かげ》になり日《ひ》向《なた》になりて若王《わかぎみ》の
　御《おん》身《み》を守《まも》るわが身《み》なるぞや
若《わか》王《ぎみ》の心《こころ》をくみて今《け》日《ふ》よりは
　われは汝《なんぢ》にこと計《はか》るべし』

左守《さもり》のナーリスは、

『不《ふ》思《し》議《ぎ》なることを聞《き》くかな汝《なれ》こそは
　チンリウ姫《ひめ》の乳《う》母《ば》にあらずや
汝《な》がごとき女《をみな》に政《せい》治《ぢ》かたらふも

何《なん》の詮《せん》なし退《しりぞ》きて居《を》れ
いやしくも左《さ》守司《もりつかさ》の吾《われ》なれば
汝《なんぢ》の言《こと》葉《ば》聞《き》くに及《およ》ばじ』

チンリウ姫《ひめ》は歌《うた》ふ。

『ナーリスの言《こと》葉《ば》も宜《うべ》よさりながら
アララギの言《こと》葉《ば》なほざりにすな
アララギはサールの国《くに》の柱《はしら》ぞや
汝《なれ》も共《とも》々《ども》国《くに》に尽《つ》くせよ
アララギは女《をみな》なれども男《を》に勝《まさ》り
さかしき雄《を》々《を》しき益《ます》良《ら》女《め》なるぞや』

ナーリスは歌《うた》ふ。

『妃《ひ》の君《きみ》の御《み》言葉《ことば》宜《うべ》よと思《おも》へども
女《をみな》ことさき立《た》つは悪《あ》しけむ』

アララギは憤然《ふんぜん》として歌《うた》ふ。

『若王《わかぎみ》の妃《きさき》をすすめしアララギを
さげすむ左《さ》守《もり》は国《くに》の仇《あだ》なり

何事《なにごと》もアララギ吾《われ》の言《こと》の葉《は》に
従《したが》はずして治《をさ》まるべきかは』

エームス王《わう》は歌《うた》ふ。

『アララギの雄《を》々《を》しきさかしき魂《たましひ》は
左《さ》守《もり》といへども及《およ》ばざるべし』

左《さ》守《もり》は憤然《ふんぜん》として、

『左《さ》守《もり》吾《あ》は鄙《ひな》に退《しりぞ》き奉《まつ》るべし
いやしきアララギ用《もち》ゐ給《たま》はば』

と歌《うた》ひつつ足早《あしばや》に御前《みまへ》を退出《たいしゆつ》し、何処《いづく》ともなく消《き》え失《う》せにける。

かかるところへ山岳《さんがく》も崩《くづ》るるばかりの矢叫《やさけ》びの声《こゑ》、鬨《とき》の声《こゑ》、城下《じやうか》に轟《とどろ》き渡《わた》り、あまたの暴《ばう》徒《と》は手《て》に手《て》に得物《えもの》を携《たづさ》へ、本城《ほんじやう》目《め》がけて阿修羅王《あしゆらわう》の狂《くる》ひたるごとく攻《せ》め寄《よ》せ来《き》たる。その勢《いきほ》ひに城中《じやうちう》は戦場《せんぢやう》のごとく、到底《たうてい》寡《くわ》を以《もつ》て衆《しう》に敵《てき》し難《がた》しと、贋《にせ》のエームス王《わう》はチンリウ姫《ひめ》を小脇《こわき》に抱《かか》へ、菖蒲《あやめ》が池《いけ》にざんぶとばかり飛《と》び込《こ》み、二人《ふたり》の姿《すがた》は水泡《みなわ》となりて消《き》え失《う》せにける。

かかる所《ところ》へ、暴徒《ばうと》の中心人物《ちうしんじんぶつ》たる夕月《ゆふづき》は弓《ゆみ》に矢《や》をつがへながら、殿中深《でんちうふか》く入《い》り来《き》たり、王《わう》の居間《ゐま》に進《すす》みけるが、二人《ふたり》の影《かげ》の見《み》えざるにぞ、再《ふたた》び引《ひ》き返《かへ》し玄関口《げんくわんぐち》に来《き》たる折《をり》しも、髪振《かみふ》り乱《みだ》し、血相変《けつさうか》へてアララギは馳《は》せ来《き》たり、大声《おほごゑ》にて、

『ヤア、その方《はう》は夕月《ゆふづき》にあらざるか、不届《ふとど》き千万《せんばん》な、恐《おそ》れ多《おほ》くもこの城内《じやうない》に群衆《ぐんしう》をおびき寄《よ》せ、クーデターを謀《たく》らむとは不届《ふとど》き千万《せんばん》なるやり方《かた》、罪《つみ》は万死《ばんし》に値《あたひ》すべし、退《さが》れ退《さが》れ』

と呼《よ》ばはるにぞ、夕月《ゆふづき》は弓《ゆみ》に矢《や》をつがへながら、儼然《げんぜん》として答《こた》ふ。

『奸佞邪智《かんねいじやち》の曲者《くせもの》、若王《わかぎみ》の心《こころ》にとり入《い》り、真正《まこと》のチンリウ姫《ひめ》さまを吾《わ》が子《こ》といたし、大《だい》罪《ざい》を負《お》はせて遠島《あんたう》の刑《けい》に処《しよ》し、生《う》みの吾《わ》が子《こ》をチンリウ姫《ひめ》さまと称《しよう》し、若王《わかぎみ》さまの御目《おんめ》をくらませ、暴政《ばうせい》を振《ふ》るひ、国津神《くにつかみ》を塗炭《とたん》の苦《くる》しみに堕《おと》したるは皆汝《みななんぢ》がなす業《わざ》、もはや今日《こんにち》となりては天命逃《てんめいのが》れぬところ、覚悟《かくご》いたして自害《じがい》いたすか、さなくばこの方《はう》が弓矢《ゆみや》の錆《さび》となるか、覚悟《かくご》はどうだ、返答《へんたふ》を聞《き》かむ』

と、攻《せ》め寄《よ》せれば、アララギは慌《あわ》てふためき、逃《に》げ出《い》ださむとするにぞ、夕月《ゆふづき》は弓《ゆみ》を満月《まんげつ》にしぼり、発止《はつし》と放《はな》つ。剛力《がうりき》の征矢《そや》に射抜《いぬ》かれて、アララギはもろくも身失《みう》せにける。

これより城内《じやうない》は統制機関《とうせいきくわん》なく、左守《さもり》のナーリスも何処《いづこ》へ行《ゆ》きしか皆目分《かいもくわか》らず、木田山城《きたやまじやう》はさながら悪魔《あくま》の跳梁《てうりやう》に任《まか》せけるこそ是非《ぜひ》なけれ。

（昭和九・八・一五　旧七・六　於水明閣　内崎照代謹録）

○

神聖会運動《しんせいくわいうんどう》に吾《われ》たちしより
たち上《あが》りたり信徒《まめひと》ことごと

天国《てんごく》を地上《ちじやう》に建《た》てむと朝夕《あさゆふ》を
かけめぐるなり国《くに》の遠近《をちこち》

（昭和九・一二・五）

第二〇章　悔《くわい》悟《ご》の花《はな》（二〇四七）

贋《にせ》のエームス王《わう》や、贋《にせ》のチンリウ姫《ひめ》を始《はじ》め、乳母《うば》アララギに捨《す》て台詞《ぜりふ》を残《のこ》し城内《じやうない》を立《た》ち出《い》でたる左守司《さもりつかさ》のナーリスは、群衆《ぐんしう》のひしめき立《た》てる大混乱《だいこんらん》の巷《ちまた》に数百《すうひやく》の騎士《ナイト》を従《したが》へ、隊伍整然《たいごせいぜん》として現《あら》はれ来《き》たり、十字路《じふじろ》に立《た》ちて、声高《こゑたか》らかに歌《うた》ふ。

『サールの国《くに》の国《くに》津神《つかみ》
木《き》田《た》山城《やまじやう》の人々《ひとびと》よ
鎮《しづ》まり給《たま》へ吾《われ》こそは
イドムの国《くに》に攻《せ》め寄《よ》せて
勝鬨《かちどき》あげしナーリスよ

今《いま》は左守《さもり》の神《かみ》となり
木《き》田《た》山城《やましやう》に帰《かへ》りしが
エームス王《わう》は悪神《あくがみ》に
生命《いのち》奪《うば》はれ怪《あや》しかる
贋《にせ》のエームス君《くん》臨《りん》し
悪逆《あくぎやく》無《ぶ》道《だう》のアララギが
娘《むすめ》が妃《きさき》となりすまし
暴《ぼう》威《ゐ》を振《ふ》るひ居《ゐ》たりしが
愛《あい》国《こく》志《し》士《し》の団《だん》体《たい》に
攻《せ》め立《た》てられし悪魔《あくま》等《ら》は
たちまち煙《けむり》と消《き》えにけり

かくなる上《うへ》は人《ひと》々《びと》よ
もはや騒《さわ》ぐに及《およ》ぶまじ
サールの国《くに》を永久《とこしへ》に
平《へい》安《あん》無《ぶ》事《じ》に守《まも》りつつ
各《おのおの》業《げふ》に安《やす》んじて
その日《ひ》の生活《くらし》を楽《たの》しめよ
吾《われ》はこれより城内《じやうない》に
騎士《ナイト》を率《ひき》ゐて立《た》ち帰《かへ》り
乱《みだ》れ果《は》てたる秩序《ちつじよ》をば
全《まつた》く元《もと》に立《た》て直《なほ》し
善《ぜん》政《せい》を布《し》かむ覚《かく》悟《ご》なり

国《くに》津《つ》神《かみ》等《たち》国《くに》人《びと》よ
心《こころ》を安《やす》んじ給《たま》ふべし
鎮《しづ》まり給《たま》へ諸《もろ》人《びと》よ
その他《ほか》百《もも》の国《くに》津《つ》神《かみ》
一《ひと》先《ま》づ鉾《ほこ》を収《をさ》めませ
エールス王《わう》は遙《はる》々《ばる》と
イドムの国《くに》を言《こと》向《む》けて
時《とき》めき給《たま》ふ功《いさ》績《をし》を
汝《なれ》等《ら》国《くに》人《びと》恐《おそ》れずや
エールス王《わう》が軍《ぐん》隊《たい》を
あまた引《ひき》率《つ》れこの国《くに》に

再《ふたた》び帰《かへ》りますならば
汝《なれ》が生活《くらし》は弥《いや》益《ます》も
安《やす》く楽《たの》しくありぬべし
一《いち》時《じ》に鎮《しづ》まれ疾《と》く早《はや》く
吾《われ》は左《さ》守《もり》のナーリスよ
真《まこと》の悪《あく》魔《ま》は滅《ほろ》びたり
平《へい》地《ち》に波《なみ》を起《おこ》すべき
理《り》由《いう》は無《な》からむ速《すみ》やかに
元《もと》のごとくに鎮《しづ》まれよ
後《あと》は吾《われ》々《われ》汝等《なんぢら》が
望《のぞ》みを詳《つぶ》細《さ》に聞《きこ》え上《あ》げ

その目的《もくてき》を達《たつ》すべし』

かく歌《うた》ふ折《をり》しも、向《むか》ふの方《はう》より群衆《ぐんしう》に押《お》されながら、馬上《ばじやう》ゆたかに進《すす》み来《き》たる勇士《ゆうし》は、音《おと》に名高《なだか》き夕月《ゆふづき》なりけり。

夕月《ゆふづき》は歌《うた》ふ。

『悪魔《あくま》の昼夜《ちうや》にはびこりし
木田山城《きたやまじやう》は鎮《しづ》まりぬ
吾等《われら》の率《ひき》ゐる大丈夫《ますらを》の
御国《みくに》を思《おも》ふ真心《まごころ》は
天《あめ》と地《つち》とに通《つう》じけむ
暴逆無道《ばうぎやくぶだう》のアララギも
奸佞邪智《かんねいじやち》なるセンリウも

蠑螈《いもり》の精《せい》と聞《きこ》えたる
贋《にせ》のエームス王《わう》までも
今《いま》は全《まつた》く滅《ほろ》びたり
もうこの上《うへ》は吾《われ》々《われ》は
左《さ》守《もり》の神《かみ》を力《ちから》とし
乱《みだ》れ果《は》てたる国《くに》原《はら》を
清《きよ》め澄《す》まして元《もと》のごと
至《し》治《ち》太《たい》平《へい》の世《よ》となさむ
あゝ惟神《かむながら》惟神《かむながら》
天《てん》地《ち》の神《かみ》の御《み》恵《めぐ》みに
国《くに》に仇《あだ》なす曲《まが》神《かみ》は

全《まった》く影《かげ》を隠《かく》しけり
汝《なれ》等《ら》心《こころ》を安《やす》んぜよ
サールの国《くに》は生《う》まれたり
滅《ほろ》び行《ゆ》くなる国《くに》原《はら》は
汝《なれ》等《ら》群《ぐん》衆《しう》の真《ま》心《ごころ》に
蘇《よみがへ》りたる嬉《うれ》しさよ
いざこれよりは国《くに》人《びと》よ
ナーリス左《さ》守《もり》を信《しん》頼《らい》し
一《いっ》切《さい》万《ばん》事《じ》を委《ゆだ》ねつつ
心《こころ》平《おだ》穏《ひ》に引《ひ》けよかし
あゝ惟《かむなが》神《ら》惟《かむなが》神《ら》

神《かみ》の御《み》稜威《いづ》の御前《おんまへ》に
感謝《かんしや》を捧《ささ》げ奉《たてまつ》る』

かくて左守《さもり》と夕月《ゆふづき》は十字街頭《じふじがいとう》に大衆《たいしう》を率《ひき》ゐたるままで邂逅《かいこう》し、互《たが》ひに暴動《ばうどう》の無事《ぶじ》治《をさ》まりしを祝《しゆく》し合《あ》ひつつ、夕月《ゆふづき》は先《ま》づ歌《うた》ふ。

『常暗《とこやみ》の雲《くも》は晴《は》れにつ久方《ひさかた》の
月日《つきひ》は清《きよ》く輝《かがや》き渡《わた》れり
汝《なれ》こそは左守《さもり》の神《かみ》よ乱《みだ》れたる
この世《よ》の縺《もつ》れを解《と》かせ給《たま》へり
曲神《まがかみ》は残《のこ》らず滅《ほろ》び失《う》せにけり
いざこれよりは君《きみ》に頼《たよ》らむ』

ナーリスは歌《うた》ふ。

『遥々《はるばる》とイドムの国《くに》より帰《かへ》り来《こ》し
　間《ま》もあらなくにこの騒《さわ》ぎみし
夕月《ゆふづき》の君《きみ》の真心力《まごころちから》とし
　吾《われ》は仕《つか》へむ木田山城《きたやまじやう》に』

これより左守《さもり》のナーリスは、愛国団体《あいこくだんたい》の隊長夕月《たいちやうゆふづき》と共《とも》に騎士《ナイト》に守《まも》られ、城内深《じやうないふか》く侵入《しんにふ》し、一切万事《いつさいばんじ》の後片付《あとかたづ》けをなし、重臣等《ぢうしんたち》を一間《ひとま》に集《あつ》めて国乱鎮定《こくらんちんてい》の祝賀会《しゆくがくわい》を催《もよほ》しける。重《おも》なる参会者《さんくわいしや》はナーリスを始《はじ》め夕月《ゆふづき》、滝津瀬《たきつせ》、山風《やまかぜ》、青山《あをやま》、紫《むらさき》、玉山等《たまやまなど》の数十人《すうじふにん》の重臣《ぢうしん》なりける。

青山《あをやま》は歌《うた》ふ。

『天地《あめつち》の神《かみ》の御《み》稜威《いづ》と左守司《さもりつかさ》
　夕月司《ゆふづきつかさ》に治《をさ》まりしはや

刈《かり》菰《ごも》の乱《みだ》れ果《は》てたる国《くに》原《はら》も
　君《きみ》の力《ちから》に治《をさ》まりにけり

国《くに》津《つ》神《かみ》国《くに》人《びと》等《たち》は悪《あく》政《せい》に
　苦《くる》しめられて喘《あへ》ぎ居《ゐ》しはや

かくならば思《おも》ふことなしサールの国《くに》は
　いや益《ます》々《ます》に栄《さか》え行《ゆ》くらむ』

紫《むらさき》は歌《うた》ふ。

『長《なが》き日《ひ》を鄙《ひな》に潜《ひそ》みて国《くに》の状《さ》態《ま》
　吾《われ》は細《こま》々《ごま》調《し》査《ら》べ来《き》にけり

只《ただ》ならぬ大《だい》事《じ》起《おこ》ると常《つね》々《づね》に
　忠《ちう》告《こく》せしも聞《き》かれざりけり

城内《じやうない》にあまたの曲津《まがつ》潜《ひそ》み居《ゐ》て
　益《ます》々《ます》国《くに》は乱《みだ》れ果《は》てけり
怪《あや》しかる女《をみな》アララギ覇《は》をとなへ
　木《き》田《た》山城《やまじやう》は暗《やみ》となりける
紫《むらさき》の雲《くも》は御《み》空《そら》に靡《なび》けども
　中空《なかぞら》の雲《くも》黒々《くろぐろ》覆《おほ》ひし
行《ゆ》く先《さき》は如《いか》何《が》ならむとわづらひし
　心遣《こころづか》ひも夢《ゆめ》となりしか
エールスの王《きみ》の戦《いくさ》に出《い》でしより
　一《ひと》入《しほ》サールの国《くに》は乱《みだ》れし』

玉山《たまやま》は歌《うた》ふ。

『イドムより怪《あや》しき女《をみな》入り来《き》たり
　サールの国《くに》は乱《みだ》されにけり
捕《ほ》虜《りよ》として捕《とら》へ帰《かへ》りし魔《ま》の女《をみな》に
　木《き》田《た》山城《やまじやう》は傾《かたむ》きしはや
今日《けふ》となりて吾《われ》等《ら》の心安《こころやす》まりぬ
　滅《ほろ》びむとする国《くに》のいのちを
いかにして滅《ほろ》びむ国《くに》を生《い》かさむと
　朝《あさ》夕《ゆふ》心《こころ》を砕《くだ》きけるかな』

山風《やまかぜ》は歌《うた》ふ。

『エームスの吾《わ》が若《わか》王《ぎみ》の御《み》心《こころ》を
　蕩《とろ》かせ奉《まつ》りし魔《ま》の女《をみな》かな

エームスの若王《わかぎみ》魔性《ましやう》に謀《たばか》られ
生命《いのち》果《はか》なくならせ給《たま》ひぬ

城内《じやうない》の菖蒲《あやめ》の池《いけ》の主《ぬし》といふ
蠑螈《いもり》は王《きみ》を失《うしな》ひしはや

これよりは蠑螈《いもり》の精《せい》を言向《ことむ》けて
国《くに》の災《わざは》ひ清《きよ》く払《はら》はせよ』

滝津瀬《たきつせ》は歌《うた》ふ。

『木《き》田《た》川《がは》の流《なが》れはいたく濁《にご》りたり
魔性《ましやう》の女《をみな》を捕《とら》へ来《き》しより

かくのごと安《やす》く治《をさ》まりし有《あり》様《さま》を
イドムの王《きみ》に知《し》らせたきかな

吾《わ》が王《きみ》はイドムの城《しろ》を滅《ほろ》ぼして
　功《いさを》を永《と》久《は》に立《た》てさせ給《たま》へり
治《をさ》まりし国《くに》の姿《すがた》をイドムなる
　王《きみ》に見《み》せなば喜《よろこ》び給《たま》はむ』

夕月《ゆふづき》は歌《うた》ふ。

『木《き》田《た》城《じやう》に吾《われ》は久《ひさ》しく仕《つか》へつつ
　乱《みだ》れ行《ゆ》く世《よ》を歎《なげ》かひて居《ゐ》し
アララギの木《き》田《た》山《やま》城《じやう》に入《い》りしより
　人《ひと》の心《こころ》は騒《さわ》ぎ初《そ》めたり
アララギを斬《き》つて捨《す》てむと幾《いく》度《たび》か
　思《おも》へど詮《せん》なく忍《しの》び居《ゐ》たりき

天《てん》の時《とき》漸《やうや》く到《いた》り群《ぐん》衆《しう》を
率《ひき》ゐて吾《われ》は曲《ま》津《が》を討《う》ちたり
神《かみ》々《がみ》の恵《めぐ》みに吾《われ》は守《まも》られて
日《ひ》頃《ごろ》の望《のぞ》み遂《と》げし嬉《うれ》しさ
折《をり》も折《をり》左《さ》守《もり》の司《つかさ》帰《かへ》りますと
聞《き》きてゆ吾《われ》は勇《いさ》み立《た》ちたり
人《ひと》の和《わ》を得《え》たる軍《いくさ》はどこまでも
滅《ほろ》ぶ事《こと》なく勝《か》ち果《おほ》せたり
城内《じやうない》を騒《さわ》がせ奉《まつ》りし吾《わ》が罪《つみ》を
身《み》に引《ひ》き受《う》けて鄙《ひな》に下《くだ》らむ』

左《さ》守《もり》の司《つかさ》ナーリスは歌《うた》ふ。

『国《くに》人《びと》の清《きよ》き心《こころ》の集《あつ》まりに
　曲《まが》は影《かげ》なく滅《ほろ》び失《う》せたり
刈《かり》菰《ごも》の乱《みだ》れ漸《やうや》く鎮《しづ》まりて
　神《かみ》の御《み》前《まへ》に祝《ほぎ》言《ごと》宣《の》るも
エールスの王《きみ》の言《こと》葉《ば》に従《したが》ひて
　急《いそ》ぎ帰《かへ》れば国《くに》乱《みだ》れ居《を》り
今《いま》暫《しば》し帰《き》国《こく》後《おく》るる事《こと》あらば
　サールの国《くに》は自《じ》滅《めつ》し居《ゐ》るらむ』

かく歌《うた》へる折《をり》もあれ、数千《すうせん》の騎士《ナイト》を率《ひき》ゐて逃《に》げ帰《かへ》りたる副将《ふくしやう》チンリンは奥殿《おくでん》深《ふか》く進《すす》み来《き》たり、左守《さもり》の神《かみ》のナーリスに向《むか》ひ、挙手《きよしゆ》の礼《れい》を捧《ささ》げながら歌《うた》ふ。

『エールスの王《きみ》悲《かな》しくも帰《か》幽《く》れましぬ

サックス姫《ひめ》も身《み》失《う》せ給《たま》ひぬ
チクターの左《さ》守《もり》を始《はじ》めエーマンの
軍《ぐん》師《し》も共《とも》に滅《ほろ》び失《う》せたり
アヅミ王《わう》の勢《いきほ》ひ強《つよ》く盛《も》り返《かへ》し
吾《われ》等《ら》が味《み》方《かた》は脆《もろ》くも破《やぶ》れぬ
かくならばイドムの国《くに》に用《よう》なしと
騎《ナイ》士《ト》を率《ひき》ゐて急《いそ》ぎ帰《かへ》りし』

この報告《ほうこく》に左守《さもり》を始《はじ》め夕月《ゆふづき》その他《た》の面々《めんめん》は、顔色《かほいろ》をサッと変《か》へ、茫然《ばうぜん》として暫《しば》し無言《むごん》の幕《まく》を続《つづ》け居《ゐ》たりける。

ナーリスは愕然《がくぜん》として歌《うた》ふ。

『思《おも》ひきや武《ぶ》勇《ゆう》の聞《きこ》え高《たか》かりし

吾等《われら》の王《きみ》は帰幽《かく》れ給《たま》ふか
サックスの妃《きさき》の君《きみ》も身《み》失《う》せしと
聞《き》くにつけても悲《かな》しさに堪《た》へず
左守《さもり》まで軍師《ぐんし》の君《きみ》まで身《み》罷《まか》りしは
いかなる事《こと》か聞《き》かまほしけれ
漸《やうや》くにサールの国《くに》の治《をさ》まりを
喜《よろこ》ぶ間《ま》もなくこの便《たよ》り聞《き》くも』
チンリンは歌《うた》ふ。
『何《なに》故《ゆゑ》か訳《わけ》は知《し》らねど吾《わ》が王《きみ》は
神《かみ》の譴責《きため》にあひ給《たま》ひけむ
人々《ひとびと》の語《かた》るを聞《き》けば主《ス》の神《かみ》の

皆《みな》いましめと定《さだ》めゐるらし
とにかくに人《ひと》の国《くに》をば奪《うば》ひたる
報《むく》いなりせばせむ術《すべ》なけむ』

左守《さもり》は歌《うた》ふ。

『恐《おそ》ろしき事《こと》を聞《き》くかな他《た》の国《くに》を
奪《うば》はむとする戦《いくさ》の有様《ありさま》
エールスの王《きみ》の血《ち》統《すぢ》は滅《ほろ》びたり
サールの国《くに》をいかに守《まも》らむ』

夕月《ゆふづき》は憮《ぶ》然《ぜん》として歌《うた》ふ。

『とにもあれかくにもあれや人《ひと》はただ
誠《まこと》の道《みち》をあゆむべきなり

日《じつ》月《げつ》の威《ゐ》勢《せい》輝《かがや》く吾《わ》が王《きみ》も
　滅《ほろ》ぶる時《とき》のある世《よ》なるかな
今《け》日《ふ》よりは誠《まこと》一《ひと》つを力《ちから》とし
　サールの国《くに》を安《やす》く治《をさ》めむ』

滝津瀬《たきつせ》は歌《うた》ふ。

『欲《よく》といふ醜《しこ》の曲《まが》津《つ》に誘《いざな》はれ
　王《きみ》は御《み》国《くに》を失《うしな》ひ給《たま》ひし
この広《ひろ》きサールの国《くに》にましまさば
　かかる歎《なげ》きはあらざらましを
吾《わ》が力《ちから》頼《たの》み過《す》ぎたる報《むく》いにて
　王《きみ》は生命《いのち》を失《うしな》ひ給《たま》ひぬ

全滅《ぜんめつ》の憂《う》き目《め》にあひしエールスの
王《きみ》の行《ゆ》く末《すゑ》淋《さび》しかりけり
愛《あい》善《ぜん》の誠《まこと》なければ人《ひと》の身《み》は
身《み》も魂《たましひ》も終《つひ》に滅《ほろ》びむ』

山風《やまかぜ》は歌《うた》ふ。

『嶮《けは》しかる大《おほ》栄《さか》山《やま》を乗《の》り越《こ》えて
生命《いのち》を捨《す》てし王《きみ》を悲《かな》しむ
吾《わ》が王《きみ》はイドムの城《しろ》に攻《せ》め寄《よ》せて
尊《たふと》き生命《いのち》を捨《す》てさせ給《たま》へり
歎《なげ》きても及《およ》ばじものと思《おも》へども
なほ歎《なげ》かるる今宵《こよひ》なりけり

何事《なにごと》も誠一《まことひと》つに進《すす》みなば
　世《よ》に過《あやま》ちはあらじと思《おも》ふ』

左守《さもり》は歌《うた》ふ。

『かくならばもはや是非《ぜひ》なし吾《われ》々《われ》は
　誠《まこと》の道《みち》を進《すす》むのみなる
エールスの王《きみ》は吾《われ》等《ら》にいましめを
　永遠《とは》に残《のこ》して去《さ》りましにけり
天地《あめつち》の神《かみ》を恐《おそ》れみ謹《つつし》みて
　誠《まこと》の道《みち》に進《すす》み行《ゆ》くべし』

かく歌《うた》ひ終《をは》り左守《さもり》のナーリスは、城内一般《じやうないいつぱん》にエールス王一族《わういちぞく》の不幸《ふかう》を発表《はつぺう》し、国民《こくみん》の代《だい》表者《へうしや》を集《あつ》めて盛大《せいだい》なる葬《はふり》の式《しき》を執《と》り行《おこな》ひ、木田山《きたやま》の城内《じやうない》に荘厳《さうごん》なる主《ス》の神《かみ》の御舎《みあらか》を造営《ざうえい》し、朝《あさ》な夕《ゆふ》なに正《ただ》しき政治《せいぢ》を行《おこな》はせ給《たま》へと祈願《きぐわん》怠《おこた》りなかりける。

（昭和九・八・一五　旧七・六　於水明閣　森良仁謹録）

○

形《かたち》ある宝《たから》を捨《す》てて世《よ》の為《ため》に
働《はたら》く道《みち》の子《こ》の心愛《こころめぐ》しも

吾《われ》は今《いま》教《をしへ》の道《みち》の子《こ》に守《まも》られて
この雪国《ゆきぐに》を安《やす》く旅《たび》すも

天祥地端　申の巻　終り

○

今日《けふ》一日《ひとひ》風《かぜ》はなけれど夕《ゆふ》されば
寒《さむ》さ身《み》にしむみちのくの旅《たび》

やがて今《いま》発会《はつくわい》式《しき》にのぞまむと
思《おも》ふもさむしいたづきの身《み》は

（昭和九・一二・五）

天地《あめつち》の自然《しぜん》の力《ちから》に抗《かう》すべき
何物《なにもの》も無《な》しと省《かへり》みるべし

修《しゅう》補《ほ》版《ばん》あとがき

修補版第八十一巻《しゅうほばんだいはちじゅういっかん》（天祥地瑞《てんしょうちずい》・申《さる》の巻《まき》）の刊行《かんこう》にあたっては、昭和九年本《しょうわくねんぼん》（同年十二月《どうねんじゅうにがつ》三十日刊《さんじゅうにちかん》）第八十一巻《だいはちじゅういっかん》を底本《ていほん》として、昭和四十六年本《しょうわよんじゅうろくねんぼん》（同年七月十八日刊《どうねんしちがつじゅうはちにちかん》）第八十一巻《だいはちじゅういっかん》と校合《こうごう》した。

さらに昭和初期《しょうわしょき》と現代《げんだい》とでは、国《くに》や教団内外《きょうだんないがい》をめぐる状勢《じょうせい》、人権問題《じんけんもんだい》、用語《ようご》用字《ようじ》などに著《いちじる》しい変遷《へんせん》がみられるので、それらの点《てん》を配慮《はいりょ》し、一部《いちぶ》に省略《しょうりゃく》、いいかえなど字句《じく》の修《しゅう》補《ほ》を行《おこな》った。詳細《しょうさい》については、第一巻修補版《だいいっかんしゅうほばん》のあとがきを参照《さんしょう》されたい。

刊行《かんこう》に際《さい》しては、四代教主《よんだいきょうしゅ》のご裁定《さいてい》をいただいた。

平成七年二月二十日

大本教典委員会

霊界物語　第八十一巻

天祥地瑞　申の巻

昭和九年五月五日　初版発行
昭和三六年四月一五日　再版発行
平成七年四月二〇日　修補版発行
平成二七年十月一日　第四刷発行

著者　出口王仁三郎
編者　大本教典刊行委員会
印刷兼発行所　株式会社　天声社

〒六二一－〇八一五
京都府亀岡市古世町北古世八二－三
申込所　株式会社　天声社
電話　〇七七一－二四－七五二三
振替　〇一〇一〇－九－二五七五七

ISBN978-4-924501-99-7　定価はケースに表示してあります